心一堂易學術數古籍整理叢刊
京氏易六親占法古籍校注系列

《卜筮全書》校注

【明】姚際隆 原著
虎易 校注

書名：《卜筮全書》校注
系列：心一堂易學術數古籍整理叢刊　京氏易六親占法古籍校注系列
原著：【明】姚際隆
校注：虎易
編輯：陳劍聰　丁鑫華

出版：心一堂有限公司
通訊地址：香港九龍旺角彌敦道610號荷李活商業中心十八樓05-06室
深港讀者服務中心：中國深圳市羅湖區立新路六號羅湖商業大厦負一層008室
電話號碼：(852)90277110
網址：publish.sunyata.cc
電郵：sunyatabook@gmail.com
網店：http：//book.sunyata.cc
淘宝店地址：https：//sunyata.taobao.com
微店地址：https：//weidian.com/s/1212826297
臉書：https：//www.facebook.com/sunyatabook
讀者論壇：http：//bbs.sunyata.cc

香港發行：香港聯合書刊物流有限公司
地址：香港新界荃灣德士古道220～248號荃灣工業中心16樓
電話：(852) 2150 2100　傳真：(852) 2407 3062
電郵：info@suplogistics.com.hk
網址：http：//www.suplogistics.com.hk

台灣發行：秀威資訊科技股份有限公司
地址：台灣台北市內湖區瑞光路七十六巷六十五號一樓
電話號碼：+886-2-2796-3638　傳真號碼：+886-2-2796-1377
網絡書店：www.bodbooks.com.tw
台灣秀威書店讀者服務中心：
地址：台灣台北市中山區松江路二0九號1樓
電話號碼：+886-2-2518-0207
傳真號碼：+886-2-2518-0778
網址：www.govbooks.com.tw

中國大陸發行 零售：深圳心一堂文化傳播有限公司
地址：深圳市羅湖區立新路六號羅湖商業大厦負一層008室
電話號碼：(86)0755-82224934

版次：二零二二年七月初版

平裝　上下二冊不分售

定價：港幣　四百九十八元正
　　　新台幣　一千九百九十八元正

國際書號　978-988-8582-79-2

心一堂微店二維碼

心一堂淘寶店二維碼

卜筮全書卷之八

吳門逸叟　姚際隆　刪補
長邑諸生　王友　校正

黃金策　上

明·誠意伯·劉伯溫先生著，向為秘本，今將公諸天下。

總斷千金賦

動靜陰陽，反覆遷變。

遷變者，互化也。

虎易按：「動靜陰陽，反覆遷變」，指卦爻有動有靜，有陰有陽。動爻有陰陽，有動則有變，陽爻動則變陰爻，陰爻動則變陽爻。靜爻有陰陽，但靜爻不會發生變化。

如《乾》象三連，下動化《巽》，上動化《兑》，中動化《離》，三爻俱動則化《坤》，中爻不動則化《坎》之類。

虎易按：據以上文意，補附「《乾》卦變化圖」，供讀者參考。

《乾》卦變化圖	
乾象三連	☰
下動化巽	☴
上動化兌	☱
中動化離	☲
三爻俱動化坤	☷
中爻不動化坎	☵

或以安靜卦單化拆，拆化單者非。蓋卦爻有動則變，無動則不變。

假如穀之一物，若不動，則終于穀耳。及被舂①之則成米，又炊之則成飯，其舂與炊，猶卦爻之動也，其米與飯，猶卦爻之變也。然穀之舂為米也，有成粒而為糧者，有不成粒而為粞②者，又有糠粃③而不為人所用者。及其米之為飯也，有精鑿④而為人所愛食者，亦有饐餲⑤而為人所惡食者。是米與飯，皆有美惡不同。猶變出之爻，亦有吉凶不同也。

予見《天玄賦》有靜化、動化之說，是不動亦變矣。今人乃祖其法，每有變安靜之卦者。凡此之類，皆卜易之大，又不可不辨，予故不得已而為之說。又有只變一爻者，若亂動則不變，此又予所不知也。

虎易按：「予見《天玄賦》有靜化、動化之說，是不動亦變矣。今人乃祖其法，每有變安靜之卦者」，此句指「靜化」而言，指有人將安靜的主卦，變出了之卦。「又有只變一爻者，若亂動則不變」。此句指「動化」而言，指有人將主卦只有一個動爻，即變一個爻而成之卦；主卦若有多個動爻則不變，那就沒有之卦了。作者批評這兩種現象，也是在強調「或以安靜卦單化拆，拆化單者非。蓋卦爻有動則變，無動則不變」。作者以上論述，並不十分清楚，是比較含糊的，也讓後來的讀者，對此產生歧義。作者是說靜爻不能變，大多數讀者，都理解為作者是指靜爻不應該論化。

我認為，對於分析長遠的事物，「靜化」是可以顯示出事物未來的發展趨勢的，對於預測而言，是具有客觀指導意義的。例如卦爻化進，如白酒，雖然不動，其外形沒變，但存儲時間久了，氣味更加芳香，酒味更加醇厚。又如卦爻化退、化害等，如稻穀、大米，在存儲過程中，雖然不動，其外形沒變，但存放時間久了，會慢慢陳化，發生黴變，甚至產生毒素。再如化空，如電池，存放時間長了，其電量會慢慢自然釋放掉，甚至到沒有電。再如汽油等揮發性物質，如果不是在絕對密封狀態下存儲，也會慢慢揮發，甚至完全揮發掉。其他類型就不一一說明了，讀者可根據其原理，比類而推。

關於「靜化」的問題，古人的論述及作者的看法，都可供讀者參考。有興趣的讀者，也可以在實踐中應用，去檢驗其是否有可用的價值。

雖萬象之紛紜⑥，須一理而融貫⑦。

象，即空刑生合等象。理，即生剋制化之理。

虎易按：「象」，包含很廣泛，如卦象，爻象，干支象，六親象，六神象，空刑生合等象，讀者可參閱《易傳》、《梅花易數》、《五行大義》等著作，瞭解各類象的含義。「理」，指五行生剋制化、刑沖合害、空破等基本的分析判斷原理。

夫人有賢不肖之殊⑧，卦有過不及之異⑨。太過者，損之斯成。不及者，益之則利。

賢、不肖之殊，人生之不齊也。過、不及之異，卦爻之不齊也。人以中庸之德為至⑩，卦以中和之象為美。德至中庸，則無往而不善；象至中和，則何求而不遂哉。故凡卜易，須抑其過，引其不及，歸于中道，則凡事皆不期然而然矣。此卜易之大旨，故揭于篇首。

今人但知不及者不成，不知太過者，亦不能成也。

何謂過？主事爻⑪重疊太多是。多則不專一，所以不成福，故宜損之。

何謂不及？主事爻即一位，而又不得其時是。不及則無氣，所以不成事，故宜益之。損益之道，生扶拱合，及剋害刑沖是。

且如土為主事爻，有三五重太過，須得寅、卯月或寅、卯日，或卦有寅、卯爻動剋之，然後成事，所為損之也。

又如金為主事爻，在夏月令無氣，須得月建、日辰生扶，或動爻合助，方能有成，所為益之也。

大抵太過者，吉不能成其吉，凶不能成其凶。

虎易按：「今人但知不及者不成，不知太過者，亦不能成也」，此論似乎不是很恰當。「且如土為主事爻，有三五重太過，須得寅、卯月或寅、卯日，或卦有寅、卯爻動剋之，然後成事，所為損之也」。《增刪卜易·增刪黃金策·千金賦》「野鶴曰：不獨後逢寅卯月日，後逢辰月辰日者，亦許成事」。以上論述「太過者，損之斯成」，我認為應該是指應期而言的，並非「太過者，亦不能成也」。提請讀者在實踐中去參考應用，得到客觀的體驗和認識。

生扶拱合，時雨滋苗。

生：謂相生。如用爻是金，卻在辰戌丑未日占得，或卦中動爻屬土，是也。

扶者：謂卯爻見寅日，酉爻見申日，子見亥，午見巳，丑未見辰戌之類，是也。

拱者：如寅爻見卯日，申爻見酉日，亥見子，巳見午之類，是也。

合者：二合、六合、三合之類，是也。二合：子與丑合云。三合：即申子辰合成水局云。

虎易按：「六合」，是指卦逢六合，請讀者注意分辨。

以上四者，皆能維持調護。爻象弱者，遇之則強，衰者見之則旺，伏者見之則起。故如時雨滋苗也。然亦有吉凶之辨。用爻見之則吉，忌爻見之則凶，所謂助桀為虐⑫，其惡愈甚。學者自當辨用。下三條倣此。

剋害刑沖，秋霜殺草。

剋者：相剋。五行制壓之神也。

害者：六害。地支相淩之神也。

刑者：三刑。意同仇敵。

沖者：對沖。勢如戰鬥。

以上四者：能傷身，能敗德，能制伏，能壞事。故喻之如秋霜殺草。惟忌神見之反吉。

長生帝旺，爭如金穀之園⑬。

長生、帝旺，十二座星中至吉者也。六爻遇之，雖衰弱者，亦作有氣論。故以金穀譬焉。若推成事，則帝旺主速成，長生為差遲耳。蓋長生猶人初生，未即強盛；帝旺猶壯年之時，血氣方剛，其力進銳。所以，長生遲，而帝旺速也。

死墓絕空，乃是泥犁⑭之地。

死、墓、絕，皆從長生起。空是空亡。四者遇之，無不陷溺。雖得時旺相，亦不成事。故以泥　喻之。

蓋死者，亡也。猶人患病而死也。

墓者，蔽也。喻人死而葬于墓也。

絕者，厭絕也。猶人葬於墓，而根本斷絕也。

空者，虛也。猶深淵薄冰處，不可臨之履之也。

泥犁，地獄名。言其至凶也。但凶神遇之，則又反為我吉矣。

日辰為六爻之主宰，喜其滅項以安劉⑮。

日辰乃卜筮之主。不看日辰，則不知輕重。蓋日辰能衝動安靜卦之爻象，能並起安靜卦之爻神。發動者能制之，凶惡者能抑之，強旺者能挫之，衰弱者能扶之，生合者能破之。

古人云：日辰能救事，能壞事者，此也。故為六爻主宰。

且如占文書，卦有財爻發動，是文書壞矣。若得日辰合住財爻，或沖散財爻，或剋制財爻，不使之去傷害父母，故得文書有氣，其事可成。此能救事也。

又如占子孫，卦中父母不動，福爻不空，其兆吉矣。若被日辰沖扶父母，刑害子孫，則變吉為凶，此能壞事也。

日辰扶持用爻則吉，扶持忌爻則凶；剋制忌爻則吉，剋制用爻則凶。

假如七月乙未日，占兄弟病？得《同人》之《无妄》卦：

《卜筮全書》占例：001							
時間：假如七月　乙未日（旬空：辰巳）							
占事：占兄弟病？							
	離宮：天火同人（歸魂）				巽宮：天雷無妄（六沖）		
六神	**本　卦**				**變　卦**		
玄武	子孫壬戌土	▅▅▅▅▅	應		子孫壬戌土	▅▅▅▅▅	
白虎	妻財壬申金	▅▅▅▅▅			妻財壬申金	▅▅▅▅▅	
騰蛇	兄弟壬午火	▅▅▅▅▅			兄弟壬午火	▅▅▅▅▅	世
勾陳	官鬼己亥水	▅▅▅▅▅	世	○→	子孫庚辰土	▅▅　▅▅	
朱雀	子孫己丑土	▅▅　▅▅			父母庚寅木	▅▅　▅▅	
青龍	父母己卯木	▅▅▅▅▅			官鬼庚子水	▅▅▅▅▅	應

卦中鬼爻動剋主象⑯，絕爻又動，其凶可知矣。幸得日辰未土，剋壞官爻，合起主象，所謂滅項以安劉也，後果應無事。

虎易按：此例除「日辰未土，剋壞官爻，合起主象」外，世爻官鬼亥水動而化墓，也是化回頭剋，無力去剋兄弟爻。

月建乃萬卜之提綱，豈可助桀而為虐⑰。

月建乃龍德之神，故卜卦以是為提綱。須詳其有無刑沖剋害，有無生扶拱合；與世身主象，有無干涉，便見吉凶。月建中有，乃是真有。如壞事，乃真正壞事也。

且如占財，卦中無財，月建是財，向後終須可得。若卦中有財，月建剋財，定主艱阻，須過此一月，方可得財。如卦中無財，月建又無財，而日辰是財，可許當日便有些。財少受剋，則不中矣。蓋月建成得事，日辰即可扶也。

且如五月內，占小兒病？得《大過》卦：

卦中無子孫爻，而月建午火正旺為主象，不斷其

《卜筮全書》教例：032			
時間：午月內			
占事：占小兒病？			
震宮：澤風大過（遊魂）			
伏神	本　　卦		
	妻財丁未土	▅▅　▅▅	
	官鬼丁酉金	▅▅▅▅▅	
子孫庚午火	父母丁亥水	▅▅▅▅▅	世
	官鬼辛酉金	▅▅▅▅▅	
	父母辛亥水	▅▅▅▅▅	
	妻財辛丑土	▅▅　▅▅	應

死亡。餘倣此。

凡看月建，與日辰同論。亦喜其扶持用爻，剋制忌爻。忌爻旺動而又生扶之，則是助桀為虐，其禍為尤甚也。

最惡者歲君⑱，宜靜而不宜動。

太歲乃天子之爻，若來沖剋世身主象，主災厄不利，一歲中多不寧靜。故此星為最惡。但貴人反宜見之。若帶三刑六害，其禍尤甚，雖貴人亦不宜。若為主事爻入卦，其事必干朝廷，利於求官謀職。常人用事，多凶少吉。然此爻喜安靜，不喜發動；若被日辰動爻沖起，必有災患。

虎易按：「太歲乃天子之爻，若來沖剋世身主象，主災厄不利，一歲中多不寧靜」，測年運或測長遠運氣，要注意太歲對卦爻的影響，一般情況下，也不必用此。供讀者參考。

最要者身位，喜扶而不喜傷。

身，即月卦身也。其法與訣，見第一卷。大抵成卦之後，先看卦身現與不現；與月建、日辰、動爻，有無干涉，則吉凶便見。故卜易以身為最要，而不可不看者也。

虎易按：《增刪卜易·各門類題頭總注章》曰：「古用卦身、世身，余試不驗而不用」，《增刪卜易·增刪黃金策·千金賦》「卦身亦不驗，只用世爻」，「間有之驗，乃偶然湊合耳，何足為法」。我認為，月卦身可用於定卦氣旺衰，不可用於論事之成敗。供讀者參考。

且如占得《困》卦：

身爻在午。兌宮以午火為官鬼，旺則官非，衰則疾病。

虎易按：「旺則官非，衰則疾病」，測身體疾病，可以如此論。但如求官、升職之類，則為升遷之象，不可一概而論。

又如《未濟》卦：

卦身在寅。若日辰是申巳沖刑之，《離》宮以寅木為父母，便知尊長撓括⑲，或文書相干也。

又如兄弟爻動，與卦身相並，衰則虛詐，旺則口舌怪異也。若出現變動，依五類所主推之。

如占人貴賤，身遇財爻，化出父母，必是有藝富人。餘倣此。

大凡卦身，占事為事體，占人為人身，喜扶而不喜傷。

凡言扶，則生並拱合，皆在其中。而曰傷者，則又兼刑

《卜筮全書》教例：033		
兌宮：澤水困（六合）		
本　　卦		
父母丁未土	▅▅　▅▅	
兄弟丁酉金	▅▅▅▅▅	
子孫丁亥水	▅▅▅▅▅	應
官鬼戊午火	▅▅　▅▅	身
父母戊辰土	▅▅▅▅▅	
妻財戊寅木	▅▅　▅▅	世

《卜筮全書》教例：034		
離宮：火水未濟		
本　　卦		
兄弟己巳火	▅▅▅▅▅	應
子孫己未土	▅▅　▅▅	
妻財己酉金	▅▅▅▅▅	
兄弟戊午火	▅▅　▅▅	世
子孫戊辰土	▅▅▅▅▅	
父母戊寅木	▅▅　▅▅	身

沖剋害而言也。

世人多以「子午持世身居初」之身爻用之，多有不驗，且未曉其義。予見《卜易玄機》、《金鎖玄關》，明卦身之身，甚為得旨。故捨彼而取此焉。

世為己，應為人，大宜契合[20]。

卜卦分世應者，賓主之象。世為己，應為人與事。人有彼此，所以辨人情之好惡也。求謀用事，須得生合比和，則有成就。若刑沖剋害，必主艱難。此其所以大宜契合也。《海底眼》云：「世應相剋，縱然好事，也須費力」。

動為始，變為終，最怕交爭。

交、重為動，動則陰變為陽，陽變為陰。卦中遇此，當以動爻為事之始，變爻為事之終。

如占人來？得《小畜》之《乾》卦：

辛未爻動，變出壬午子孫合，必婦人帶小兒來。他倣此。

《卜筮全書》教例：035

占事：如占人來？

巽宮：風天小畜				乾宮：乾為天（六沖）		
本	**卦**			**變**	**卦**	
兄弟辛卯木	▅▅▅▅▅			妻財壬戌土	▅▅▅▅▅	世
子孫辛巳火	▅▅▅▅▅			官鬼壬申金	▅▅▅▅▅	
妻財辛未土	▅▅　▅▅	應	╳→	子孫壬午火	▅▅▅▅▅	
妻財甲辰土	▅▅▅▅▅			妻財甲辰土	▅▅▅▅▅	應
兄弟甲寅木	▅▅▅▅▅			兄弟甲寅木	▅▅▅▅▅	
父母甲子水	▅▅▅▅▅	世		父母甲子水	▅▅▅▅▅	

最怕爻爭者，如主事爻臨子水動，變出未土來剋害於我，乃大凶之兆。縱得用爻旺相，後亦不能稱心遂意。餘倣此。

應位遭傷，不利他人之事。世爻受制，豈宜自己之謀。

應受傷，不利代占，蓋代占以應為主也。世受傷，不利自占，蓋自占以世為主也。若世應逢凶，而遇此者，則勿以此斷之。

世應俱空，人無准實。

世應二爻，不宜在空亡之地。世空為自己不實，應空為他人不實。世應俱空，彼此皆無准實，謀事必有阻節。

若安靜卦，世應空合，謂之失約無誠信。若忌爻發動旺相，則宜其落空也。

內外競發，事必翻騰。

卦中一爻二爻發動，則變化有常，生剋不亂，或吉或凶，自有條理。若內外爻象，紛紛競發，則吉凶靡定，人情不常。必主事體反覆，卒無定論。《火珠林》㊀云：「獨發易取，亂動難尋」。是也。

世或交重，兩目顧瞻㉑於馬首。應如發動，一心似託於猿攀㉒。

世應皆不宜動，動則反變不常。馬首是瞻，或東或西。猿猱㉓攀木，身心靡定。皆言其變遷更改，不能一其思慮也。但世以己言，應以人言。《海底眼》云：「應動託

㈡人心易變㉔」。以應推之，世可知也。

用爻有氣無他故，所作皆成。主象徒存更被傷，凡謀不遂。

用爻，即主事爻也。如占文書，或尊長、音信等事，則以父母為主象。求財、妻妾、婦人等事，則以財爻為主象之類是也。喜旺相有氣，不宜衰弱無力。若用爻有氣，別無月建、日辰、動爻刑沖剋害，乃為上吉好卦，從心所欲，無不稱意。

若用爻無氣，而又被日辰、動爻剋害刑沖，乃是大凶下卦，枉費心力，必無可成之理。

蓋用爻衰弱，別無生助，比同空伏之象，雖然出現，亦是無用之物耳。故曰徒存。

有傷須救，

傷者，身世主象，見傷於他爻也。

救者，動爻日辰，制伏於忌爻也。

且如用臨申金，而被午火動剋，則申爻受傷矣；若得日辰是未字合住之，不使之剋；或日辰是子字沖散之，不能來剋；或日辰是亥字制伏之，不許其剋；皆為有救也。其他刑害等類，皆倣此。

若世身主象，見傷於月建日辰者，則真受其禍。蓋二者為卜卦之主，無可救之道也。

無故勿空。

夫旬中空亡，有有故而空者，有無故而空者。凡遇日月動爻傷剋，而在空亡，謂有故而空，避之可也。若無刑沖剋害，而身世主象自落空亡，此為無故而空，大凶之兆。占病必死，占事不成，占人有難。蓋空則雖有日辰動爻，難以扶持救援之故也。

虎易按：「若無刑沖剋害，而身世主象自落空亡，此為無故而空，大凶之兆。占病必死」，近病逢空則愈，久病逢空則死。供讀者參考。《卜筮正宗・黃金策總斷・千金賦直解》曰：「故者，謂受傷的意思。「勿」字，該當它「不」字解說。大凡旬空之爻安靜，又遇月建、日辰剋制，這是有過之空了，即使出旬值日，亦不能為吉為凶。這樣旬空，到底無用之空矣。若旬空之爻發動，或得月建、日辰生扶拱合它，或日辰沖起它，或動爻生合它，這是無故之空，待其出旬值日得令之時，仍復能事。故曰無故之空爻，勿以為空也。雖值旬空，而沒有受月建、日辰剋傷的，不可當它真空論。又如用神化回頭剋，又見會局來剋，來剋太過，豈不是有故了？若是日月不傷它，用神一空，則不受其剋，亦稱無故矣。古有避凶之說，亦近乎無故之理。舊注誤以無傷剋之爻不可空，日月二建剋他又宜空，大失先天之妙旨，又失是篇之文理矣」。此說亦有理，讀者可以互相參考，或參閱原著。

空逢沖而有用，

凡遇卦爻空亡，今人不拘吉凶，概以無用論之。殊不知見沖亦有可用之處。蓋沖則必動，動則不空，所以雖空而有用也。

虎易按：卦爻旺相旬空，逢日辰沖，謂之「沖空為實」，可論「空逢沖而有用」。卦爻休囚無氣遇旬空，逢日辰沖，謂之「日破」，不可論為「空逢沖而有用」。作者此處論述是不完整的，請讀者注意分別。

假如戊午日，占天時？得《升》之《乾》卦：
卦中父母空亡，卻被日辰衝動，定有雨。惟忌火空，見沖則不吉。

虎易按：「卦中父母空亡，卻被日辰衝動」，指初爻妻財辛丑土下，伏本宮父母甲子水，旬中空亡，被日辰午火衝動。這樣的論法，是宋元至明中期的論述方式。

以現代論述方式而論，本卦中父母用爻兩現，以五爻動的父母癸亥水為用。卦中兩個妻財丑土、官鬼酉金、父母亥水同動，形成日令生妻財丑土，妻財丑土生官鬼酉金，官鬼酉金生父母亥水的接續相生

《卜筮全書》教例：036

時間：假如戊午日　（旬空：子丑）

占事：占天時？

		震宮：地風升				乾宮：乾為天（六沖）		
六神	伏神	本　卦				變　卦		
朱雀		官鬼癸酉金	▅▅　▅▅		╳→	妻財壬戌土	▅▅▅▅▅	世
青龍		父母癸亥水	▅▅　▅▅		╳→	官鬼壬申金	▅▅▅▅▅	
玄武		妻財癸丑土	▅▅　▅▅	世	╳→	子孫壬午火	▅▅▅▅▅	
白虎	妻財甲辰土	官鬼辛酉金	▅▅▅▅▅			妻財甲辰土	▅▅▅▅▅	應
騰蛇	兄弟甲寅木	父母辛亥水	▅▅▅▅▅			兄弟甲寅木	▅▅▅▅▅	
勾陳	父母甲子水	妻財辛丑土	▅▅　▅▅	應	╳→	父母甲子水	▅▅▅▅▅	

現象，因此而論「定有雨」即可。

此例用作「空逢沖而有用」，似乎不太恰當。如以伏藏的父母爻為用神，飛神妻財丑土得日生，旺相，剋合伏神父母子水，子水不能出現。

「惟忌火空，見沖則不吉」，指如果用神為火旬空，逢日辰為水，沖用神火，沖中有剋，則用神不吉。供讀者參考。

合遭破以無功。

卦中有合，所謀易遂。如兩人同心協力，事必剋濟㉕。惟恐奸詐小人兩邊破說，則未必不生一二猜忌之心也。故凡遇合，須防刑沖剋害以破之，則不成合。

且如寅亥兩爻，本相和合；若有申字動，則申金剋了寅木，又害了亥水，故雖合亦無功用矣。三合同看。《天玄賦》有合處逢沖之論，宜詳味之。

自空化空，必成凶咎。

六甲空亡，猶深淵大壑，人不可履之地。若世身主象，無故而自入於空，或發動而入於空者，皆為大凶之兆，作事不利。惟忌爻見之反吉。

刑合剋合，終見乖淫。

合者，合和也。凡占見之，無不吉利。然人不知，合中有刑有剋。合而有剋，畢竟不和。合而有刑，終成乖戾。

且如用未㊂字為財爻，午㊃字為福爻，午與未合，然午帶自刑，名為刑合。占妻妾多不正，占財亦是不正之財也。剋合，如丑子之類是也。餘俱仿上。

動值合而絆住，

大凡動爻不遇合爻，然後為動。若有合，則絆住而不能動矣。故雖動亦作靜爻論之。然有吉有凶，不可一概而論。且如用財而兄弟發，若有日辰合住兄弟，則不能剋，而財爻不受其傷矣。子孫發動，而被日辰合住子孫，則不能生，而財爻不蒙其惠矣。故凡所忌之爻動而合住，則不成凶；所喜之爻動而合住，則不濟事。三合，三爻俱動為合住。六合，兩爻俱動為合住。

靜得沖而暗興㉖。

大凡占得六爻不動之卦，不可便以為安靜。若被日辰沖之，則雖靜亦動。譬如夜臥之人，無所撓括，則不醒寢。苟或被人沖喚，及推摸搖拽，百計叫醒，莫能安然而熟睡矣，故《天玄賦》以為逢沖暗動。但不可只以日辰取之，有旺動之爻亦能沖起，其吉凶詳見《天玄賦》中。

虎易按：靜爻旺相，逢日辰或動爻沖，謂之「暗動」。靜爻休囚無氣，逢日辰或動爻沖，謂之「日破」。作者此處論述是不完整的，請讀者注意分別。

入墓難剋，

墓者，滯也。動爻遇之，亦沉滯而不能脫灑矣。且如寅為主象，而卦中動出酉字、丑字，本嫌酉金剋傷寅木，喜得丑乃金之墓庫，則酉貪入墓，而寅木不為其所傷矣。餘倣此推之。刑沖剋害，亦當同看。

帶旺匪㉗空。

旺者，旺相爻也。謂春月木旺火相，夏月火旺土相，秋月金旺水相，冬月水旺木相，四季之月，土旺金相。古人所謂當生者旺，所生者相是也。此爻空亡，不作空論。以其有氣故也。雖日下見阻，過旬則成。

古人云：旺相空亡過一旬。謂值過此一旬則不空，而謀事始成矣。

有助有扶，衰弱休囚亦吉。

此指主事爻而言也。且如主事爻無氣，本為不美；喜得日辰、動爻、月建生扶合併，則雖無氣，不作衰弱論。譬如貧賤之人而遇貴人提拔，則困苦相忘於扶持之下矣。但忌爻無氣，則不可扶也。

貪生貪合，刑沖剋害皆忘。

刑沖剋害，四者皆凶惡之神。若得傍有生爻合爻，則彼貪生貪合，自不為患矣，故曰忘。假如世坐子，而動出卯字，此正無禮刑，本為凶兆，如得傍爻動出戌字，則卯貪戌合，不暇刑子。此貪合忘刑之例也。

又如世坐巳字，而卦中動出寅字，木能生火，所以忘其刑也。

又如用臨巳字，動出亥字，亥本沖巳，若得動出亥、卯字，則亥水貪生卯木，不暇沖於巳矣。此乃貪生忘沖之例。餘皆倣此推詳之，可也。

別衰旺以明剋合，辨動靜以定刑沖。

夫地支有不和者，無怪乎其相剋也，相沖、相刑、相害是也。然不別衰旺，辨動靜，則謬於所用也。蓋旺爻能剋衰爻，衰爻剋不得旺爻。旺爻合得起衰爻，衰爻合不起旺爻。動爻刑得靜爻，靜爻刑不得動爻。動爻沖得靜爻，靜爻沖不得動爻，故也。餘皆倣此。又如日辰與卦爻，則又日辰害得卦爻，卦爻害不得日辰。餘亦倣此。

或問：靜與衰爻傷不得動與旺，若遇動爻反衰，靜爻反旺，則如之何？曰：兩爻俱靜，以旺為先。有動，以動為急。蓋動，猶人之起。靜，猶人之伏。彼雖旺，何畏哉。故曰：「動爻急如火」。

如占婚，以間爻為媒。間有兩爻，亦當以此定之。若俱靜俱動，或無旺無衰，則當取動爻，日辰沖之者為正。無沖，則看併起者為媒也。又無合併，然後看日辰生扶之爻。如此，則事歸於一，而無兩端之疑也。

此篇乃卜筮之精微處也。故凡此類，不能不辨，不得不載。學易者勿以瑣碎目之，可也。

併不併、沖不沖，因多字眼。刑非刑、合非合，為少支神㉘。

卦爻即成，未免有合併刑沖類。然多一字，則不成其名；而少一字，亦不成其名也。

且如子日卜卦，卦中有一子字，則謂之併。若有二子字，則分開而太過矣。名雖為併，而實不能併也。二午則不沖，二丑則不合，二未則不害，二卯則不刑，二巳則不剋。此多一字，而不成其名也。

又如寅巳申為三刑，若有寅巳二字，而無申字；或有寅申兩字，而無巳字；或有申巳兩字，而無寅字；則不成刑。

又如亥卯未為三合，或有卯未而無亥，或有亥卯而無未，或有亥未而無卯，則不成合。此少一字，而不成其合也。

三刑三合，須見兩爻動，刑合得一爻起；一爻動，刑合不得兩爻起。此又不可不知。

三刑古訣謂丑刑戌，戌刑未，未刑丑類，最誤初學。蓋三者相見，彼此皆刑。非謂丑能刑戌，而不能刑未；未能刑丑，而不能刑戌也。如辰午酉亥為自刑，《問卜易覽》以辰見辰，午見午，酉見酉，亥見亥定之，尤為謬妄。蓋自刑者，以其自刑，而不與他爻相刑之謂也。又何必見辰見午為刑哉。

虎易按：《增刪卜易・增刪黃金策・千金賦》曰：「若是爻中一子，不合二丑，名為妒合，不成合者，亦有理也。若以日辰不能並爻中之二子，不能沖爻中之二午者，非也。

日月如天，無處不沾雨露，不然，何以謂之『巡察六爻之善惡』」？供讀者參考。

爻遇令星，物難我害。

令星者，四時月令之辰。春木、夏火、秋金、冬水，亦是得時健旺之星。雖見刑沖剋害，不能挫其勢，故曰「物難我害」。逢空，一半力。

伏居空地，事與心違。

伏，伏神也。卦上六爻為飛神，飛之下本宮六爻為伏神。飛為顯，伏為隱。若卦有主事爻，不必更尋伏神；若不出現，須尋伏在何爻之下；看其虛實，以定吉凶。若六爻既無主象，伏神又臨空亡，事決不成。

假如丙申日占文書？得《泰》卦：

六爻無父，而本宮父母卻伏在九二官爻下，仍舊空亡，所以無成也。

《卜筮全書》教例：037

時間：假如丙申日　（旬空：辰巳）

占事：占文書？

坤宮：地天泰（六合）

六神	伏神	本	卦	
青龍		子孫癸酉金	▅▅　▅▅	應
玄武		妻財癸亥水	▅▅　▅▅	
白虎		兄弟癸丑土	▅▅　▅▅	
騰蛇		兄弟甲辰土	▅▅▅▅▅	世
勾陳	父母乙巳火	官鬼甲寅木	▅▅▅▅▅	
朱雀		妻財甲子水	▅▅▅▅▅	

伏無提挈㉙終徒爾㉚，飛不摧開亦枉然。

伏神空亡，凡事不利，不須再看。若不空亡，必須衝開飛神，提起伏神，然後有望。

假如占文書？得《賁》卦：

六爻無父，而丙午文書，卻伏在六二己丑他宮兄弟下，可言相識把住文書也。得日辰動爻有未，刑沖得丑破，或有寅卯剋得丑，方可露出伏神文書為用爻。

又須得子沖起午，有未合起午，有寅卯生扶午，方得其力。否則，遲滯難成。不可便指為有用也。故伏要提，飛要開，二者不可偏廢也。六沖最緊，六害不能出，亦不能破，卜易不可不知。

虎易按：「又須得子沖起午」，飛神為丑，子與丑合，不可能沖起午出。「有未合起午」，未可沖飛丑土，合起伏神午火。請讀者注意分辨。

六爻所伏，是事情蓋有根有苗，終須再發。無動無伏，無生無化，無旺氣，又世坐空亡，永無再發之理。

如十二月甲辰日，占被人訴訟？得《賁》卦：

世坐卯鬼空亡，便為無始，其事已散。卻不知丙午文書，伏在他宮兄弟爻下，當時未曾損壞。又日辰並起空爻下本宮丙辰兄弟，口舌尚存。春來木鬼旺相，生起文書，其事必再發。此看伏神法也。

《卜筮全書》教例：038

占事：占文書？

艮宮：山火賁（六合）

伏神	本卦		
	官鬼丙寅木	▅▅▅▅▅	
	妻財丙子水	▅▅　▅▅	
	兄弟丙戌土	▅▅　▅▅	應
	妻財己亥水	▅▅▅▅▅	
父母丙午火	兄弟己丑土	▅▅　▅▅	
	官鬼己卯木	▅▅▅▅▅	世

《卜筮全書》教例：039

時間：如十二月　甲辰日（旬空：寅卯）

占事：占被人訴訟？

艮宮：山火賁（六合）

六神	伏神	本卦		
玄武		官鬼丙寅木	▅▅▅▅▅	
白虎		妻財丙子水	▅▅　▅▅	
騰蛇		兄弟丙戌土	▅▅　▅▅	應
勾陳		妻財己亥水	▅▅▅▅▅	
朱雀	父母丙午火	兄弟己丑土	▅▅　▅▅	
青龍	兄弟丙辰土	官鬼己卯木	▅▅▅▅▅	世

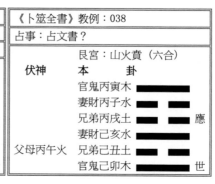

又如丁亥日占訟？得《觀》卦：

世應比和，父在空亡，謂之兩無心。而世下伏神又落空亡，後必不爭論。

此為不再發之例也。學者宜細玩之。

空下伏神，易於引拔。

伏神若得伏於空亡爻下，易於扶持。蓋飛爻既空，猶無欄絆，蓋一遇日辰動爻生扶沖合，即出為用，不待伏爻上飛神破與不破也，故易於引擢㉛。

古人論伏神，不看用爻現與不現，皆以世上一爻為飛神，世上本宮一爻為伏神。故八純卦，世下無伏，則有《乾》家伏神《坤》家取之說。

愚謂：既有用爻，何必又取伏神。因無用爻，不得已而搜索之也。縱然伏神有用，亦成得遲，必主費力；些少受制，便不諧矣。如遇伏神透得出來，而月建日辰又帶用爻，方可以速成斷之。

虎易按：一般占法，因無用爻，而取本宮首卦為伏神。所以，作者認為「既有用爻，何必又取伏神」。我認為，這是作者沒有理解京氏易論世下伏神，與「因無用爻」而取伏神不是一個概念，這也是讀者容易混淆的地方。京氏易是以世爻為「我」，以世下伏神論述其與世爻的關係。當然，除世下伏神之外，其他用爻之下的伏神，也是與世下伏神一樣的用

《卜筮全書》教例：040

時間：丁亥日（旬空：午未）

占事：占訟？

乾宮：風地觀

六神	伏神	本卦		
青龍		妻財辛卯木	▅▅▅▅▅	
玄武	兄弟壬申金	官鬼辛巳火	▅▅▅▅▅	
白虎	官鬼壬午火	父母辛未土	▅▅　▅▅	世
騰蛇		妻財乙卯木	▅▅　▅▅	
勾陳		官鬼乙巳火	▅▅　▅▅	
朱雀		父母乙未土	▅▅　▅▅	應

法。例如，世下伏神旬空，表示求測人內心空虛。世下伏神與世爻相沖，表示求測人潛意識與表面意識相矛盾，相衝突等。餘皆倣此推演。因此，世下伏神與無用取伏的伏神，是兩個不同的概念。世下伏神起例，讀者可參閱《京氏易傳》，宜細辯之。

制中弱主，難以維持。

用爻休囚，又被月建日辰制伏，縱遇生扶，亦不濟事。蓋衰弱遇剋，如人攀枯枝朽木，豈不挫折也哉。縱有如膏之雨，難以望其回生。

日傷爻，真罹㉜其禍。爻傷日，徒受其名。

日辰為六爻主宰，總其事者也。六爻為日辰臣屬，分治其事者也。是以，日辰能刑沖剋害得卦爻，卦爻則不得刑沖剋害乎日辰也。月建與卦爻亦然。

墓中人，不沖不發。

大抵用爻入墓，則被阻滯，諸事費力難成。須得日辰動爻衝破，或剋破其墓，方有用也。

假如戊寅日占財，得《同人》之《乾》卦：

《卜筮全書》占例：002

時間：戊寅日（旬空：申酉）

占事：占財？

	離宮：天火同人（歸魂）				乾宮：乾為天（六沖）		
六神	**本　　卦**				**變　　卦**		
朱雀	子孫壬戌土	━━━━	應		子孫壬戌土	━━━━	世
青龍	妻財壬申金	━━━━			妻財壬申金	━━━━	
玄武	兄弟壬午火	━━━━			兄弟壬午火	━━━━	
白虎	官鬼己亥水	━━━━	世		子孫甲辰土	━━━━	應
騰蛇	子孫己丑土	━━　━━		╳→	父母甲寅木	━━━━	
勾陳	父母己卯木	━━━━			官鬼甲子水	━━━━	

用爻入墓，喜得日辰剋破之，果有。

此一卦，或見用空入墓，以為無財，殊不知雖空而遇沖，雖墓而剋破，沖空則實，破墓則開。所以有用財也。

身上鬼，不去不安。

六親中，惟官鬼為凶殺。世爻臨之，若非職役人卜，多凶少吉。須得日辰動爻剋去之，然後無事；或忌爻臨於身世者亦然。然亦不可剋之太甚，則我亦受傷。先聖有曰：「人而不仁，疾之已甚，亂也㉝」。惟貴得其中耳。

予曾於三月丁丑日占身？得《鼎》卦，不動：

然不數日而泄瀉㉞作。

後七月甲戌日占身？亦得《鼎》卦，不動：

乃得安然無事。

蓋前丁丑日也，三月正旺，又並動卦中子孫辛丑爻剋之，此則剋太甚也。七月土衰，所以無事。

《卜筮全書》占例：003			
時間：辰月　丁丑日　（旬空：申酉）			
占事：占身？			
	離宮：火風鼎		
六神	本　　卦		
青龍	兄弟己巳火	▅▅▅▅▅	
玄武	子孫己未土	▅▅　▅▅	應
白虎	妻財己酉金	▅▅▅▅▅	
騰蛇	妻財辛酉金	▅▅▅▅▅	
勾陳	官鬼辛亥水	▅▅▅▅▅	世
	朱雀　子孫辛丑土	▅▅　▅▅	

《卜筮全書》占例：004			
時間：申月　甲戌日　（旬空：申酉）			
占事：占身？			
	離宮：火風鼎		
六神	本　　卦		
玄武	兄弟己巳火	▅▅▅▅▅	
白虎	子孫己未土	▅▅　▅▅	應
騰蛇	妻財己酉金	▅▅▅▅▅	
勾陳	妻財辛酉金	▅▅▅▅▅	
朱雀	官鬼辛亥水	▅▅▅▅▅	世
青龍	子孫辛丑土	▅▅　▅▅	

又如癸巳日有鄉人，同卜官事者？一人得《遯》卦：

乃受刑責。

一人得《恒》卦：

而兩邊和釋。

蓋此二卦，官鬼俱帶刑爻持世，皆非吉兆。然《遯》卦鬼爻雖空，而被日辰扶起，且無去官之爻。《恒》卦則喜日辰去之，又應生世，所以無事也。

德入卦而無謀不遂，

德者，德爻也。謂天地合其德也。蓋天干地支，上下皆合是也。亦謂之龍神。生合為妙，剋合次之。如戊寅見癸亥，甲子見己丑之類。此爻為主象，所謀皆遂。

《卜筮全書》占例：005			
時間：癸巳日　（旬空：午未）			
占事：卜官事？			
	乾宮：天山遯		
	本　卦		
白虎	父母壬戌土	▅▅▅▅▅	
騰蛇	兄弟壬申金	▅▅▅▅▅	應
勾陳	官鬼壬午火	▅▅▅▅▅	
朱雀	兄弟丙申金	▅▅▅▅▅	
青龍	官鬼丙午火	▅▅　▅▅	世
玄武	父母丙辰土	▅▅　▅▅	

《卜筮全書》占例：006			
時間：癸巳日　（旬空：午未）			
占事：卜官事？			
	震宮：雷風恒		
	本　卦		
白虎	妻財庚戌土	▅▅　▅▅	應
騰蛇	官鬼庚申金	▅▅　▅▅	
勾陳	子孫庚午火	▅▅▅▅▅	
朱雀	官鬼辛酉金	▅▅▅▅▅	世
青龍	父母辛亥水	▅▅▅▅▅	
玄武	妻財辛丑土	▅▅　▅▅	

如九月己酉日，占文書？得《小畜》之《蠱》卦：五爻動出丙子文書，與世上辛丑作合，此正天地合其德也。果應在戊子日成了文書。

虎易按：《增刪卜易・增刪黃金策・千金賦》曰：「余以此論，爲多事之論也。野鶴曰：鬼谷三才㉟論，捨爻辭，以五行而定禍福者，乃用地支。既用地支，不得不以天干爲配，未聞以天干而定吉凶。以天干配地支者，欲全用周天甲子，卦爻止於四十八爻，不得不分晰焉。所以，《乾》之內卦用甲，《坤》之內卦用乙，乃十干之首。《乾》之外卦用壬，《坤》之外卦用癸，皆十干之尾。《乾》之內卦用子，與《坤》之外卦相合。《坤》之內卦用未，與《乾》之外卦相合。二老上下相媾㊱，陰陽磨蕩，中包六子。甲乙之次者丙丁，用之於少男少女，《艮》與《兌》也。戊己用之於

《卜筮全書》占例：007				
時間：戌月　己酉日　（旬空：寅卯）				
占事：占文書？				
	巽宮：風天小畜			巽宮：山風蠱（歸魂）
六神	本　卦			變　卦
勾陳	兄弟辛卯木 ▅▅▅▅▅			兄弟丙寅木 ▅▅▅▅▅ 應
朱雀	子孫辛巳火 ▅▅▅▅▅		○→	父母丙子水 ▅▅　▅▅
青龍	妻財辛未土 ▅▅　▅▅	應		妻財丙戌土 ▅▅　▅▅
玄武	妻財甲辰土 ▅▅▅▅▅			官鬼辛酉金 ▅▅▅▅▅ 世
白虎	兄弟甲寅木 ▅▅▅▅▅			父母辛亥水 ▅▅▅▅▅
螣蛇	父母甲子水 ▅▅▅▅▅	世	○→	妻財辛丑土 ▅▅　▅▅

中男中女，《坎》與《離》也。庚辛用之於長男長女，《震》與《巽》也。以全上下干支，此乃配偶之法也，故謂之渾天甲子。而禍福吉凶，皆地支生剋制化，剋合刑沖以判之。今又以天干而判休咎者，每卦皆宜用也，何獨於此？況此《小畜》變《蠱》，五爻朱雀為文書，動臨巳火，變出子水文書。而世爻又臨子水父母，又為文書，酉日生之，化丑合之。疊疊文書，旺動於卦中。便非干支相合，難說無成。余故曰：多事之論也」。供讀者參考。

忌臨身而多阻無成。

忌者，忌爻也。如用財則兄弟為忌爻，用官則子孫為忌爻之類。此爻持臨身世，不拘公私，皆主阻滯而不順。若或休囚無氣，亦見費力艱難。如旺則必不成矣。其餘所用倣此。

卦遇凶星，避之則吉。

凶星，刑沖剋害是。避之，六甲空亡是。夫空之一字，極有玄妙，若執真空，便失先天之旨。蓋百物自空中來，無中生有，還歸於空。空中不受傷剋，反有可成之機。如六爻安靜，用爻無故自空，此為真空，萬事無成。若被日辰動爻刑沖剋害於用爻，而用爻在空，此為避凶而空。《金鎖玄關》所謂，剋空為用是也，即是不壞，但目下略阻，過旬即成。

如六月壬申日，占子病？得《姤》之《大過》卦：父母旺動，用爻無氣，本為凶兆。喜得用爻在空避之，果至丙子日愈。蓋至丙子，則前面已過，又遇用爻帝旺之地故也。

虎易按：《增刪卜易・增刪黃金策・千金賦》曰：「野鶴曰：此論非理。諸占最惡者忌神，既動於卦中，禍已萌矣。用神靜者，逢沖之日遭害。用神動者，逢值合之日遭傷。用神破者，實破之日而遇。用空者，出空之日相逢。是乃未曾出空，可以避之，出空必遇其害。豈曰出空，則前面已過，反不受其禍耶？悖也，繆也！予得其驗者，元神動於卦中，用神空者，出空之日得福。忌神動於卦中，而用神空者，出空之日逢殃。屢占屢驗。獨近病逢空不論。凡占近病，用神得遇旬空者，不拘日月動爻剋害，用神出空之日即愈。獨此一事，論空

《卜筮全書》占例：008

時間：未月 壬申日 （旬空：戌亥）

占事：占子病？

	乾宮：天風姤				震宮：澤風大過（遊魂）		
六神	**本**	**卦**			**變**	**卦**	
白虎	父母壬戌土	▅▅▅		○→	父母丁未土	▅ ▅	
螣蛇	兄弟壬申金	▅▅▅			兄弟丁酉金	▅▅▅	
勾陳	官鬼壬午火	▅▅▅	應		子孫丁亥水	▅▅▅	世
朱雀	兄弟辛酉金	▅▅▅			兄弟辛酉金	▅▅▅	
青龍	子孫辛亥水	▅▅▅			子孫辛亥水	▅▅▅	
玄武	父母辛丑土	▅ ▅	世		父母辛丑土	▅ ▅	應

不論剋也，他占皆忌。此《姤》之《大過》，定是占子近病。不悟近病逢空即愈，而曰諸事皆可避之。此誤後人也，宜刪之」。供讀者參考。

爻逢忌殺，敵之無傷。

忌爻發動，凡事不利。喜得比肩同類，幫助用爻以敵之，不弱於彼，事亦可成。

假如用爻在未，而卦中動出寅卯字，則土被木剋，而受其傷矣。若得月建日辰上，有辰戌丑未幫扶未土以敵之，則彼將寡不敵眾，而自止矣。

又如七月乙未日，為脫役事？占得《損》之《節》卦：

官鬼發動，財爻助鬼傷身，本不可脫。喜得日辰未土，六五又變戌土，扶助世上丑土，有氣敵之，鬼不能傷。果應無事。

虎易按：《增刪卜易・增刪黃金策・千金

《卜筮全書》占例：009

時間：申月　乙未日　（旬空：辰巳）

占事：占脫役？

六神	艮宮：山澤損 本　　卦				坎宮：水澤節（六合） 變　　卦		
玄武	官鬼丙寅木	▅▅▅▅▅	應	○→	妻財戊子水	▅▅　▅▅	
白虎	妻財丙子水	▅▅　▅▅		╳→	兄弟戊戌土	▅▅▅▅▅	
螣蛇	兄弟丙戌土	▅▅　▅▅			子孫戊申金	▅▅　▅▅	應
勾陳	兄弟丁丑土	▅▅　▅▅	世		兄弟丁丑土	▅▅　▅▅	
朱雀	官鬼丁卯木	▅▅▅▅▅			官鬼丁卯木	▅▅▅▅▅	
青龍	父母丁巳火	▅▅▅▅▅			父母丁巳火	▅▅▅▅▅	世

賦》野鶴曰：「以此作後人之法者，亦誤人也。何也？一重未土扶世，豈能敵其助鬼傷身之惡殺耶？殊不知寅木鬼動，月建破之，未日墓之，此寅木之鬼破而又入墓矣。子水雖生，不生無根之木，況子水又化回頭之剋，水木皆枯。後保無事者，此也。誤作戌未二土幫扶者，錯也。況變爻戌土，從無幫助正卦之爻。

余有一例，可以比之。辰月乙未日，占月令㊲？得《泰》之《豐》：

世爻辰土，月建助之。丑土動而化回頭之生，又來比助。雖則寅木鬼動，而世爻旺相，有助有扶，可以相敵。然此後至辛丑日，尚亦見其凶非。因一言觸怒上官，幾乎參處，幸解救而息。夫應解救者，因得日月之土幫扶也」。供讀者參考。

《卜筮全書》引例：003

來源：《增刪卜易》占例：128

時間：辰月　乙未日　（旬空：辰巳）

占事：占月令？

	坤宮：地天泰（六合）				坎宮：雷火豐		
六神	**本　　卦**				**變　　卦**		
玄武	子孫癸酉金	▅▅　▅▅	應		兄弟庚戌土	▅▅　▅▅	
白虎	妻財癸亥水	▅▅　▅▅			子孫庚申金	▅▅　▅▅	世
騰蛇	兄弟癸丑土	▅▅　▅▅		╳→	父母庚午火	▅▅▅▅▅	
勾陳	兄弟甲辰土	▅▅▅▅▅	世		妻財己亥水	▅▅▅▅▅	
朱雀	官鬼甲寅木	▅▅▅▅▅		○→	兄弟己丑土	▅▅　▅▅	應
青龍	妻財甲子水	▅▅▅▅▅			官鬼己卯木	▅▅▅▅▅	

主象休囚，怕見刑沖剋害。

休囚則不能敵殺，故怕見之。如五月乙未日，占財？得《泰》之《大畜》卦：

用爻無氣，又被日辰剋害，果無望。

虎易按：財爻子水值月破，破則無用。雖然卦中動出原神酉金，月剋日生可以相敵，但動而化絕，無力生財爻。供讀者參考。

用爻變動，忌遭死墓絕空。

死墓絕空，乃陷井之地，大凶神也。死不復生，絕不復續，入墓則不能出，墮空則不能起。若主象發動而化入者，不問公私大小之事，皆主不成。占病逢之，必死無疑。

用化用，有用無用。

卦中既有用爻，不可再化出來，謂之化去。且不獨用爻自化，或旁爻化出，皆不濟事。故雖有用爻，此同無用爻之卦一般。占病尤忌。

《卜筮全書》占例：010

時間：午月　乙未日　（旬空：辰巳）

占事：占財？

六神	坤宮：地天泰（六合）本　卦				艮宮：山天大畜 變　卦		
玄武	子孫癸酉金	▅▅　▅▅	應	╳→	官鬼丙寅木	▅▅▅▅▅	
白虎	妻財癸亥水	▅▅　▅▅			妻財丙子水	▅▅　▅▅	應
騰蛇	兄弟癸丑土	▅▅　▅▅			兄弟丙戌土	▅▅　▅▅	
勾陳	兄弟甲辰土	▅▅▅▅▅	世		兄弟甲辰土	▅▅▅▅▅	
朱雀	官鬼甲寅木	▅▅▅▅▅			官鬼甲寅木	▅▅▅▅▅	世
青龍	妻財甲子水	▅▅▅▅▅			妻財甲子水	▅▅▅▅▅	

虎易按：《增刪卜易·增刪黃金策·千金賦》曰：「此論非理。用爻化出用爻，若化進神，諸占皆吉。即使他爻動出者，更得比助幫扶，何謂無用？豈不知『太過者，損之斯成』。又曰『用爻重疊，得墓庫以收藏』。如果用神太多，待至傷損之日、墓庫之日，成之更穩。反曰無用，非也。此亦當刪」。我認為，原注是有不當之處，但此論也不必刪除，注釋可以修改為：「用神發動，化進神更為有利，謂之有用。化退神及化伏吟不利，謂之無用」。供讀者參考。

空化空，雖空弗空。

假如甲辰旬中占卦，卦中寅動空亡，而化出卯字亦空，謂之空化空，可作一半用。蓋本寅字當了空亡，後來卯字不作空矣，故雖空而不為空也。《金鎖玄關》謂：「重空不空」，亦是此意也。

虎易按：《卜筮正宗·黃金策總斷·千金賦直解》曰：「空爻安靜，則不能化，空爻發動則能化，既發動，動不為空也，化出之空，亦因動而化。凡動爻值空，或動爻變空，皆不作真空論，出旬有用矣」。供讀者參考。

養主狐疑㊳，

養，涵養之象。即長生中第十二位之星是也。

虎易按：讀者可參閱下面所附「十二宮生旺墓絕表」。

若主象化入此爻，主凡事未決，狐疑不定。

訣云：金養於辰，木養於戌，火養於丑，水土養於未。

若用爻屬申酉金，動而化出之爻是辰字。木，動而化入於戌之類，是也。

十二宮生旺墓絕表

狀態＼五行	金	木	火	水	土
長生	巳	亥	寅	申	申
沐浴	午	子	卯	酉	酉
冠帶	未	丑	辰	戌	戌
臨官	申	寅	巳	亥	亥
帝旺	酉	卯	午	子	子
衰	戌	辰	未	丑	丑
病	亥	巳	申	寅	寅
死	子	午	酉	卯	卯
墓	丑	未	戌	辰	辰
絕	寅	申	亥	巳	巳
胎	卯	酉	子	午	午
養	辰	戌	丑	未	未

墓多暗昧㊴。

大抵凶爻要入墓，吉爻不要入墓。

《金鎖玄關》有人墓、事墓、鬼墓之別。

《天玄賦》有身、世、命，隨鬼入墓之論。皆大凶之兆。

占病遇之，九死一生。捕獲遇之，深遁難覓。人物遇之，愚蒙不振。失脫遇之，暗藏不見。蓋墓者，滯也。暗昧不明之象。卦中主象帶刑動入墓者，占病必死，占訟入獄。

化病兮傷損，

病，即長生對沖之神也。主象化出病爻，凡事有損。占病未痊，占物不中，占藥無效，占文書有破綻，占行人未回，占身命帶疾，占婦人必不貞潔，占容貌必有破相。故曰傷損。

化胎兮勾連。

胎，即長生中第十一位之神也。訣云：「金胎在卯，木胎在酉，火胎在子，水土胎在午」。若主象化入胎爻者，主遲滯不響快㊵。占行人。主象化入胎爻，必有羈絆㊶，未能動身。如占盜賊及失脫，若官鬼化入胎爻者，主外勾裡連也。

虎易按：《卜筮正宗·黃金策總斷·千金賦直解》曰：「卦中惟是長生、墓、絕三件，卦卦須看，爻爻要查。其餘沐浴、冠帶、臨官、帝旺、衰、病、死、胎、養各神，俱另有生剋沖合、進神退神、伏吟反吟論，不可執疑於養主狐疑，病主傷損，胎主勾連」，供讀者參考。

凶化長生，熾㊷而未散。

主事爻化入長生者，皆吉，即是成得遲耳。惟壞事之爻化入長生者，則其禍根始萌，日漸增長，凶惡之勢，必盛而後已。如占病，福化長生，日漸減可。鬼化長生，日加沉重。直至墓絕日，始殺其勢。

吉連沐浴，敗而不成。

沐浴，即四敗也。訣云：「金敗在午，木敗在子，火敗在卯，水土敗於酉」。如用爻及所喜之爻化入敗爻者，皆凶。

蓋敗之名，即不成之義也。若忌爻化入此爻，則不成凶。或賭博爭鬥，成謀之事，尤為大忌。

予卜供膳？得《臨》之《兌》卦：

應臨財爻生世，本吉，但嫌其化入敗爻，後果應不能濟事。

虎易按：「應臨財爻生世，本吉。但嫌其化入敗爻」，此論似乎不當。此例雖然卦中財爻臨應爻動，並化回頭生，來生世爻。但卦中同時動出兄弟丑土，來剋財爻亥水，亥水受剋，不能生世爻，所以「不能濟事」。與「但嫌其化入敗爻」，應該沒有關係。《增刪卜易・增刪黃金策・千金賦》曰：「化養、化病、化胎，及化沐浴，俱不驗，盡已刪之」，供讀者參考。

戒回頭之剋我，

回頭剋，乃用爻化出忌爻也。亦謂之本爻受剋，凡事遇之不吉，世身亦不宜。如金化火，水化土類也。

《卜筮全書》占例：　011						
占事：卜供膳？						
坤宮：地澤臨				兌宮：兌為澤（六沖）		
本　卦				變　卦		
子孫癸酉金	▅▅　▅▅			兄弟丁未土	▅▅　▅▅	世
妻財癸亥水	▅▅　▅▅	應	╳→	子孫丁酉金	▅▅▅▅▅	
兄弟癸丑土	▅▅　▅▅		╳→	妻財丁亥水	▅▅▅▅▅	
兄弟丁丑土	▅▅　▅▅			兄弟丁丑土	▅▅　▅▅	應
官鬼丁卯木	▅▅▅▅▅	世		官鬼丁卯木	▅▅▅▅▅	
父母丁巳火	▅▅▅▅▅			父母丁巳火	▅▅▅▅▅	

勿反德以扶人。

古人有：「相生須用他生我，相剋須還我剋他」之句。若主事爻不生合世身，而反生合應爻；或應爻不生世，而世反生應者，皆謂之反德扶人。凡占遇此等之卦，必主費力艱難。必代人占卦，乃為順利，事必易成。此又學者之所當知也。

惡曜孤寒㊸，怕日辰之並起。

刑沖剋害乎我者，為惡殺。非大殺、劫殺類。若得無氣而又孤立無助，雖來傷我，必能敵之，即是不壞。惟怕日辰扶並起來，則必仗其勢而肆毒於我，乃可畏也。

用爻重疊，喜墓庫之收藏。

用爻重疊太過，若無日辰、動爻損之，必須得墓庫收藏，然後可望。

且如丁丑日占財?得《益》之《萃》卦：

卦中有兩重財，初九、上九又化出兩重財，日辰又

《卜筮全書》占例：012						
時間：丁丑日　（旬空：申酉）						
占事：占財？						
	巽宮：風雷益				兌宮：澤地萃	
六神	**本　卦**				**變　卦**	
青龍	兄弟辛卯木	▅▅▅	應	○→	妻財丁未土	▅ ▅
玄武	子孫辛巳火	▅▅▅			官鬼丁酉金	▅▅▅ 應
白虎	妻財辛未土	▅ ▅		╳→	父母丁亥水	▅▅▅
螣蛇	妻財庚辰土	▅ ▅	世		兄弟乙卯木	▅ ▅
勾陳	兄弟庚寅木	▅ ▅			子孫乙巳火	▅ ▅ 世
朱雀	父母庚子水	▅▅▅		○→	妻財乙未土	▅ ▅

是財，共有五重財。本為太過，不濟事，喜得世上有辰字財庫，謂之財有庫藏，主有財也。餘倣此。

虎易按：「卦中有兩重財，初九、上九又化出兩重財，日辰又是財，共有五重財。本為太過，不濟事，喜得世上有辰字財庫，謂之財有庫藏，主有財也」，我認為此論不當。此例初爻父母水動化回頭剋，也被日令合住，不能生兄弟。但外卦三合兄弟卯木局，可剋世爻之財。之所以「主有財也」，是因為日令帶財，並非「喜得世上有辰字財庫」，供讀者參考。

事阻隔兮間發，

古云：「世應當中兩間爻，發動所求多阻隔」。蓋此二爻，居世應之中，隔彼此之路，動則兩邊隔絕。故也。

要知何人阻節，以五類推之。如父母動，乃尊長之屬。

心退悔兮世空。

占事，若應不剋世，日辰無傷，用爻有氣，而世自落空，其人心墮意懶，不能勇往精進，以成其事也。

卦爻發動，須看交重。

凡遇卦不安靜，當以動爻交重論之。交主未來，重主過去。

虎易按：「交主未來，重主過去」，《增刪卜易・增刪黃金策・千金賦》曰：「余亦多試，間有驗者。大凡爻象，有一定而不可移者，可以為法。間有驗者，乃偶然之湊合，不可執之」，供讀者參考。

如占逃亡，卦有父動，主有音信。若交爻，當有人報信。如重爻，則信已先知。他倣此。

動變比和，當明進退。

動爻變出之爻，若比合，則當以進退論之。若寅化卯為進神，卯化寅為退神。進主上前，退主落後。

如占行人，用爻發動，若化進神，不日可望；化退神，則雖起程，亦他往未歸也。

又如占宅，火在二爻動，可言其家灶常還改。若化進神，必移於前；化退神，必移於後。他倣此。

殺生身，莫將吉斷；用剋世，勿作凶看。蓋生中有刑害之兩防，而合處有剋傷之一慮。

夫世身二爻，莫不喜生合，而惡傷剋。若執定是法推之，則所謂膠柱調瑟㊹，而不能達其變矣。豈所謂變易之道耶？

且如日辰、動爻來生合世、身，而日辰動爻係是主象之忌神，則雖生合於我，亦何益哉。況生合之中，有刑、有剋、有害，故見殺生身者，不以為吉。又如主事爻動來剋世剋身，乃是事來趕我，必然易成易就，我雖見剋，亦何傷哉？故云：「剋世者不以為凶」。

虎易按：《增刪卜易・增刪黃金策・千金賦》曰：「此論未為全是，予之得驗：如占求財，財為用神，財爻剋世者必得。占行人，用神剋世者即至。占醫藥，子孫為用神，子孫剋世者即愈。外此數占，皆不宜用神而剋世也。若占功名，官鬼剋世，非災即禍，豈可曰勿作凶看」？供讀者參考。

此乃卜易之活法，通變之妙理，學者所宜潛玩也。

刑害不宜臨用，

凡遇刑爻為主象，必主不利。占事事不成，占物物不好，占病病必死，占人人有疾，占婦人必不貞潔，占文書必有破綻，占訟利必有罪責。害爻為主象，必壞事。大概與刑爻相類。化入者亦然。然又須以衰旺分其輕重詳之。

死絕豈可持身。

死絕二爻，臨持世身主象者，必不利。占人有難，占病無救，占醫無效，占事不濟。變動化入者亦然。

動逢沖而事散，

沖之一字，不可一例推之。如空爻逢沖則實，動爻逢沖則散，又謂沖脫。靜逢沖則動，又謂沖起。故凡動爻逢沖，吉不成吉，凶不成凶也。

絕逢生而事成。

大凡世身主象，臨乎死絕之地，而臨遇生扶者，乃為凶中有救，大吉之兆也。《天玄賦》有絕處逢生一篇，苟能沉潛玩味，玄妙自能採取。然所謂生者，不可執定日辰斷之，動爻月建皆是也。

且如寅日酉用，而有辰戌丑未爻動，是為絕處逢生也。午日寅用，而有亥子水爻動，是死處逢生也。餘以類推之。

如逢合住，須衝破以成功。

卦中用爻，遇日辰合住，或兩爻自相合住者，不拘喜忌，皆不見效。須待衝破，或剋破合爻，然後吉者吉，凶者凶。此下兼言期日之法。

且如用爻動來生合世身，凡事易成。若遇合住，則又阻滯。必待沖、剋、破、合之日，事始有成。

若遇休囚，必生旺而成事。

期日之法。不可執一，當圓變活法推之，庶無差誤。

如用爻合住，則以衝破之日斷之矣。若或用爻休囚者，則非生旺不能成其謀。故無氣，當以旺相月日斷之。若用爻旺相不動，則以衝動月日斷之。若用爻有氣發動，則以合日斷之，或以本日斷之。若用爻受制，則以制殺月日斷之。若用爻得時旺動，又遇生扶者，此為太旺，當以墓庫月日斷之。若用爻無氣發動，而遇生扶者，即以生扶日斷之。若用爻入墓，則以破墓月日斷之。若用爻空亡，則以衝動月日斷之。若用爻旺空，或空而逢沖、逢並、逢動者，則以過旬斷之。若占散事，又當以用爻死墓絕日斷之。以上數節，乃撮其大要，以提醒後人。其中更玄妙之理，學者自當融通活變，分其輕重強弱定之，不可一途而取也。

速則動而剋世，緩則靜而生身。

此亦言日辰之法也。以用爻動靜生合，定遲速緩急。且如占行人，若用爻發動，或應爻發動，可言其人身已起程矣。然來生世，則遲緩，剋世即速到。餘倣此。更當以衰旺論之也。

父亡而事無頭緒，福隱而事不稱情。

占法曰：「卦無父母事無頭，卦無子孫不喜悅㊺」。蓋父母主事，子孫則喜慶之神也。故無父，則事無頭緒；無福德，則事不稱情也。

虎易按：《增刪卜易・增刪黃金策・千金賦》曰：「余以此論，亦為多事。凡占事者，用神、元神、仇神、忌神，剋害刑沖、破墓空絕、日月飛伏，許多事故，尚無定論，還敢尋不當用之爻耶？予恐枝葉多生，反無頭緒」。我以為，此注可修改為，「如果以父母主事，故無父，則事無頭緒。如果以子孫主事，子孫則喜慶之神也，卦無福德，則事不稱情也」。供讀者參考。

鬼雖禍災，伏猶無氣。

官鬼雖為禍害，然六爻亦不可無。但宜靜，而不宜動耳。若無官爻，則諸事無氣。故《通玄妙論》有無鬼無氣之論。宜細玩之。

子雖福德，多反無功。

子孫雖為福德，然不可重疊太多。多則雜，雜則亂而不專一，故曰無功。蓋過猶不及之意也。

虎易按：《增刪卜易·增刪黃金策·千金賦》曰：「以之為忌神者，實則不宜。以之為用神者，多則何害？豈不聞『損之斯成』，『逢墓庫以收藏』也」。供讀者參考。

究父母推為體統，論官鬼斷作禍殃。財乃祿神，子為福德。兄弟交重，必主謀為多阻滯。

此概言五類神之大略也，後卷分明，自有斷法，不及細論。

卦身重疊，須知事體兩交關㊻。

卦身一爻，為萬事本體。若六爻中有兩爻出現，必是鴛鴦求事，或事於兩處。若帶兄弟，必是與人同謀。兄弟剋世，或帶官鬼發動，必有人爭謀其事也。

卦身不出現，事未有定向。出現持世、合世、生世，其事已定。宜出現，不宜變動，動則須防有變。若係喜神，不以此論。遇吉神而化忌爻，主先成後敗。遇凶殺而化吉神，主先難後易。

若六爻無卦身，而動爻有化出者，即是此人來言其事也。如子孫為僧道類。卦身持世，或臨本主人，或在本宮內卦，切己之事；臨應爻，他人之事。六爻飛伏，皆無卦身，其事根由未的。卦身空亡，諸事難成；休囚死絕，諸事無氣。大抵卦身，宜作事體看，不可作人身看。若占人，則是其人之身，非來占者之身也。

今人莫不以世與身爻同論，則誤矣。但世身，喜生合，忌傷剋，則無不同也。凡遇身剋世，則吉；世剋身，則凶。身若生世、合世，諸事易成。世生合身，難成。

虎易按：讀者可參閱「最要者身位，喜扶而不喜傷」的注釋。

虎興而遇吉神，不害其為吉。龍動而逢凶曜，難掩其為凶。玄武主盜賊之事，亦必官爻。朱雀本口舌之神，然須兄弟。疾病大宜天喜，若臨凶殺必生悲。出行最怕往亡，如係吉神終獲利。是故吉凶神殺之多端，何如生剋制化之一理。

大抵卜易，當執定五行六親，不可雜以神殺亂斷。蓋古神殺，至京房先生作易，亂留吉凶星曜，以迷惑後學。如天喜貴人，往亡大殺之類皆是。今人宗之，無不敬信。雖《天玄賦》亦甚用之，其他不足論也。而其不用者，其惟《海底眼》、《卜易玄機》、《金鎖玄關》之三家乎。

然神殺太多，豈能悉辨。合以六神言之，其法莫不以青龍為吉，白虎為凶，見朱雀以為口舌，見玄武即為盜賊。不分臨持喜忌，概以所性斷之，吾謂其大失先天之妙旨。何則？白虎動，固凶也，若臨其所喜之爻，生扶拱合於世身，則何損於吾。故雖凶，不害其為吉。青龍發動，固吉也，若臨所忌之爻，刑沖剋害乎主象，則何益於事。故雖吉而難掩其為凶。朱雀雖主口舌，然非兄弟則不能。玄武雖主盜賊，若非官鬼則不是。蓋六神之權，依於五行六親故也。

虎易按：「朱雀雖主口舌，然非兄弟則不能。玄武雖主盜賊，若非官鬼則不是」，《增刪卜易·增刪黃金策·千金賦》曰：「此論欠理。玄武、朱雀、勾陳、螣蛇，動而不剋世者，無礙。動而剋世，皆以為凶，勿分兄弟官鬼」。供讀者參考。

又如天喜，吉星也。占病遇之，雖大象凶惡，不以死斷，喜神故也。若臨於所忌之爻動，吾必以為悲，而不以為喜。

往亡，凶殺也。出行遇之，雖大象吉利，必阻其行，死亡故也。若臨於所喜之爻動，吾必以為利，而不以為害。蓋神殺之權輕，而五行之權重故也。

由是觀之：遇吉則吉，逢凶亦凶。係於此，而不係於彼。有驗於理，而無驗於殺。何必徒取幻妄之說哉。不然，吾見其紛然繁據，適足以害其理而亂吾心，豈能一一中節耶？蓋神殺無憑，徒為斷易之多歧，而不若生剋制化之一理為要。能明其理，則圓神活變，自有條理而不惑矣。

六親，本也。六神，末也。至於吉凶神殺，又末中之末也。必欲用之，則當急於本而緩其末。惟六神可也，然六神但可推決事情，至於休咎得失，又當專以六親為主。如此，則本末兼該㊼，斯不失其妙矣。學者詳之。

嗚呼！卜易者，知前則易。

世人卜筮，皆泥古法，不知通變，達其道者，鮮也。故有龍虎推其悲喜，水火斷其雨晴，空亡執作凶吉，身位定為人論。凡此之類，難以枚舉。予作是書，取理之長，捨義之短，闡古之幽，正今之失。凡庸占俗卜之執迷古法者，亦莫不為之條解㊽。有志是術者，苟能究明前說，自知通變之道矣。其於易也何有，故曰卜易者知前則易。

求占者，鑒後則靈。

推占者，固當通變。而求占者，亦不可不知求卜之道也，後即誠心是也。

筮必誠心，

聖人作易，幽贊神明，以其道合乾坤故也。故凡卜筮，必須真誠敬謹，專心求之，則吉凶禍福，自無不驗。今人求卜，多有科頭跣足㊾，短衫露身，甚至有不焚香，不盥手者。嗚呼！忽略如此，而欲求神明之感格㊿者，未之有也。神明不格，而欲求吉凶之應者，亦未之有也。可不慎歟㉛。

虎易按：《增刪卜易・增刪黃金策・千金賦》曰：「一念之誠，可格天地；二篕㉜之用，可享鬼神。若心懷兩三事而占者，念既不專，應何能一？念多心亂，即是不誠。故曰：遇事即占，不論早晚，慎勿兩念，二念不靈」。

何仿子日。

陰陽曆書中，有「子不問卜」之說，故今人多忌此日。

愚謂：吉凶之應，皆感於神明。神明無往不在，無日不可格，能格其神，自無不驗矣。故凡卜筮，在人之誠不誠，不在日之子與非子也。

且其說，又有辰不哭泣之忌。若辰日臨喪，亦可以笑對弔者耶？此不足信也，明矣。

且如丙子日，袁柳莊㉝卜脫役事？得《姤》卦安靜：鬼臨應爻，卻被日辰衝動，世受六害，果應難脫。

《卜筮全書》占例：013	
時間：丙子日　（旬空：申酉）	
占事：袁柳莊卜脫役事？	
乾宮：天風姤	
本　　卦	
父母壬戌土 ▅▅▅▅▅	
兄弟壬申金 ▅▅▅▅▅	
官鬼壬午火 ▅▅▅▅▅	應
兄弟辛酉金 ▅▅▅▅▅	
子孫辛亥水 ▅▅▅▅▅	
父母辛丑土 ▅▅　▅▅	世

虎易按：「鬼臨應爻，卻被日辰衝動，世受六

害」，以此論看，世爻必然是旺相，被日辰沖為暗動，午動與世爻丑土相害。供讀者參考。

又談朝輔卜訴訟？得《蒙》之《未濟》卦：

《卜筮全書》占例：014						
占事：談朝輔卜訴訟？						
離宮：山水蒙				離宮：火水未濟		
本　　卦				變　　卦		
父母丙寅木	━━━			兄弟己巳火	━━━	應
官鬼丙子水	━ ━			子孫己未土	━ ━	
子孫丙戌土	━ ━	世	╳→	妻財己酉金	━━━	
兄弟戊午火	━ ━			兄弟戊午火	━ ━	世
子孫戊辰土	━━━			子孫戊辰土	━━━	
父母戊寅木	━ ━	應		父母戊寅木	━ ━	

官鬼空亡，果應不成。

虎易按：此例無占卜時間。《蒙》卦官鬼丙子水，如果空亡，說明是甲寅旬所占之卦。供讀者參考。

又戊子日，周焚松卜官訟？得《離》之《賁》卦：

《卜筮全書》占例：015						
時間：戊子日　（旬空：午未）						
占事：周焚松卜官訟？						
離宮：離為火（六沖）				艮宮：山火賁（六合）		
本　　卦				變　　卦		
兄弟己巳火	━━━	世		父母丙寅木	━━━	
子孫己未土	━ ━			官鬼丙子水	━ ━	
妻財己酉金	━━━		○→	子孫丙戌土	━ ━	應
官鬼己亥水	━━━	應		官鬼己亥水	━━━	
子孫己丑土	━ ━			子孫己丑土	━ ━	
父母己卯木	━━━			父母己卯木	━━━	世

日辰扶起官鬼，沖剋世爻。財爻又動，此必助鬼傷身，果被婦人執罪。

又丙子日卜倭寇㊹？得《噬嗑》卦：
鬼爻衰靜，果應不來。但被日帶父爻六害，乃受風雨淋漓之苦也。

以上數占，皆係子日，未嘗少誤。果如曆家言，何其事乃俱應耶？故凡占卜，貴乎秉誠，不貴擇日。

以上全篇，總說斷易之法，乃通章之大旨。不知此，則諸事難決。有志於是者，當先觀此篇。若能沉潛反覆，熟讀詳味，此理即明，則事至物來，固將迎刃而解矣，其於易也何有。

《卜筮全書》占例：016		
時間：丙子日　（旬空：申酉）		
占事：卜倭寇？		
巽宮：火雷噬嗑		
本　　卦		
子孫己巳火	▅▅▅▅▅	
妻財己未土	▅▅　▅▅	世
官鬼己酉金	▅▅▅▅▅	
妻財庚辰土	▅▅　▅▅	
兄弟庚寅木	▅▅　▅▅	應
父母庚子水	▅▅▅▅▅	

注釋

①舂（chōng）：把穀子放在石臼裡搗去皮殼。

②粞（xī）：碎米。

③糠粃（bǐ）：亦作「糠秕」。穀皮和癟穀。

④精鑿（zuò）：舂過的精米。

⑤饐餲（yì ài）：食物腐臭變質。

⑥雖萬象之紛紜：雖然宇宙間的事物或現象眾多而雜亂。
⑦融貫：「融會貫通」的簡稱。謂把各方面的知識或道理參合在一起，從而得到全面透徹的理解。
⑧賢不肖之殊：指人生之不齊，存在差異。賢，指有德行，多才能的人。不肖，指不成材，不正派，品行不好，沒有出息的人。殊，指區別、差異。
⑨過不及之異：指過分和達不到，存在差異。事情做得過分，就像做得不夠一樣，都是不好的。宋朱熹《中庸章句・序》曰：「動靜云為，自無過不及之差矣」。
⑩人以中庸之德為至：儒家的政治、哲學思想。主張待人、處事不偏不倚，無過無不及。《論語・雍也》曰：「中庸之為德也，其至矣乎」。
⑪主事爻：用神；用爻。
⑫助桀（jié）為虐：比喻幫助壞人做壞事。桀，夏末暴君。
⑬金穀之園：此處指繁華。金穀園是西晉大官僚石崇的別墅，地處洛陽市，繁榮華麗，極一時之盛。參閱《晉書・石苞傳（石崇）》。
⑭泥犁（lí）：佛教語。梵語的譯音。意為地獄。在此界中，一切皆無，為十界中最惡劣的境界。
⑮喜其滅項以安劉：比喻消滅壞人，幫助好人。項，指項羽。劉，指劉邦。

⑯主象：即主事之爻，或者稱為用神，用爻。如自占以世爻為主象，測財以財爻為主象等。
⑰助桀（jié）而為虐：比喻幫助壞人做壞事。桀，夏末暴君。
⑱歲君：即太歲。古人以為沖犯它是不吉利的。
⑲撓括：煩擾彙聚。
⑳契合：投合，意氣相投。
㉑顧瞻（zhān）：回視；環視。
㉒猿攀：如猿猴攀木，身心不定。
㉓猿猱（náo）：泛指猿猴。
㉔應動託人心易變：《海底眼·世應》曰：「應動託人心易變，身動生憂事不寧，若是用爻居有氣，旺相扶持可速成」。
㉕克濟：謂能成就。
㉖暗興：即暗動。
㉗匪：假借為「非」，表示否定。
㉘支神：地支的別稱。
㉙提挈：提攜，扶持，幫助。
㉚徒爾：徒然，枉然。

㉛引擢：起用提拔。

㉜罹（lí）：受，遭逢，遭遇。

㉝人而不仁，疾之已甚，亂也：語出《論語・泰伯第八》。

㉞泄瀉：腹瀉。

㉟三才：天、地、人。《易・說卦》：「是以立天之道曰陰與陽，立地之道曰柔與剛，立人之道曰仁與義。兼三才而兩之，故《易》六畫而成卦」。

㊱相媾（gòu）：相合。原意為交互為婚姻，親上結親。引申為交好，交合之意。

㊲占月令：月令的變化是由天地運行所主宰的，故亦借指命運、天數。這裡指預測本月運氣。

㊳狐疑：懷疑，猶豫。

㊴暗昧（mèi）：隱晦不明。

㊵不饗快：不爽快，不利索。

㊶羈絆：亦作「羇絆」。猶言束縛牽制。

㊷熾（chì）：引申為兇猛，激烈，氣焰高漲。

㊸惡曜（yào）：指刑沖剋害世爻和用爻的五行。

㊹膠柱調瑟（sè）：同「膠柱鼓瑟」。鼓瑟時膠住瑟上的弦柱，就不能調節音的高低。比喻固執拘泥，不知變通。

㊺卦無父母事無頭，卦無子孫不喜悅：「卦無父母事無頭」出自《海底眼・六親爻變・父母變》。「卦無子孫不喜悅」，不知出於何處。

㊻交關：交錯混雜，互相關聯。

㊼本末兼該：指本末兼備，包括各個方面。「兼該」亦作「兼賅」。

㊽條解：逐條解釋。

㊾科頭跣（xiǎn）足：露著頭，赤著足。形容困苦或生活散漫。

㊿感格：感應通達。

(51)歟（yú）：文言助詞，表示疑問、感歎、反詰等語氣。

(52)二簋（guǐ）：喻祭品之少。簋，古代祭祀宴享盛黍稷之器皿。《易・損》曰：「元吉，无咎……曷之用二簋，可用享」。王弼注：「二簋，質薄之器也。行損以信，雖二簋而可用享」。孔穎達疏：「行損之禮，貴夫誠信，不在於豐。既行損以信，何用豐為？二簋至約，可用享祭矣」。

(53)袁柳莊：袁忠徹（1377—1459），又名袁柳莊，字公達，又字靜思，男，鄞縣人。家住今寧波市西門外。其父袁珙號柳莊居士，曾因預言堅定燕朱棣奪取帝位決心之故，朱棣登極後，其父袁珙遂被拜為太常寺丞。故袁家乃故家舊族。袁忠徹好學，幼傳父術，父子以相術起家。博涉多聞，明成祖時被封為「尚寶司少卿」。參閱《明史・列傳第一百八十七・方伎・袁珙・子忠徹》。

㊵倭寇（wō kòu）：指元末到明中葉，十四至十六世紀，多次在我國沿海和朝鮮搶劫騷擾的日本強盜。

校勘記

㊀「《火珠林》」，原本作「《海底眼》」，疑誤，據其後內容來源改作。

㊁「託」，原本作「他」，疑誤，據《海底眼》原文改作。

㊂「未」，原本作「午」，疑誤，據其文意及卦理改作。

㊃「午」，原本作「未」，疑誤，據其文意及卦理改作。

一、天時

天道杳冥①，豈可度思夫旱澇？易爻微妙，自能驗彼之陰晴。當究父財，勿憑水火。

天時一占，自《卜筮元龜》而下，皆以水火為晴雨之主，而不究六親制化，蓋執一不通之論也。惟《海底眼》有「天象陰晴父母推」之說，深為得旨，然又引而不發。所以學者多泥古法，而不求其理，良可歎也！

且如古人以水爻為雨，其言旺動驟雨，休囚微雨。然水居冬旺，則雨豈獨驟於秋冬，而輕微於春夏耶？知乎此，不攻自破矣。

故凡占天時，當看父財，勿論水火也。

妻財發動，八方咸仰晴光；父母興隆，四海盡沾雨澤。

占天不以水為雨，而以父為雨者，父母為天，天變則雨，故也。妻財則父母忌爻，動則剋制雨神，所以主晴。卦中父動，主雨。財動，主晴。卦無父母，財爻又空，必然無雨。卦無妻財，父爻又空，必然不晴。

虎易按：《增刪卜易・增刪黃金策・天時章》曰：「子孫為日月星斗，動則萬里晴光」，「子孫發動，萬里無雲。子孫為財之元神，財動雖晴，倘如子孫休囚空破，或現而不動者，必不大晴，當有浮雲薄霧」，供讀者參考。

應乃太虛，逢空則雨晴難擬；

占天時與占人事一般，人事應空則難成，天時應空則難望。如久晴占雨則無雨，久雨占晴則不晴。若卦中雨爻動，其應空，亦主遲緩，世空則來速也。世應俱空，雨晴難擬，須詳父母妻財，及日辰斷之。

虎易按：《增刪卜易・增刪黃金策・天時章》曰：「占雨用父爻，占晴用子孫及財爻，與世應何干？予嘗占雨、占晴，一卦不現，再占兩卦。六爻不動者，務必求其動而驗之。何故而曰，雨晴難定」？供讀者參考。

世為大塊②，受剋則天變非常。

應為天，萬物之體也。世為地，萬物之主也。如世受動爻刑剋，必有非常之變。如雨爻刑剋，必是惡雨。風爻刑剋，必遭惡風之類。又如財化火鬼，刑剋世爻，若夏月卜卦，必是酷暑。卦無子孫及父母動者，則是迅雷驚電。餘倣此。

日辰主一日之陰晴，

日辰乃一日陰晴之主，不可依《金鎖玄關》作太陽論之。若日辰兄弟，其日必有風雲。子孫，其日必有霞彩。官鬼，其日必然陰晦。餘倣此。

若動爻刑剋日辰者亦然。如財爻動剋則晴，父爻動剋則雨類。卦中動爻，被日辰剋制者，其象必不變。倘父母動，日辰生扶之，則大雨。妻財動，日辰生扶之，則烈日。

子孫管九天之日月。

陽宮子孫為日，陰宮子孫為月。旺則皎潔，衰則暗淡；空伏，則雖晴而被蒙蔽。子化子，日照霞明；屬陰則月明星燦。化出墓絕，始雖明朗，終成暗晦也。

若論風雲，全憑兄弟。

風雲，以兄弟爻論之。旺動，則風高雲密；死絕，則雲淡風輕。化出子孫，則清風彩雲；化出官鬼，則頑雲惡風也。

要知雷電，但看官爻。

官鬼主雷電，動則必有雷聲。旺相，霹靂驚雷；衰弱，雲中虛閃。卦有兩鬼皆動，主雷電交作；鬼化鬼，亦然。鬼化財，或卦無父母，雖雷不雨。

更隨四季推詳，

父母主雨，妻財主晴，四時不易。其子孫、官鬼、兄弟，當隨時推究，不可執一。詳見於後。

須配五行參決。

凡占天時，固不可以水火為主，若五類所臨，亦憑參究。

父母爻，四時主雨。若臨金水，雨乃未止。臨火土，雖雨不久。但臨土，則雨雖止，而雲不散。臨木，則有風有雨之象也。

妻財爻，四時主晴。臨金，必有煙霧。臨水，必有朝露，或雖晴不久。化出父爻，反主有雨。臨木，晴而有風。臨土，晴而有雲。臨火，日麗中天。

兄弟爻臨木，四時主風。臨土，四時主雲；臨火，風雲皆有；兄化兄亦然；臨金，主有風沙；臨水，則濃雲也。又夏月新秋，遇火兄，主大熱；冬月初春，遇水兄，主大寒。

子孫爻臨金，四時皆為星月。屬陽，則冬與正月為冰霜，夏秋為白雲。

虎易按：「屬陽，則冬與正月為冰霜，夏秋為白雲」，《增刪卜易・增刪黃金策・天時章》曰：「既以子孫為霜雪，倘值冬令占晴，以何爻而為日月」，供讀者參考。

臨木，二三月為遊絲③，餘月皆為日晷④日色。

臨水，正月與冬季為冰雹雪霜，夏秋與二三月為朝露。

臨火，四時皆為日。

臨土，夏秋為巧雲，二三月為霞，冬月為日。

官鬼爻臨火，及未戌二土，為雹，餘皆作雷斷。正月鬼動化父，或與父爻同發，主有春雪；蓋春雪乃殺物之雪，非瑞故也。若二月春分後，八月秋分前見之，皆以雷斷。春分前，雷聲未發，則濕雲帶雨之象，非雷也。秋分後，雷聲即收，鬼如動，必有狂風拔木，林間震響之惡勢。雷聲即收後，與未發前，若鬼帶三刑六害，乘旺動來剋世，雷應非常之變，雖冬月，亦有震驚百里之象。

晴或逢官，為煙為霧。

卦得晴兆，鬼亦動者，必有濃煙重霧。或惡風，或陰晦；冬或大寒，夏或大熱；或有日月薄蝕之變。必非風和日麗，天晴月皎之候。

雨而遇福，為電為虹。

卦得雨兆，子孫亦動者，非有閃電，則有彩虹。蓋子孫主彩色。虹與電，亦有其象，故以類而推之。若執定日月霞彩，則膠柱而調瑟也。

應值子孫，碧落無瑕疵⑤之半點。

凡遇晴卦，應臨子孫動者，其日必然皎潔。或財臨應動，化出子孫亦然。蓋應為天，子孫為清光皎潔之神。故也。

世臨土鬼，黃沙多散漫於千村。

晴卦中，世臨土鬼發動，或土鬼動來沖剋世身者，乃是沙落天也；兄弟化出土鬼亦然。秋冬見之，多主陰晦。或從子孫化出，當有雲奔鐵騎之象。

三合成財，問雨那堪入卦。

卦有三合成局，依五類推之。如成財局，有霞彩。成鬼局，有雷電類。

如久晴占雨，卦遇三合財局，必然無雨。久雨占晴，卦遇三合父局，亦主不晴。

虎易按：「卦有三合成局，依五類推之」，《增刪卜易・增刪黃金策・天時章》曰：「三合財局、子孫局者，主晴。三合父局，主雨。三合鬼局，黑霧迷天，或雷電閃爍。三合兄局，主風」。供讀者參考。

如五月甲申日占晴，得《隨》之《咸》卦：

辰子兩爻俱動，與日辰申字，正合成父局，雨果不止。

虎易按：此例內卦三合父母局，雖逢月破，但

《卜筮全書》占例：017

時間：五月　甲申日（旬空：午未）

占事：占晴？

	震宮：澤雷隨（歸魂）				兌宮：澤山咸		
六神	本　　卦				變　　卦		
玄武	妻財丁未土	▅▅　▅▅	應		妻財丁未土	▅▅　▅▅	應
白虎	官鬼丁酉金	▅▅▅▅▅			官鬼丁酉金	▅▅▅▅▅	
騰蛇	父母丁亥水	▅▅▅▅▅			父母丁亥水	▅▅▅▅▅	
勾陳	妻財庚辰土	▅▅　▅▅	世	╳→	官鬼丙申金	▅▅▅▅▅	世
朱雀	兄弟庚寅木	▅▅　▅▅			子孫丙午火	▅▅　▅▅	
青龍	父母庚子水	▅▅▅▅▅		○→	妻財丙辰土	▅▅　▅▅	

逢合不為破。供讀者參考。

五鄉連父、求晴怪殺臨空。

五鄉，財、官、父、兄、子也。五類中，唯父母為雨。此爻空亡，或休囚不動，雨未可望。若遇動爻，化出父母，則主有雨；化出財爻，則主晴也。

財化鬼，陰晴未定。

財主晴明，鬼主陰晦。故遇財化鬼，或鬼化財，或鬼財皆動，必主陰晴未定。或先陰後晴，先晴後陰之象。卦無子孫，財反助鬼，必不晴也。

父化兄，風雨靡常。

父主雨，兄主風。兩爻相化，或俱發動，皆主風雨交作。凡論先後，當以動者為先，變者為後。俱動，則以旺者為先，衰者為後。或曰：旺多衰少。

母化子孫，雨後長虹垂蝃蝀⑥。弟連福德，雲中明月出蟾蜍⑦。

日月虹霓⑧，皆屬子孫。若遇父爻化出，必然雨後虹見；兄爻化出，則雲中漏日。冬月兄化子，是雪片隨風；夏秋，是風卷晴雲。屬陰，則風清月朗；三春屬陽，則風和日暖也。父旺財衰，而兄動化子，當推雲中閃電。更宜細究。

父持月建，必然陰雨連旬。

卦中六親，皆不宜臨月建，唯子孫一爻遇之為吉。其他如父臨之，必主久雨。財臨之，必主久晴。臨父化水則潦⑨，臨財化火則旱。雖非水火，而刑剋世爻亦然。

兄坐長生，擬定狂風累日。

長生之神，凡事從發萌之始，直至帝旺，然後衰死。故遇長生，卒難止息。如父逢之，雨必連朝；兄逢之，風必累日；官逢之，陰雲不散；財逢之，雨未可望；須至墓絕日，然後雨可止、風可息、雲可開、陰可霽也。化出亦然。

父財無助，旱潦有常。

官鬼空伏，父母無氣，而財爻旺動者，必旱。子孫空伏，妻財無氣，而父爻旺動者，必潦。凡遇此象，最怕日月動爻，又來生扶合併，則潦必至浸沒；旱必至枯槁。

如父財二爻，雖或旺動，卻有制伏，或居死墓絕地，又無扶助者，雖旱有日，雖潦有時，必不為害。

福德帶刑，日月必蝕。

子孫帶刑，動化鬼；或官鬼動來刑害，或父帶騰蛇來剋，皆主日月有蝕。陽爻日，陰爻月。

如八月庚申日，予卜中秋月？得《家人》之《觀》卦：

《卜筮全書》占例：018

時間：八月　庚申日（旬空：子丑）

占事：卜中秋月？

	巽宮：風火家人				乾宮：風地觀		
六神	**本**	**卦**			**變**	**卦**	
騰蛇	兄弟辛卯木	▅▅▅▅▅			兄弟辛卯木	▅▅▅▅▅	
勾陳	子孫辛巳火	▅▅▅▅▅	應		子孫辛巳火	▅▅▅▅▅	
朱雀	妻財辛未土	▅▅　▅▅			妻財辛未土	▅▅　▅▅	世
青龍	父母己亥水	▅▅▅▅▅		○→	兄弟乙卯木	▅▅　▅▅	
玄武	妻財己丑土	▅▅　▅▅	世		子孫乙巳火	▅▅　▅▅	
白虎	兄弟己卯木	▅▅▅▅▅		○→	妻財乙未土	▅▅　▅▅	應

果應大雨。

雨嫌妻位之逢沖，

占雨要財爻靜，若被日辰衝動，父母暗傷，雨未可望。父或發動，雨亦不多；不然當日必無雨。至財爻墓絕日，方可有雨也。若父爻安靜，逢沖則有雨。

晴利父爻之入墓。

墓主晦滯，父爻動入，即是雨意，終不沾濡。財爻動入，亦是陰晴氣候，入墓亦然。

如五月丁丑日，占晴？得《屯》之《无妄》卦：父母雖動，然坐在墓爻，果應晴而陰滯也。

虎易按：此例父母爻動入日墓，加上月剋，動化回頭剋，所以「果應晴而陰滯也」。供讀者參考。

子伏財飛，簷下曝夫猶抑鬱。

大抵占晴，以財為主。若徒有財而無子孫，或居空地而又變弱，此日有陰晴之象。蓋財爻但主晴，不主日。得子孫出現不空，或發動，或旺相，或遇生

《卜筮全書》占例：019					
時間：五月　丁丑日（旬空：申酉）					
占事：占晴？					
	坎宮：水雷屯			巽宮：天雷無妄（六沖）	
六神	**本　卦**			**變　卦**	
青龍	兄弟戊子水	▅▅　▅▅	╳→	官鬼壬戌土 ▅▅▅▅▅	
玄武	官鬼戊戌土	▅▅▅▅▅ 應		父母壬申金 ▅▅▅▅▅	
白虎	父母戊申金	▅▅　▅▅	╳→	妻財壬午火 ▅▅▅▅▅	世
螣蛇	官鬼庚辰土	▅▅　▅▅		官鬼庚辰土 ▅▅　▅▅	
勾陳	子孫庚寅木	▅▅　▅▅ 世		子孫庚寅木 ▅▅　▅▅	
朱雀	兄弟庚子水	▅▅▅▅▅		兄弟庚子水 ▅▅▅▅▅	應

扶，或逢沖並，然後有日。況無子孫，則財絕生意。官鬼專權，必非久晴之兆也。

父衰官旺，門前行客尚趑趄。

占雨以父為主，休囚死絕，便不可望。若得官爻當權旺動，生扶父母，亦主有雨。但忌父居空地，或在日辰制伏之鄉，仍為無雨。然亦必有濕雲載雨，凝滯不散之象。

福合應爻，木動交而遊絲漫野。

子孫乃曠達之神，若臨木動合應，或在應上生合世身，必是風和日暖、遊絲蕩颺⑩之天也。夏月熏風解慍⑪，秋月風清月朗，冬月玉屑呈祥。屬水，可言露珠。

鬼沖身位，金星會而陰霧迷空。

卦晴，而鬼臨金水爻，動來沖剋世身，或臨卦身沖剋應爻，或就臨應上發動，皆主有濃煙重霧，蔽塞郊野之象。父母動則主雷鳴，非煙霧也。

卦值暗沖，雖空有望。

占雨，怕父空；占晴，怕財空。二者皆無成望。若日辰沖之，則沖空不空，過此一日，自有成望。欲定日期，亦以沖日、沖時斷之。

爻逢合住，縱動無功。

父動有雨，財動須晴，理固然也。若被日辰動爻合之，名合住。雖動，亦依靜看。合住財爻，不晴。合住父爻，不雨。大概是密雲不雨之象。

辛丑秋，予寓江東欲返，值颶風大作。丁亥日，卜得《困》之《震》卦：

兄弟父母俱動，合住應爻，果當日辰時止息。

虎易按：「合住應爻」，指世爻寅木合住應爻亥水。「果當日辰時止息」，因辰時合住動爻兄弟酉金。此例父母、兄弟、妻財三個爻動，父生兄，兄剋財，但財逢日合，又化回頭生。供讀者參考。

合父鬼衝開，有雷則雨。

父母合住，本主不雨。若遇鬼動，衝破合住，當主將雨未雨，必待雷震，而後有雨也。沖爻是弟，發風則雨。沖爻是子，閃電則雨。日辰沖剋同斷也。

合財兄剋破，無風不晴。

財爻合住，本不晴明。若得卦有兄動剋破合爻，或日辰是兄，沖剋破之，則必待風起，然後晴。無風則不晴也。

如辛未日占晴，得《損》之《小畜》卦：

《卜筮全書》占例：020
時間：辛丑　秋　丁亥日（旬空：午未）
占事：占颶風？

	兌宮：澤水困（六合）				震宮：震為雷（六沖）		
六神	**本　卦**				**變　卦**		
青龍	父母丁未土	▅▅　▅▅			父母庚戌土	▅▅　▅▅	世
玄武	兄弟丁酉金	▅▅▅▅▅		○→	兄弟庚申金	▅▅　▅▅	
白虎	子孫丁亥水	▅▅▅▅▅	應		官鬼庚午火	▅▅▅▅▅	
螣蛇	官鬼戊午火	▅▅　▅▅			父母庚辰土	▅▅　▅▅	應
勾陳	父母戊辰土	▅▅▅▅▅		○→	妻財庚寅木	▅▅　▅▅	
朱雀	妻財戊寅木	▅▅　▅▅	世	╳→	子孫庚子水	▅▅▅▅▅	

財被合住，喜得日辰帶兄，衝破合爻，果應發風而晴也。

坎巽互交，此日雪花飛六出。

八卦屬象：《乾》為天，為晴。《坤》為地，為陰。《坎》為水，為雨雪冰雹。《離》為太陽，霞電。《艮》為雲，《震》為雷，《巽》為風。《兌》則星月、霧露類也。

若冬月卜卦，遇《坎》化《巽》，或《巽》變《坎》，必有風雪飄揚之象。若父兄交變，而子孫兼動者，亦然。若父動而子化子，則是雪月交輝之象也。

陰陽各半，今朝霖雨慰三農。

雨乃陰陽之象，鬱結而成。故古人有「陰陽和而後雨澤降⑫」之說。凡占天時，得陰陽相半之卦，必然有雨。然亦必須將財父兼看。純陽卦安靜，占雨不雨，占晴必晴，動則主雨。純陰卦安靜，占晴不

《卜筮全書》占例：021

時間：辛未日（旬空：戌亥）

占事：占晴？

	艮宮：山澤損				巽宮：風天小畜		
六神	**本　　卦**				**變　　卦**		
騰蛇	官鬼丙寅木	⚊	應		官鬼辛卯木	⚊	
勾陳	妻財丙子水	⚋		╳→	父母辛巳火	⚊	
朱雀	兄弟丙戌土	⚋			兄弟辛未土	⚋	應
青龍	兄弟丁丑土	⚋	世	╳→	兄弟甲辰土	⚊	
玄武	官鬼丁卯木	⚊			官鬼甲寅木	⚊	
白虎	父母丁巳火	⚊			妻財甲子水	⚊	世

晴，占雨必雨，動則主晴。蓋陽動則變陰，陰動則變陽。故也。純陰卦，動出父爻，終有雨。純陽卦，動出財爻，終晴。

兄弟木興係巽風，而馮夷⑬何其肆惡。

占天，遇兄弟屬木在《巽》宮，乘旺動來刑剋世爻，當有颶風之患。更與父爻同發，必成風雨。若化官，定然傷物。化出水，風雨兼作。化出火土，惟雲耳。

妻財火動屬乾陽，而旱魃⑭胡爾行凶。

財臨火動，或從火化，或化火爻，或變入《乾》卦；而又遇月建、日辰、動爻生扶合助者，必主大旱。若六爻無水，父母死絕，或父與水爻在空，而財福當權旺動亦是。

六龍御天，只為蛇興震卦。

《震》卦又為龍象，若有青龍騰蛇，在此宮動者，必有龍現。雖非龍蛇，而在辰巳爻上旺動者，亦主有龍。從父化出，先雨後龍現。化出父爻，先龍後雨。父爻安靜，或空伏，龍雖現而無雨。化財亦然。若蛇龍辰巳等爻，臨鬼動者，非龍，乃電掣金蛇也。

五雷驅電，蓋緣鬼發離宮。

電，雷之光也。有聲曰雷，無聲曰電。若鬼在《離》宮動，當以五雷驅電斷之。蓋《離》有彩色之象。故也。火鬼亦然。金化火，火化金，雷電交作。凡鬼爻旺相，雷聲必烈；休囚，其雷稍輕；剋世臨金，或帶自刑，雖不旺相，聲亦驚駭。屬土無氣，隱隱輕雷也。

《金鎖玄關》及《卜易玄機》，以鬼臨金火，皆作雹斷。愚謂：金乃有聲之象，火則然矣，金何理乎？故不敢取。

土星依父，雲行雨施之天。木德扶身，日暖風和之景。

土主雲，父主雨。故土臨父動，有雲行雨施之象。木主風，財主晴。故木臨財動，有日暖風和之景。變化者亦然。

半晴半雨，卦中財父同興。

妻財父母俱動，必然半雨半晴。父衰財旺，晴多雨少。父旺財衰，雨多晴少。無旺無衰，陰晴相半。更化子孫，日出乍雨。雖旺逢空，與衰同斷。

多霧多煙，爻上財官皆動。

財動本晴。若鬼爻亦動，或日辰帶鬼，持剋世爻，必先有煙霧而後開晴也。官旺財衰，大霧重如細雨；鬼衰財旺，煙迷少頃開晴。

身值同人，雖晴而日輪含耀。世持福德，縱[1]雨而雷鼓藏聲。

凡卜天時，被世爻所剋者，必無此象。如兄弟持世，則剋財爻；財若旺相，亦非皎潔天氣。子孫持世，則剋官鬼；官若發動，雖雨必無雷聲。他倣此。世若安靜，或落空亡，皆勿斷。被日辰剋制者，其象必然。

父空財伏，須究輔爻。

占雨，父為主，鬼為輔。占晴，財為主，子為輔。

若財父皆空，或俱不出現，或一空一伏，則雨晴難定，須究輔爻衰旺動靜，庶可推決。

如鬼爻旺動，日月動爻又來生合，亦主有雨。子孫旺動，鬼爻墓絕，亦主晴。或官與子俱靜，則有日辰生合沖並者為急。

如五月甲戌日，久晴占雨？得《屯》卦：

《卜筮全書》占例：022				
時間：五月　甲戌日（旬空：申酉）				
占事：久晴占雨？				
		坎宮：水雷屯		
六神	**伏神**	**本**	**卦**	
玄武		兄弟戊子水	▅▅　▅▅	
白虎		官鬼戊戌土	▅▅▅▅▅	應
騰蛇		父母戊申金	▅▅　▅▅	
勾陳	妻財戊午火	官鬼庚辰土	▅▅　▅▅	
朱雀		子孫庚寅木	▅▅　▅▅	世
青龍		兄弟庚子水	▅▅▅▅▅	

財不出現，父爻衰空，同是雨晴難定之象。喜得日辰沖並，卦中土鬼暗動，果應有雨。

但鬼臨土爻剋水，所以雨亦不多矣。

剋日取期，當明占法。

占雨，看父爻。占晴，看財爻。占風，看兄爻。

久晴占雨，父爻衰弱，生旺日有。父爻安靜，衝動日有。父若發動，合值日有。月建是財，出月斷之。卦無父母，財爻墓絕日有。

久雨占晴，財爻衰弱，生旺日止。日辰是財，當日即止。卦無財爻，父母墓絕日止。月建是父，出月止。日辰是父，財雖有氣，當日必不能止也。若衰爻遇有扶起者，即以扶爻斷之。

如占一日陰晴，當以時刻取期也。

要盡其詳，別陰陽而分晝夜。

陰陽之分，當以卦宮取，勿以爻象論。陽以晝言，陰以夜言。或曰：外卦陽爻，以上午斷。內卦陽爻，以下午斷。外卦陰爻，以上半夜斷。內卦陰爻，以下半夜斷。又陽化陰，晝與夜作；陰化陽，夜與晝作。

又曰：陽宮陽爻，午前推之；陽宮陰爻，午後推之。陰宮倣此。

欲推其細，明衰旺以定重輕。

衰旺以四時言，旺則重，衰則輕也。有氣而又臨生旺之地者愈甚，無氣而又臨墓絕之地者尤微。旺變衰，先重後輕；衰變旺，先輕後重也。

能窮易道之精微，自與天機而吻合。

注釋

①杳冥（yǎo míng）：謂奥秘莫測。

②大塊：大地。

③遊絲：比喻飄動的淡淡煙氣。

④日晷（guǐ）：古代測日影定時刻的儀器，由晷盤和晷針組成。此處指日影。

⑤瑕疵（xiá cī）：本指玉的疵病，喻微小的缺點，後泛指一切缺點。
⑥蝃蝀（dì dōng）：虹的別名。
⑦蟾蜍（chán chú）：指月球，因為傳說月亮裡有三條腿的蟾蜍。
⑧虹霓（ní）：亦作「虹蜺」。即蝃蝀。為雨後或日出、日沒之際天空中所現的七色圓弧。虹蜺常有內外二環，內環稱虹，也稱正虹、雄虹；外環稱蜺，也稱副虹、雌虹或雌蜺。
⑨潦（lào）：同「澇」。水淹沒；雨多。
⑩蕩颺（yáng）：飄揚；飄蕩。
⑪熏風解慍（yùn）：溫和的風可以消除心中的煩惱，使人心情舒暢。熏風：和風。慍：惱怒怨恨。
⑫陰陽和而後雨澤降：出自《幼學瓊林・夫婦》，原本作：「陰陽和而後雨澤降，夫婦和而後家道成」。
⑬馮夷：傳說中的黃河之神，即河伯。泛指水神。
⑭旱魃（bá）：傳說中引起旱災的怪物。比喻旱象。

校勘記

㈠「縱」，原本作「總」，按現代用字方式原本改作。後文遇此字，直接改作，不另說明。

二、年時

陰晴寒暑，天道之常。水旱兵災，年時之變。欲決禍福於一年，須審吉凶於八卦。

所謂年時，一年中，四時事也。遠則國家，近則官府，大則天道，小則人物，皆在六爻內。凡推及此，必須仔細。不比人事一端之易，學者宜用心焉。

初觀萬物，莫居死絕之鄉。

萬物屬初爻。臨財福吉，臨鬼殺凶。生旺有氣，五穀豐登，六畜興旺。空亡墓絕，則六畜多災，五穀亦欠收也。受剋亦然。

次察群黎①，喜在旺生之地。

二爻為人民之位。遇子孫，四時安樂。逢官鬼，太歲多災，發動剋世，民多為盜。自空化空，民多暴死。空動，生合應爻，民多還徙外郡②。火鬼化父，小兒多出痘疹③。

三言府縣官僚，兄弟則征科④必迫。

三爻屬陽，以府官斷；屬陰，以縣官斷。屬陰土，以府州縣僚佐官斷。

三爻臨世，或是本宮，以本縣官斷。無故自空，縣必缺任。逢空而遇應上鬼沖，必有外郡官攝政。發動逢空，將已辭印。化進神，有升擢⑤之喜；化退神，有降謫⑥之憂。

生合世爻，或初二爻者，有仁民愛物之心；刑剋，則剋制小民，非良吏也。若臨子孫，清廉正直；臨官鬼，酷毒好刑；臨兄弟，貪暴無恥。

兄動剋世而生合五爻，或歲君者，必主其年官府征科急迫也。

四論朝廷宰相，沖身則巡警無私。

三公九卿，上司官，皆在四爻。若能生合世爻、二爻，必有憂民官在朝。生合五爻，刑剋二爻，朝廷皆阿諛之臣。發動，以出巡官斷之。臨子孫，正直無私。生合持世，必能為民除害。兄動化財，與世刑剋，其年當有征索舊欠官來也。若臨應上，或化空亡，必不入我境界。若與其身相沖，遍巡四境。

如遇鬼化鬼，一年官，兩度來，或有兩員官來也。

五為君上之爻，

五爻為天子之位，最不宜動來刑剋世爻，其年必受朝廷剋剝。若臨財福，生合世爻，必有君恩。化出父母，當有赦宥⑦。空動，有名無實。

或雖生合世爻，卻被三四爻剋制、合住者，縱有君恩，官府隱瞞，不能下及百姓。制爻衰死，亦主半被侵捺⑧。

五爻自空，其年天子有崩傷之憂。化出子孫回頭剋制，必主太子攝位。五爻空動，沖身沖歲，有巡狩⑨出外事。

四爻制剋五爻，當有奸臣專國。四爻旺，五爻衰，恐謀不軌。

六為昊天⑩之位。

六爻為天。若空，其年必多怪異事。蓋天無空脫之理，所以，主有變異也，如子孫為日食星隕類。若遇兄動，亦主有驚怪不常之變。此於空亡之異，為尤甚也。

應亦為天，剋世，則天心不順；世還為地，逢空，則人物多災。

應爻又作外郡，世爻又作本境看。

太歲逢兄乘旺，有溫州之大颶⑪。

太歲，乃一年主星，惟遇子孫為吉，其他皆非所利。如臨兄，出現變動，其年必多惡風；乘旺剋世，有颶風之災。若屬金水，或化父母，或與父爻同發，風水之禍，必不能免。化兄一年雨作。

流年值鬼帶刑，成漢寢之轟雷⑫。

流年，即太歲。若臨官鬼發，其年必多惡雷。帶刑剋世，必傷人物。六親中至凶，莫若官，六爻遇之，皆遭其禍。如初爻遇之，物不利；二爻遇之，人不安。六爻無官，年月不帶，方為大吉。縱有旱潦年災，必不至於大害。出現逢空，或衰絕不動，亦不妨。

發動妻財，旱若成湯之日⑬。交重父母，潦如堯帝之時⑭。

財臨太歲，其年雨水必不周遍。更臨火爻，或火化其生扶，而父爻衰弱者，定主亢旱。

若父持太歲，其年雨水必多，更化水爻，又臨生旺之地，而財爻空伏無氣者，必主大水。世剋如不傷世，則五穀不損。

若只占年時水旱，不必拘定太歲，但看財父可也。有動，以動為勝；不動，以旺為勝。剋世則可畏。

猛烈火官，回祿⑮興災於熙應。

鬼在《乾》宮，或在六爻上動，當以雷斷，其餘不可亂言。如卦中火鬼動，其年有火災。若與世無干，而與應爻剋沖者，乃是外郡被災，與本境無涉也。

汪洋水鬼，玄冥⑯作禍於江淮。

水鬼發動，其年必有水災。在外卦，或化父母，或衝動父母，是雨水淹沒。在內卦，是河決海翻。若不剋世，雖溢無事。

如戊午年正月辛亥日，卜年時，得《蒙》之《中孚》卦：水鬼與應上父爻俱動，傷剋世爻，妻財又伏。其年果應風雨連月，水溢田中，五穀淹腐殆盡也。

《卜筮全書》占例：023

時間：戊午年　寅月　辛亥日（旬空：寅卯）

占事：卜年時？

		離宮：山水蒙				艮宮：風澤中孚（遊魂）		
六神	**伏神**	**本　卦**				**變　卦**		
騰蛇		父母丙寅木	▅▅▅▅▅			父母辛卯木	▅▅▅▅▅	
勾陳		官鬼丙子水	▅▅　▅▅		╳→	兄弟辛巳火	▅▅▅▅▅	
朱雀	妻財己酉金	子孫丙戌土	▅▅　▅▅	世		子孫辛未土	▅▅　▅▅	世
青龍		兄弟戊午火	▅▅　▅▅			子孫丁丑土	▅▅　▅▅	
玄武		子孫戊辰土	▅▅▅▅▅			父母丁卯木	▅▅▅▅▅	
白虎		父母戊寅木	▅▅　▅▅	應	╳→	兄弟丁巳火	▅▅▅▅▅	應

尤怕屬金，四海干戈如鼎沸。

金鬼發動，其年必不寧靜，蓋金乃兵象故也。在四五爻上，是大臣謀叛。沖剋應爻，生合五爻，是朝廷征討。在外卦，又屬他宮，是夷狄⑰侵犯中華。

鬼化鬼，或兩鬼俱動，必非一處作亂。卦身逢之，四海皆然。太歲逢之，一年不得安靜。空動是虛，或化空絕，化敗病，或化回頭剋，或被月建日辰動爻剋制，雖或反亂，終必敗亡。休囚發動，不過強梁盜賊。

甲寅正月庚申日，卜倭亂⑱，得《困》之《大過》卦：

六三午火鬼動，化出酉金兄弟，帶刑剋害，其年果應倭賊大亂。火主燒，金主殺，兄又劫財，所以，其年劫燒殺傷，不可勝計。

更嫌值土，千門疫癘⑲若符同。

土鬼發動，其年多瘟疫。生旺為甚，休囚稍可。在《艮》宮動，瘴氣亦重。剋世，人多疫死，世剋不妨。鬼帶白虎，亦是瘟疫兆也。

《卜筮全書》占例：024

時間：甲寅 正月 庚申日（旬空：子丑）

占事：卜年時？

	兌宮：澤水困（六合）				震宮：澤風大過（遊魂）		
六神	**本　　卦**				**變　　卦**		
騰蛇	父母丁未土	▅▅　▅▅			父母丁未土	▅▅　▅▅	
勾陳	兄弟丁酉金	▅▅▅▅▅			兄弟丁酉金	▅▅▅▅▅	
朱雀	子孫丁亥水	▅▅▅▅▅	應		子孫丁亥水	▅▅▅▅▅	世
青龍	官鬼戊午火	▅▅　▅▅		╳→	兄弟辛酉金	▅▅▅▅▅	
玄武	父母戊辰土	▅▅▅▅▅			子孫辛亥水	▅▅▅▅▅	
白虎	妻財戊寅木	▅▅　▅▅	世		父母辛丑土	▅▅　▅▅	應

逢朱雀而化福爻，財動則旱蝗相繼。

鬼帶朱雀動，化子孫，刑剋身世，主有蝗蟲之災。蓋朱雀能飛，子孫又禽蟲之屬故也。財臨太歲，雖非朱雀，若化子，在生氣爻上亦然。更遇財爻亦動而無制伏者，必主旱蝗相繼之歲。

遇勾陳而加世位，兄興則饑饉⑳相仍。

勾陳，職專田土，官鬼逢之，必非大有年。持世剋世，必然歉收。財化兄，或與鬼俱動，則是饑饉之年也。若財空福絕，或福空財絕，皆是饑歲。

莽興盜起㉑，由玄武之當官。

鬼加玄武，動剋世爻，其年必多盜賊。屬陰，是穿窬小人，樑上君子。屬陽，是強梁夥盜。若臨土，或化土剋世，必主盜賊蜂起。化出金，沖剋歲君，或五爻者，今雖為盜賊，終必謀動干戈，擾亂四海，以犯上也。

宋殄㉒異多，因騰蛇之御世。

騰蛇，乃妖怪之神，在六爻上動，雖非鬼，必主有大變異。鬼在六爻上動，雖非騰蛇，亦主大變。在《乾》宮，或化入《乾》卦者，亦然。不在六爻，不落《乾》宮，而鬼帶騰蛇發動，則是世間有變異奇怪。如下文所云也。

若在乾宮，天鼓兩鳴於元末㉓。

騰蛇動臨官鬼，若在《乾》宮，主有天鼓鳴之異。若化金爻子孫，或化入《兑》卦者，有星月之異，如星入月類。若化火財，與父作合者，有虹霓之異，如吸酒飲釜類。若化火爻子孫，或化入《離》宮者，有日月之異。如今丙辰秋，數日並出類。鬼爻或屬金者，以雷斷，如擊台失匙類。鬼爻屬木，或化父母爻者，以雨斷，如雨血雨毛類。鬼爻屬木，或化兄弟者，以風斷，如紅風黑風類。木鬼與世應相沖，有異風之變，如宋季有白氣溺貫百里類。

如當震卦，雷霆獨異於國初㉔。

騰蛇鬼，在《震》宮動者，有雷霆之異。如秋間夏月，無雲而雷霆震類。《震》卦，又為龍，若臨辰巳爻上，或化辰爻，主有龍現，如龍掛為橋㉕之異。

《震》卦又為木，或臨木爻，或化木爻者，有樹木之異。如戴若實家，柳如牛鳴。趙如初家，柏如鶴鳴之類也。

艮主山崩，臨應則宋都有五石之隕。

騰蛇鬼，在《艮》宮動者，其年有山崩之異。如元統間，山崩陷為地類㉖。屬金化金，則是石，如山鶴變為石，叱石為羊類。若臨應爻，或在六爻，或化《乾》卦，是天變也，如星化為石類。

坤為地震，帶刑則懷仁有二所之崩㉗。

騰蛇鬼，在《坤》宮動者，其年必主地震。逢金，則有聲。帶刑，則崩裂。《坤》卦又為牛，若鬼臨丑，必有牛異。如戴人變牛類。

《乾》、《坤》二卦中，螣蛇鬼，臨世動，乃是人有異事，非物也。如婦生須㉘，男孕子類。《坤》乃純陰卦，螣蛇鬼動，與玄武相合住者，必主晝晦。元末每多此異。

坎化父爻，雨血雨毛兼雨土㉙。

《坎》卦，在天為雨，在地為水。螣蛇鬼在此宮動，臨應爻六爻，或化父爻者，皆以雨斷。不然，則是河涸海溢之異。若金鬼化父，當有雷雪同作之異。雨血雨毛雨土，皆元末之異也。

巽連兄弟，風紅風黑及風施。

螣蛇鬼，在《巽》宮動化兄，主有異風。如宋英宗時有赤風，元順帝時有黑風類㉚。若不化兄，不臨應爻六爻，勿作風斷，是草木之異。如武后㉛時，九月梨花開類。《震》、《巽》二卦，又為禽鳥。若螣蛇鬼在生氣爻上動者，有諸禽之異。如春秋時，六鷁退飛㉜；唐庫中，金錢化蝶類㉝。

日生黑子，宋恭帝驚離象之反常。

螣蛇鬼，在《離》宮動者，有日異。如宋恭帝時，日中有黑子類㉞。若非應爻六爻，則有火異也。如大德㉟間，火從空中降下，延燒禾稼數十畝類。邇年蒲州火從平地迸出㊱，居民被燒者，不可勝計。

沼起白龍，唐玄宗遭兌金之變異。

《兑》為澤，為井，為池沼。若騰蛇鬼，在此宮動者，當有唐玄宗時，沼中白龍乘空而起㊲。元順帝太子寢殿后新甃一井，井中亦有龍出㊳，火焰爍火，變幻不測，宮人見之，莫不震懾類。

發動空亡，乃驗天書之詐。

以上騰蛇鬼動，臨空化空，其怪異事是虛傳，詐說，非真有也。如宋真宗時，天書下降之類㊴。

居臨內卦，定成黑眚㊵之妖。

騰蛇鬼，在本宮內卦，妖怪見於家庭。如宋徽、欽時，有黑眚見掖庭類㊶。

欲知天變於何方，須究地支而分野。

凡遇變異之象，須看見於何方，直以所傷之方定之。如子為齊域，丑為吳域，寅為燕域類，此十二支分野也。當先以剋爻定之，無剋，以刑爻定之，又無刑，則以本爻斷。刑剋爻空，亦以本爻斷。

身持福德，其年必獲休祥㊷。

子孫為福德之神，以其生財剋鬼故也。若得旺動，其年必有好處。在初爻，萬物吉利；二爻，百姓安寧；三四爻，官吏清明；五爻，君明國正；六爻必有景星慶雲之瑞也。若臨太歲，生合世身；或臨世身，有氣不空，是皆太平之象。

世受刑傷，此歲多遭驚怪。

世乃年時之主爻，凡三農百姓，五穀六畜，皆係於此。得時旺相，不臨兄鬼，其年必然稱意。如受太歲、月建、日辰、動爻傷剋，其年必多驚險。無故自空，人多暴死。

年豐歲稔，財福生旺而無傷。

卦中子孫得地，財爻有氣不空，兄鬼凶神衰靜者，必是豐年樂歲。

冬暖夏涼，水火休囚而莫助。

凡占年時，以財父二爻看水旱，水火二爻看寒暑。若水在死絕，或居空地，其年冬月必暖。火居死絕，或居空地，其年夏月必涼。若加刑害剋世，而又居生旺之地者，暑必酷暑，寒必嚴寒。不剋世爻，則傷物。此衰旺，不可以節氣論。

他宮傷剋，夷狄侵淩。

他宮為夷狄，無他宮，則看外卦。若來傷剋本宮，其年夷狄必來侵犯。外生內卦，必多進貢。

本卦休囚，國家衰替。

本宮為國家，無本宮，則看內卦。旺相，國家強盛。無氣，則國家衰替。

陰陽相合，定然雨順風調。

凡遇一陰一陽卦，必然世應相生，六爻相合，一卦中，各有配偶。其年必主雨順風調也。更得六爻安靜，財福不空，必是豐登之歲。

兄鬼皆亡，必主民安國泰。

兄弟乃剋剝破敗之神，官鬼又禍患災殃之主。二者空亡，或不上卦，必主其年國家無事，兆民安樂，六畜得宜，萬物暢茂，雍熙之世也。

惟明天道，能知萬象之森羅。識透玄機，奚啻㊸一年之休咎。

注釋

①群黎：眾民。

②外郡（jùn）：京都以外的州郡。

③痘疹（dòu zhěn）：一般指天花（一種烈性傳染病）

④征科：徵收賦稅。

⑤升擢（zhuó）：提升；擢升。

⑥降謫（zhé）：封建時代特指官吏降職，調往邊外地方。

⑦赦宥（shè yòu）：寬恕；赦免。

⑧侵捺（nà）：侵佔，扣壓。

⑨巡狩（xún shòu）：亦作「巡守」，謂天子出行，視察邦國州郡。古時皇帝五年一巡守，以視察諸侯所守的地方。

⑩昊（hào）天：蒼天。昊，元氣博大貌。《書·堯典》曰：「乃命羲和，欽若昊天，

曆象日月星辰，敬授人時」。

⑪溫州之大颶：明代的溫州府，即今浙江省溫州市。大颶即大風、颶風。《明史・卷三十・志第六・五行三》曰：「宣德六年（公元1431年）六月，溫州颶風大作，壞公廨、祠廟、倉庫、城垣」。

⑫漢寢之轟雷：轟雷，即炸雷，帶有巨大聲響的雷。《後漢書・志第十五・五行三》曰：「桓帝建和三年（公元149年）六月乙卯，雷震憲陵寢屋」。

⑬旱若成湯之日：成湯即商湯，商朝的建立者。《管子・・輕重篇》曰：「湯有七年旱，民有無糧賣子者」。

⑭潦如堯帝之時：堯為中國古代五帝之一，史稱唐堯。《史記・卷一・五帝本紀第一》曰：堯之時，「湯湯洪水滔天，浩浩懷山襄陵」。

⑮回祿：相傳為火神之名。引伸指火災。

⑯玄冥：神名。水神。北方之神。

⑰夷狄(yí dí)：古稱東方部族為夷，北方部族為狄。常用以泛稱除華夏族以外的各族。

⑱倭（wō）亂：指由日本挑起的戰亂。中國於漢、魏、晉、南北朝時稱日本為倭。

⑲疫癘（yì lì）：瘟疫。急性傳染病的通稱。

⑳饑饉（jī jǐn）：災荒；荒年。五穀收成不好叫「饑」。蔬菜和野菜都吃不上叫「饉」

㉑莽興盜起：指西漢末年，王莽篡權後，盜賊蜂起。

㉒殄（tiǎn）：斷絕；竭盡。

㉓天鼓兩鳴於元末：《元史·卷四十七·本紀第四十七·順帝十》曰：「二十七年（公元1367年）春正月乙未，絳州夜聞天鼓鳴，將旦復鳴，其聲如空中戰鬥者」。古人認為，天鼓響為天象示警，兆示天將降大災於某個國家，或某個朝代行將覆滅。當時南方多地已經被起義軍攻佔，元軍節節敗退，元朝的統治風雨飄搖，只過了一年多，元朝就滅亡了。

㉔雷霆獨異於國初：《明史·卷二十八·志第四·五行一》曰：「洪武六年（公元1373年）十一月戊申，雷電交作。十三年（公元1380年）五月甲午，雷震謹身殿。六月丙寅，雷震奉天門。十月甲戌，雷電。十二月己巳，廣州大風雨雷電。十八年（公元1385年）二月甲午，雷電雨雪。二十一（公元1388年）年五月辛丑，雷震玄武門獸吻。六月癸卯，暴風，雷震洪武門獸吻」。

㉕龍掛為橋：一種奇異的龍形狀的雲彩，就像是一條橫貫天際的蛟龍，人們把它叫作龍掛。也指龍捲風，遠看積雨雲下呈漏斗狀舒卷下垂，舊時以為是龍下掛吸水，如在天地間建成一座橋。

㉖如元統間，山崩陷為地類：《元史·卷三十八·本紀第三十八·順帝一》曰：「四年（公元1333年）六月己巳，帝即位於上都。八月壬申，鞏昌徽州山崩……九月，秦州山

崩……冬十月甲子，太陰犯斗宿。丙寅，鳳州山崩」。古人認為，山崩地陷為天象示警，兆示某個國家將有大災。

㉗懷仁有二所之崩：《元史・卷二十一・本紀第二十一・成宗四》曰：「（大德九年，公元1305年）夏四月……乙酉，大同路地震，有聲如雷，壞官民廬舍五千餘間，壓死二千餘人。懷仁縣地裂二所，湧水盡黑，漂出松柏朽木」。元大同路的治所在今山西省大同市。元懷仁縣即今山西省懷仁縣。

㉘婦生須：《元史・卷五十・志第三上・五行一》曰：「至元元年（公元1335年）正月……汴梁祥符縣市中一乞丐婦人，忽生髭須」。元代的汴梁路祥符縣，現為開封市開封縣。

㉙雨血雨毛兼雨土：《元史・卷五十・志第三上・五行一》曰：「至治三年（公元1323年）二月丙戌，雨土」。《元史・卷五十一・志第三下・五行二》：「元統二年（公元1334年）正月庚寅朔，河南省雨血。是日眾官晨集，忽聞燔柴煙氣，既而黑霧四塞，咫尺不辨，腥穢逼人，逾時方息。及行禮畢，日過午，驟雨隨至，沾灑堊牆及裳衣皆赤」。「元統二年六月，彰德雨白毛，俗呼云『老君髯』。民謠曰：『天雨犛，事不齊』。至元三年（公元1337年）三月，彰德雨毛，如線而綠，俗呼云『菩薩線』。民謠云：『天雨線，民起怨，中原地，事必變』」。元彰德路治所在今河南省安陽市。

㉚元順帝時有黑風類：《元史・卷四十七・本紀第四十七・順帝十》曰：「（至正二十八年）

秋七月癸酉，京城紅氣滿空，如火照人，自旦至辰方息。乙亥，京城黑氣起，百步內不見人，從寅至巳方消」。

㉛武后：指武則天。

㉜春秋時，六鷁（yì）退飛：《春秋・僖公十六年》曰：「六鷁退飛，過宋都」。杜預注：「鷁，水鳥。高飛遇風而退。宋人以為災，告于諸侯，故書」。

㉝唐庫中，金錢化蝶類：《杜陽雜編》記載：唐穆宗時，殿前種千葉牡丹，開放時香氣襲人。夜有無數黃白蝴蝶飛集花間，天明即飛去。穆宗令嬪御追捉，天明都變成了金玉。其後開寶廚，視金屑、玉屑藏內，將有化為蝶者，宮中方覺焉。

㉞宋恭帝時，日中有黑子類：《宋史・本紀第四十七・瀛國公二王附》曰：「（德佑二年）二月丁酉朔，日中有黑子相蕩，如鵝卵。辛丑，率百官拜表祥曦殿，詔諭郡縣使降。大元使者入臨安府，封府庫，收史館、禮寺圖書及百司符印、告敕，罷官府及侍衛軍」。宋恭帝即趙顯，南宋第七代皇帝，公元 1274 年～ 1276 年在位。謚曰恭皇帝。德佑二年為公元 1275 年，二月丁酉日，日中出現大如鵝卵的黑子。古人認為，日中黑子是一種天象示警。出現黑子後只過了四天，到了辛丑日，宋恭帝就率領百官投降了元朝。

㉟大德：是元代・成宗的年號。（1297 年二月至 1307 年）共 11 年。

㊱迸（bèng）出：冒出；湧出。

㊲唐玄宗時，沼中白龍乘空而起：《新唐書・卷四十・志第二十六・五行三》曰：「（天寶）十四載（公元755年）七月，有二龍鬥於南陽城西」。天寶十四載，爆發了導致唐朝由盛轉衰的安史之亂。

㊳元順帝太子寢殿后新甃一井，井中有亦龍出：《元史・卷五十一・志第三下・五行二》：「二十七年（公元1367年）六月丁巳，皇太子寢殿新甃井成，有龍自井而出，光焰爍人，宮人震慴僕地」。甃（zhòu）：砌。以磚修井。

㊴宋真宗時，天書下降之類：宋真宗用丞相王欽若之計，偽造天書，大興符瑞，蠱惑朝野。廣建宮觀，勞民傷財，朝政因而不舉。參閱《宋史・卷六・本紀第六》、《宋史・卷七・本紀第七》、《宋史・卷八・本紀第八》。

㊵黑眚：古代謂五行水氣而生的災禍。五行中水為黑色，故稱「黑眚」。

㊶宋徽、欽時，有黑眚見掖庭類：《宋史・本紀第二十二・徽宗四》曰：「（宣和三年）秋七月……戊子，童貫等俘方臘以獻。是月，洛陽、京畿訛言有黑眚如人，或如犬，夜出掠小兒食之，二歲乃息」。掖（yè）庭：宮中旁舍，妃嬪居住的地方。

㊷休祥：吉祥。

㊸奚啻（xī chì）：亦作「奚翅」。何止；豈但。

卜筮全書卷之九

吳門逸叟　姚際隆　刪補
長邑諸生　　王友　　校正

黃金策　二

三、國朝

君恕則臣忠，共濟明良之會；國泰則民樂，當推禍福之原。雖天地尚知其始終，況國家豈能無興廢？

本宮旺相，周文王創八百年之基①。大象休囚，秦始皇遺二世主之禍②。

本宮為國爻，以太歲為君爻，歲合為後爻，月建為臣爻，日建為東宮，子孫為黎庶，父爻為國。

若建國時，卜得本宮旺相，如周文王，子孫享國八百年之久也。《史記》周武王定鼎③於洛，卜云：「傳位三十，歷年七百」。後至赧王④亡，共算八百餘年。故曰：「周過其曆也」。若本宮休囚，大象又凶，則如秦始皇，二世亡國。

九五逢陽，當遇仁明之主。四爻值福，必多忠義之臣。

五爻為君位。若逢陽象，更遇青龍財福，必是仁明之君。世臨陽象，帶吉神亦然。

四爻為臣位，若子孫旺相剋世，乃敢諫直臣。若兄鬼生合世爻，乃阿諛佞臣也。

歲剋衰宮，玉樹後庭花⑤欲謝。

本宮衰死，更遇太歲所剋，其年國有亂亡之兆。昔陳將亡，後主使諸妃嬪，及女樂與俠客，共賦詩，互相贈答，采其尤豔麗者，被以新聲。選宮女千餘，習而歌之，分部迭奏。其曲有「玉樹後庭花」，「臨春樂」等，大略皆美諸嬪妃之容色。君臣酣歌⑥，自夕達旦，以此為常，後為隋所滅。故曰：「玉樹後庭花欲謝」也。

年傷弱世，鼎湖龍去⑦不多時。

太歲刑沖剋害世爻，主國君疾病，或內難將作。若剋世爻，而世爻衰弱，必有君崩之憂。《史記》曰：「黃帝乘龍上天」。故凡帝崩曰升遐⑧，諱言死也。今曰鼎湖龍去，言其不久而崩也。

世臨沐浴合妻財，夫差戀西施而亡國⑨。

世臨沐浴，或財爻、應爻帶沐浴動，剋合世爻，必是國君好色。如夫差戀西施美，拒子胥諫，後為越王勾踐所滅。

應帶咸池臨九五，武后革唐命而為周[10]。

應乃皇后之位。若帶咸池，其后必淫。更居九五，乃是后居尊位。如漢呂后[11]，臨朝稱制。

更有旺動，刑沖剋害世爻，世或空亡，必如唐武后廢中宗為廬陵王，革唐命為周。

遊魂遇空，虞舜南巡不返[12]。

卦遇遊魂，主國君遷都遊蕩巡狩之象。如周穆王巡狩遊行天下[13]。

若加凶殺剋世，或世動入死墓空絕，則如虞舜南巡，崩於蒼梧之野。

歸魂帶殺，始皇返國亡身[14]。

若歸魂卦，遇凶神惡殺，動剋世身，如始皇求仙海上，返國崩於沙丘之野。

子發逢空，張子房起歸山之計。

子孫為臣。若逢空動，或四爻臣位空動，更被世爻剋害，必是君欲害臣，臣欲避君。如漢張良，託為辟穀，棄職從赤松子遊也[15]。

將星被害，岳武穆抱籲天之冤[16]。

將星，如寅午戌日卜，午爻為將星是，餘類推。若將星臨財子，必得忠良智勇之將。將星值官鬼白虎，必強悍之將。若臨父，必老將。遇兄，不過庸常之將。若將星持鬼，剋害世爻，必如曹操[17]、桓溫[18]，挾天子以令諸侯，多致篡位自立。若將星被動爻剋害，或被四爻動剋，必如宋嶽飛，遇秦檜權奸之害而死也。

應旺生合世爻，聖主得椒房⑲之助。

應爻，皇后之位。若應爻旺相，生合世爻，更臨財福；主皇后美貌智略，天性慈仁，能規君過，導君以善。如漢馬後⑳、宋宣仁㉑，稱女中堯舜也。後房用椒塗壁，以辟除邪氣，故曰椒房。

日辰拱扶子位，東宮攝天子之權。

子孫乃臣位，若他宮子孫旺相，更值日辰生扶拱合，世值胎養空絕，必主少國疑，有大臣攝政，如周公輔成王㉒是。

若本宮子孫生旺，更得日辰扶助，必國君厭棄大寶，將欲傳位，太子當國，攝天子事也。

世剋福爻，唐玄宗有殺兒之事。

若本宮子孫，被四爻沖剋刑害，必被讒臣謗訕㉓。若世剋本宮子孫，子孫又入死墓空絕，必太子遇讒被害。如唐玄宗信李林甫譖㉔，將太子瑛，鄂王瑤，光王琚，皆廢為庶人，後復賜死於城東驛也。

子傷君位，隋楊廣㉕有弒父㉖之心。

本宮子孫，帶殺旺動，剋害世爻，乃太子有篡位之兆。如隋楊廣弒父，自立為帝。

一卦無孫，宋仁宗有絕嗣之歎㉗。

卦中無子孫，或子孫休囚，動入墓絕空死，必是國無太子。如宋仁宗無子而歎。

四爻剋子，秦扶蘇中趙高之謀。

四爻，乃臣位。若旺動，傷剋本宮子孫，則如秦太子扶蘇，被趙高矯詔賜死。

身值動官，唐太宗禁庭蹀血㉘。

世身持官，帶殺旺動，必至殺剋兄弟，乃兄弟必不相容之兆。如唐太宗，伏兵玄武門，將建成，元吉射死，血流禁庭，而被軍馬蹀踐也。

世安空弟，周泰伯讓國逃荊㉙。

世持兄弟空亡，與應相生合，更有吉神動剋，必是兄弟推讓天位之象。如周泰伯託為采藥，逃之荊蠻，讓位季曆㉚也。

凶神生合世神，玄宗信林甫之佞。

若鬼殺動，生合世爻，必是佞臣阿諛，人君信任。如唐玄宗，信任李林甫一十九年，養成天下大亂。

君位剋傷四位，商紂害比干之忠㉛。

四爻為臣，持財子，而被世爻動剋，必犯顏之臣，遭剖心之主。有如比干之盡忠，而被紂王之誅也。

離宮變入坎宮，帶凶殺而徽欽亡身於漠北㉜。

卦中大象皆凶，世應剋害刑沖，或世動入死墓空絕，必是國君遭患，死亡之兆。《離》乃南方，《坎》乃北方。《離》化《坎》，乃南入北，故如宋之徽、欽二宗，被金兀術所擄，幽於五國城，卒老死於沙漠之地。

乾象化為巽象，有吉曜而孫劉鼎足於東南。

《乾》宮變《巽》宮，大象皆吉，當如劉先主㉝，吳孫權，建國東南，與魏三足鼎立也。

國之治亂興衰，卦理推詳剖決。

注釋

①周文王創八百年之基：參閱《史記·卷四·周本紀第四》。

②秦始皇遺二世主之禍：秦始皇(前259年—前210年），嬴姓，趙氏，名政，又名趙正(政）秦政，或稱祖龍，秦莊襄王之子。中國歷史上首位完成華夏大一統的政治人物，也是古今中外第一個稱皇帝的君主。前210年，秦始皇東巡途中駕崩於沙丘。胡亥（公元前230年—公元前207年），即秦二世，亦稱二世皇帝，嬴姓，趙氏，名胡亥，秦始皇第十八子，公子扶蘇之弟，秦朝第二位皇帝，公元前210年—公元前207年

在位。胡亥少從中車府令趙高學習獄法。秦始皇出遊南方病死沙丘宮平臺，秘不發喪，在趙高與李斯的幫助下，殺死兄弟姐妹二十餘人，並逼死扶蘇而當上秦朝的二世皇帝。秦二世即位後，趙高掌實權，實行殘暴的統治，終於激起了陳勝、吳廣起義，六國舊貴族復國運動。公元前207年，胡亥被趙高的心腹閻樂逼迫自殺于望夷宮，時年二十四歲。參閱《史記・卷六・秦始皇本紀第六》。

③定鼎：定國都。傳說夏禹收九州之金，鑄來九鼎，為傳國重器，王都所在即鼎之所在，故稱定都為定鼎。

④赧（nǎn）王：周赧王（?—前256）亦稱王赧，是東周第25位國王，也是最後一位國王。姬姓，名延，為周慎靚王之子。參閱《史記・卷四・周本紀第四》。

⑤玉樹後庭花：《玉樹後庭花》為宮體詩，被稱為亡國之音，作者是南朝陳後主陳叔寶，是南朝陳亡國的最後一個昏庸皇帝。傳說陳滅亡的時候，陳後主正在宮中與愛姬妾孔貴嬪、張麗華等眾人玩樂。王朝滅亡的過程也正是此詩在宮中盛行的過程。參閱《陳書・卷六・本紀第六・後主》。

⑥酣（hān）歌：沉湎於飲酒歌舞。

⑦鼎湖龍去：指帝王去世。《史記・卷二十八・封禪書》曰：「黃帝采首山銅，鑄鼎於荊山下。鼎既成，有龍垂胡髯下迎黃帝。黃帝上騎，群臣後宮從上者七十餘人，

龍乃上去。餘小臣不得上，乃悉持龍髯，龍髯拔，墮，墮黃帝之弓。百姓仰望黃帝既上天，乃抱其弓與胡髯號，故後世因名其處曰鼎湖，其弓曰烏號」。

⑧升遐（xiá）：帝王逝世。

⑨夫差戀西施而亡國：公元前494年，越王勾踐出兵攻吳，吳王夫差聞報，悉發精兵擊越。兩軍戰於夫椒，越軍戰敗，損失慘重，僅剩5000餘人，退守會稽山（今浙江紹興南）。吳軍乘勝追擊，佔領會稽城（今浙江紹興），包圍會稽山。越王無奈，採納大夫范蠡、文種建議，派文種以西施與鄭旦等美女、財寶賄賂吳太宰伯嚭，請其勸吳王夫差准許越國附屬於吳。吳王夫差不聽伍子胥勸諫，讓越國稱臣於吳國，越王勾踐臥薪嚐膽，謀復國。西施成為吳王夫差最寵愛的妃子，把吳王夫差迷惑得眾叛親離，無心於國事，為勾踐的東山再起起了掩護作用，後吳國終被勾踐所滅。參閱《史記・越王勾踐世家》、《史記・卷三十一・吳太伯世家第一》、《吳越春秋》。

⑩武后革唐命而為周：（624—705年）：籍貫並州文水（今山西文水東），生於利州（今四川省廣元市）。人稱「武媚娘」，性巧慧，多權術。是唐太宗李世民的才人，唐高宗李治的皇后，唐中宗李顯、唐睿宗李旦之母。她在協助高宗處理軍國大事，佐持朝政三十年後。高宗去世後，唐武后相繼廢掉兩個兒子中宗和睿宗，親登帝位，

自稱聖神皇帝，廢唐祚於一旦，改國號為周，成為中國歷史上空前絕後的唯一女皇。690—705年在位，從她參與朝政，自稱皇帝，到病移上陽宮，前後執政近半個世紀，上承「貞觀之治」，下啟「開元盛世」，史稱「貞觀遺風」，歷史功績，昭昭於世。參閱《舊唐書・卷六・本紀第六》。

⑪呂後：呂雉（公元前241年—公元前180年8月18日），字娥姁，通稱呂后，或稱漢高后、呂太后等等。碭郡單父縣（今山東菏澤市單縣）人。漢高祖劉邦（前202年—前195年在位）的皇后，高祖死後，被尊為皇太后（前195年—前180年），是中國歷史上有記載的第一位皇后和皇太后，她開啟了漢代外戚專權的先河。參閱《史記・呂后本紀》。

⑫虞舜南巡不返：虞舜（shùn），約公元前2277 — 約公元前2178，嬀姓，名重華，字都君。被後世尊為帝，列入「五帝」。「踐帝位三十九年，南巡狩，崩於蒼梧之野。葬於江南九疑，是為零陵」。帝舜、虞舜、舜帝皆虞舜之帝王號，故後世以舜簡稱之。參閱《史記・五帝本紀》。

⑬周穆王巡狩遊行天下：參閱《穆天子傳》。

⑭始皇返國亡身：秦始皇（前259年—前210年），嬴姓，趙氏，名政，又名趙正（政）秦政，或稱祖龍，秦莊襄王之子。中國歷史上首位完成華夏大一統的政治人物，也

是古今中外第一個稱皇帝的君主。前 210 年，秦始皇東巡途中駕崩於沙丘。參閱《史記・卷六・秦始皇本紀第六》。

⑮漢張良，託為辟穀，棄職從赤松子遊也：張良（約前 250—前 186 年），字子房，潁川城父人，秦末漢初傑出的謀士、大臣，與韓信、蕭何並稱為「漢初三傑」。他精通黃老之道，不留戀權位，晚年據說跟隨赤松子雲遊。參閱《史記・卷五十五・留侯世家第二十五》。

⑯岳武穆抱籲天之冤：嶽飛（1103—1142），字鵬舉，宋相州湯陰縣（今河南湯陰縣）人，南宋抗金名將，中國歷史上著名軍事家、戰略家，民族英雄。位列南宋中興四將之一。在宋金議和過程中，岳飛遭受秦檜、張俊等人的誣陷，被捕入獄。1142 年 1 月，岳飛以「莫須有」的「謀反」罪名，與長子岳雲和部將張憲同被殺害。宋孝宗時岳飛冤獄被平反，改葬於西湖畔棲霞嶺。追謚武穆，後又追謚忠武，封鄂王。參閱《宋史・岳飛傳》。

⑰曹操（155 年—220 年 3 月 15 日），字孟德，一名吉利，小字阿瞞，沛國譙縣（今安徽亳州）人。東漢末年傑出的政治家、軍事家，三國中曹魏政權的奠基人。東漢末年，天下大亂，曹操以漢天子的名義征討四方，對內消滅二袁、呂布、劉表、馬超、韓遂等割據勢力，對外降服南匈奴、烏桓、鮮卑等，統一了中國北方。曹操在世時，擔任東漢丞相，後為魏王，奠定了曹魏立國的基礎。去世後謚號為武王。其子曹丕

稱帝后，追尊為武皇帝，廟號太祖。參閱《三國志》。

⑱桓溫：（312年—373年），字元子（一作符子），譙國龍亢（今安徽懷遠龍亢鎮）人。東晉政治家、軍事家、權臣，譙國桓氏代表人物，東漢名儒桓榮之後，宣城內史桓彝長子。桓溫是晉明帝的駙馬，因溯江而上滅亡成漢政權而聲名大奮，又三次出兵北伐（北伐前秦、羌族姚襄、前燕），戰功累累。後獨攬朝政十餘年，操縱廢立，有意奪取帝位，終因第三次北伐失敗而令聲望受損，受制於朝中王謝勢力而未能如願。死後謚號宣武。其子桓玄建立桓楚後，追尊為「宣武皇帝」。參閱《晉書・桓溫傳》。

⑲椒房：即椒房殿。漢皇后所居的宮殿。殿內以花椒子和泥塗壁，取溫暖、芬芳、多子之義。《三輔黃圖・未央宮》曰：「椒房殿在未央宮，以椒和泥塗，取其溫而芬芳也」。後用作後妃的代稱。

⑳漢馬後：明德皇后（公元39年—公元79年），馬氏，名字失載，扶風茂陵（今陝西興平東南）人，伏波將軍馬援的小女兒，漢明帝劉莊的皇后。公元57年（中元二年），光武帝病逝，劉莊即位，謂漢明帝。馬氏即被封為貴人。公元60年（永平三年）春，馬氏被立為皇后。馬皇后一生以儉樸自奉、不信巫祝、待人和善、約束外家著稱。參閱《後漢書・卷十上・皇后紀第十上》。

㉑宋宣仁：即北宋宣仁太后。高太后（1032—1093）亳州蒙城（今安徽）人。英宗皇后，

神宗時尊為皇太后。元豐八年（1085年）哲宗以年幼即位，尊為太皇太后，秉朝政，起用司馬光等為相，廢除王安石新政，放逐變法派，史稱元沘更化。死後，哲宗才得以親政。參閱《宋史・卷二百四十二・列傳第一》。

㉒周公輔成王：周公，本名姬旦，尊稱為叔旦，史稱周公旦，是周朝歷史上第一代周公，謚號周文公。周文王姬昌第四子，周武王姬發同母弟。因封地在周，故稱周公或周公旦。《尚書大傳》稱其：「一年救亂，二年克殷，三年踐奄，四年建侯衛，五年營成周，六年制禮樂，七年致政成王」。周公攝政七年，提出了各方面的帶根本性典章制度，完善了宗法制度、分封制、嫡長子繼承法和井田制。周公七年歸政成王，正式確立了周王朝的嫡長子繼承制，這些制度的最大特色是以宗法血緣為紐帶，把家族和國家融合在一起，把政治和倫理融合在一起，這一制度的形成對中國封建社會產生了極大的影響，為周族八百年的統治奠定了基礎。參閱《史記・卷三十三・魯周公世家第三》。

㉓讒臣謗訕（chán chén bàng shàn）：讒臣：好讒害人之佞臣。謗訕：譭謗譏刺。

㉔唐玄宗信李林甫譖（zèn）：「玄宗終用林甫之言，廢太子瑛、鄂王瑤、光王琚為庶人，太子妃兄駙馬都尉薛鏽長流瀼州，死於故驛，人謂之「三庶」，聞者冤之」。參閱《舊唐書・李林甫傳》。譖，無中生有地說人壞話。

㉕隋楊廣：隋煬帝楊廣（569年—618年4月11日），一名英，小字阿{麻女}，華陰人（今

陝西華陰），隋文帝楊堅與文獻皇后獨孤伽羅次子，隋朝第二位皇帝。楊廣生於大興，開皇元年（581年）立為晉王，開皇二十年（600年）十一月立為太子，仁壽四年（604年）七月繼位。在位期間開創科舉制度，修隋朝大運河，營建東都、遷都洛陽，對後世頗有影響，然而頻繁的發動戰爭，如親征吐谷渾，三征高句麗，加之濫用民力，致使民變頻起。造成天下大亂，導致了隋朝的覆亡。參閱《隋書·卷三·帝紀第三》、《隋書·卷四·帝紀第四》。

㉖弒（shi）：古代稱子殺父、臣殺君為「弒」。

㉗宋仁宗有絕嗣之歎：宋仁宗趙禎（1010年5月12日—1063年4月30日），初名趙受益。宋朝第四位皇帝，宋真宗趙恒第六子。乾興元年（1022年），趙禎即位，時年十三歲。他在位初期，由章獻明肅皇后劉氏垂簾聽政，至明道二年（1033年）始親政。趙禎的三個兒子全部早夭，晚年無子，最終只得於嘉祐七年（1062年）八月立趙宗實為皇子。嘉祐八年（1063年），趙禎崩逝，享年五十四歲。在位四十二年，為宋朝在位時間最長的皇帝。謚號體天法道極功全德神文聖武睿哲明孝皇帝，廟號仁宗，葬於永昭陵。參閱《宋史·卷九·本紀第九》至《宋史·卷十二·本紀第十二》。

㉘唐太宗禁庭蹀血：唐太宗李世民（公元598年1月28日—公元649年7月10日），祖籍隴西成紀，是唐高祖李淵和竇皇后的次子，唐朝第二位皇帝。李世民少年從軍，

曾去雁門關營救隋煬帝。唐朝建立後，李世民官居尚書令、右武候大將軍，受封為秦國公，後晉封為秦王，先後率部平定了薛仁杲、劉武周、竇建德、王世充等軍閥，在唐朝的建立與統一過程中立下赫赫戰功。公元 626 年 7 月 2 日（武德九年六月初四），李世民發動玄武門之變，殺死自己的兄長太子李建成、四弟齊王李元吉及二人諸子，被立為太子，唐高祖李淵不久退位，李世民即位，改元貞觀。參閱《舊唐書・卷二・本紀第二・太宗上》、《舊唐書・卷二・本紀第三・太宗下》。

㉙周泰伯讓國逃荊：參閱《史記・吳太伯世家》。

㉚季曆：姬姓，名曆。其兄為泰伯，虞仲。季是排行，古代以伯、仲、叔、季來表示長幼次序，即最小。尊稱公季、王季、周王季。周太王之少子，周文王之父。參閱《史記・吳太伯世家》。

㉛商紂害比干之忠：商紂王帝辛（約公元前 1105 年—公元前 1045 年），是中國商朝最後一位君主，帝乙少子。子姓，名受，謚號紂，世稱殷紂王、商紂王。比干，子姓，名干，沫邑（今河南淇縣）人，是商代帝王文丁的次子，帝乙的弟弟，帝辛的叔叔，官少師（丞相）。是殷商王室的重臣，輔佐殷商兩代帝王，忠君愛國，為民請命，敢於直言勸諫，被稱為「亙古忠臣」。史稱：紂愈淫亂不止。微子數諫不聽，乃與大師、少師謀，遂去。比干曰：「為人臣者，不得不以死爭」。乃強諫紂。紂怒曰：

「吾聞聖人心有七竅」。剖比干，觀其心。參閱《史記・卷三・殷本紀第三》。

㉜帶凶殺而徽欽亡身於漠北：宋宣和七年（1125），金軍滅遼後南下攻宋，宋徽宗慌忙讓位給太子桓（欽宗），自稱太上皇。靖康元年（1126）閏十一月，金軍破北宋都城汴梁（今河南開封），北宋亡。次年五月金軍虜徽欽二帝北返，初解至金上京城（今哈爾濱市阿城區白城），金天會八年（1130）改囚於五國城（今哈爾濱市依蘭縣城北）。徽宗於1135年，欽宗於1156年，先後死於此。參閱《宋史・卷十九・本紀第十九・徽宗一》、《宋史・卷二十三・本紀第二十三・欽宗》。

㉝劉先主：即劉備。

四、征戰

醫不執方，兵不執法，堪推大將之才能。謀事在人，成事在天，當究先師之妙論。

觀世應之旺衰，以決兩家之勝負。將福官之強弱，以分彼我之軍師。

世為我，應為彼，世旺剋應則勝，應旺剋世則負。

子孫為我之將軍，官鬼為彼之敵師。

父母興隆，立望旌旗之蔽野。金爻空動，側聽金鼓之喧天。

父母為旌旗，旺動主兵起。

金空動，則聞金鼓聲，金空則響故也。

財為糧草之本根，兄乃伏兵之形勢。

財為糧草，旺多衰少，空為無糧。

兄為伏兵，又為奪糧之神，不宜旺動。

水興扶世，濟川宜駕乎輕舟。火旺生身，立寨必安於勝地。

水為舟揖，若動來生扶世身，或水爻與子孫動，宜乘舟決戰以取勝。火為營寨，若旺動生扶世身，結寨必得形勝之地也。

父母興持，主帥無寬仁之德。子孫得地，將軍有決勝之才。

父母持世動，乃主帥不恤士卒，上下離心。若帶兄弟凶神，須防自變。

子孫持世身旺動，將軍必決勝千里外。

以上數節，出《天玄賦》，不細解。

水爻剋子子孫強，韓信背水陣而陳餘被斬①。

卦中水爻動，及世持水爻，或動出水爻剋傷子孫，若子孫旺相，得日辰月建生扶，或子孫旺動，則可效韓信背水戰，死中求生而反勝也。

陰象持兄剋應，李愬雪夜走而元濟遭擒②。

兄為伏兵，如在內象旺動，剋應，乃我伏兵；剋世，是他伏兵。若兄在陽象，宜日間伏；兄在陰象，宜夜間伏。如唐憲宗朝，李愬雪夜銜枚走，直擣蔡城，以擒吳元濟也。

世持子而被傷，可效周亞夫③堅壁不戰。

世持子孫，將必才能，可以剋敵。若父動剋，宜且固守，以避其鋒，不利速戰。如漢景帝朝七國反，帝使周亞夫，屯細柳以攻之。中夜軍驚，擾亂至帳下，亞夫堅卧不起，深溝高壘，數日乃定，遂破七國之兵。

應臨官而遭剋，當如司馬懿④固壘休兵。

應持官旺相，彼將才能，我難與敵。雖卦有子孫發動，終不能大勝。如三國時，司馬懿自料才能不如孔明，甘受巾幗之辱，堅壘不戰尚矣。

世持衰福得生扶，王翦以六十萬眾而勝楚⑤。

世身雖持子孫，衰弱亦難勝敵。若得月建日辰生扶，可效始皇朝，王翦以六十萬眾，卒成勝楚之功。

卦有眾官臨旺子，謝玄以八千之兵而破秦⑥。

卦有官鬼，父母雖多，而安靜休囚；子孫雖少，而當權旺動，此乃寡勝眾之象。如晉謝玄、劉牢之㈠，以八千兵渡江，破秦王符堅九十萬眾也。

兩子合世扶身，李郭同心而興唐室。

子孫為將，世為國君。若卦中有兩子旺動，生扶世身，主國有二將，合謀勝敵之兆。如唐李光弼⑦、郭子儀⑧，二人同心，以忠義自勵，終能靖亂，復興唐室。

二福刑沖化絕，鍾鄧互隙而喪身家。

若有二子爻生旺變動，相沖，相刑、兩化入死墓絕空，雖勝敵將，必爭權奪寵，相殘害之兆。如晉鍾會⑨、鄧艾⑩領兵平蜀，蜀平，而嫌隙互生，乃至自相屠戮、身家俱喪。

子化死爻，曹操喪師於赤壁。

子孫為我軍卒，若動入死墓空絕敗，應又剋世，或鬼父動傷身世，必致三軍喪命，損兵折將之兆。如曹操誇水軍八十萬眾，乘勢襲吳，而為周瑜、黄蓋火攻所敗。

世逢絕地，項羽自刎於烏江⑪。

世乃一國之君，三軍之帥，最宜旺相，剋應為吉。若被應爻刑沖剋害，而世又休囚，及動入死墓空絕，主將必然不利。如項羽百戰百勝，而一朝兵散，羞見江東父老，自刎烏江也。

水鬼剋身，秦符堅有淝水之敗⑫。

水鬼旺動，傷剋世身，敵兵必得舟揖渡江之利。如秦符堅，以投鞭斷流之眾，而竟敗於謝玄八千渡江之兵也。

火官持世，漢高祖⑬遇平城之圍。

火爻帶鬼，賊寨必近。若火鬼持世，須防困圍。若得子孫旺動，雖被圍得勝。如田單⑭之下齊城。若子衰官旺，必致困圍。如漢高被匈奴圍於平城，七日乃解。

應官剋世卦無財，張睢陽食盡而斃⑮。

應持鬼剋世，卦又無財，乃是食盡死亡之象。如張巡被圍睢陽城也。

世鬼興隆生合應，呂文煥無援而降⑯。

旺鬼持世，乃困圍之象。卦又無財，子孫又弱，世又生合應爻，乃兵少食盡降敵之兆。

宋呂文煥守襄陽，元兵圍之甚久，賈似道⑰隱蔽不援，城中食盡遂降。

外宮子動化絶爻，李陵所以降虜⑱。

子在外宮動，而被應剋世，是我軍遠征。初雖見勝，終必有敗。又化絶爻，不免降虜。

如漢武時李陵往事也。

內卦福興生合應，樂毅所以背燕⑲。

內卦子孫動，而反生合應爻，傷剋身世，是我將卒有背主降敵之兆。如燕將樂毅背燕投趙是也。

鬼雖衰而遇生扶，勿追窮寇。

官爻雖衰，若遇動爻日辰生扶拱合，是敵兵雖少，必有救援。

子雖旺而遭剋制，毋急興師。

子孫雖旺，若被父母日辰動爻剋害，彼必有計，不可急攻。攻之，必被摧折。雖不大敗，亦損軍威。宜緩圖之。

鬼爻暗動傷身，吳王被專諸之刺⑳。

官爻雖靜，而被日辰衝動旺相，剋害身世，必若吳王被專諸之刺。若鬼暗動，而被世剋，或子動來救，則如荊何刺秦王㉑不中，而反自被誅也。

子化官爻剋世，張飛遭范張之誅㉒。

子孫化官生合應，而剋害身世，乃是我兵卒謀殺主帥，而欲降敵之象。如後漢張翼德，素不恤士卒，一日被小卒范強、張達梟首帳下，順流而投孫權也。

要識用兵之利器，五行卦象並推詳。

土為炮石，金為刀箭，水木為舟，火為營寨。又《乾》、《兑》為刀，《震》、《巽》為弓馬，火槍，《坤》為野戰類。若此象有剋應之神，宜用此器以克敵。應爻官父在此象剋世，宜反防敵人用此器也。

仁智勇器之將，豈越於此？攻守克敵用兵，當審於時。

注釋

①韓信背水陣而陳餘被斬：韓信（約公元前231年—前196年），淮陰（江蘇省淮陰縣）人，西漢開國功臣，中國歷史上傑出軍事家，與蕭何、張良並列為漢初三傑，與彭越、英布並稱為漢初三大名將。漢高祖三年（前204年），漢軍和趙軍在井陘交戰，漢軍大將韓信利用趙軍主帥陳餘輕敵之心，擺下兵家大忌的背水陣，鼓吹本軍將士奮勇作戰以求死裡逃生，並另調兩千輕騎趁隙奪取趙軍軍營並在軍營內插滿漢旗。趙軍想回營稍作歇息之餘驚見本營插滿漢軍旗幟，以為漢軍已經全部俘獲趙國的國王和將領們，大勢已去，於是軍隊大亂，紛紛落慌潛逃一哄而散。參閱《史記・卷九十二・淮陰侯列傳》。

②李愬（sù）雪夜走而元濟遭擒：李愬（773年—820年），洮州臨潭（今屬甘肅）人，字符直。名將李晟之子，有謀略，善騎射。初任坊、晉二州刺史。元和十一年（公元816年），任唐、隨、鄧節度使，率兵討伐吳元濟的叛亂。他善於觀察形勢，選擇戰機。次年冬，乘敵鬆懈，雪夜攻克蔡州，生擒吳元濟，進授山南東道節度使，封涼國公。參閱《舊唐書・列傳第八十三》。

③周亞夫：（前199年—前143年），沛縣人，西漢時期的軍事家、丞相。他是名將絳侯周勃的次子，軍事才華卓越，在吳楚七國之亂中，他統帥漢軍，三個月平定了叛軍，拯救了漢室江山。參閱《史記・卷五十七・絳侯周勃世家第二十七》。

④司馬懿：（179年—251年），字仲達，河內郡溫縣孝敬里（今河南省焦作市溫縣）人。三國時期魏國傑出的政治家、軍事家，西晉王朝的奠基人。曾任職過曹魏的大都督、大將軍、太尉、太傅。是輔佐了魏國四代的託孤輔政之重臣，後期成為掌控魏國朝政的權臣。善謀奇策，多次征伐有功，其中最顯著的功績是兩次率大軍成功抵禦諸葛亮北伐和遠征平定遼東。73歲去世，葬於首陽山，諡號宣文。其次子司馬昭封晉王后，追封司馬懿為宣王；司馬炎稱帝后，追尊司馬懿為宣皇帝。參閱《三國志》、《晉書・卷一・帝紀第一・宣帝》。

⑤王翦（jiǎn）以六十萬眾而勝楚：王翦，戰國時期秦國名將，關中頻陽東鄉（今陝西富平東北）人，秦代傑出的軍事家。公元前224年（秦始皇二十二年），王翦領兵伐楚，大軍抵達楚國國境之後整整一年堅壁不出，六十萬士兵都囤積起來休養生息。楚軍因為兵少而無可奈何，一年後終於按捺不住，正當楚軍在調動之際，王翦就率兵出擊大破楚軍，殺項燕於蘄，虜楚王負芻，平定楚國。參閱《史記・卷七十三・白起王翦列傳第十三》。

⑥謝玄以八千之兵而破秦：謝玄（343年—388年），字幼度。陳郡陽夏（今河南太康）人。東晉時期軍事家，有經國才略，善於治軍。太元八年（383年），苻堅親自率軍駐紮項城，號稱雄兵百萬。晉孝武帝下詔命謝玄為先鋒，統領徐州、兗州、青州等軍隊，共有八萬人。謝玄先派遣劉牢之率五千人奔襲洛澗，首戰告捷。苻堅進屯壽陽，列陣臨肥水，玄軍不得渡。

玄使謂苻融曰：「君遠涉吾境，而臨水為陣，是不欲速戰。諸君稍卻，令將士得周旋，僕與諸君緩轡而觀之，不亦樂乎」！堅曰：「但卻軍，令得過，而我以鐵騎數十萬向水，逼而殺之」。遂麾使卻陣，眾因亂不能止。於是玄與琰、伊等以精銳八千涉渡肥水。石軍距張蠔，小退。玄、琰仍進，決戰肥水南。堅中流矢，臨陣斬融。堅眾奔潰，自相蹈藉投水死者不可勝計，肥水為之不流。參閱《晉書·卷七十九·列傳第四十九》。

⑦李光弼：（708年—764年8月15日），營州柳城（今遼寧省朝陽）人，契丹族。唐朝名將，左羽林大將軍李楷洛第四子。李光弼初任左衛親府左郎將，襲封薊郡公。天寶十五載（756年），經郭子儀推薦為河東節度副使，參與平定安史之亂。乾元二年（759年），任天下兵馬副元帥。寶應元年（762年），命軍鎮壓浙東袁晁起義，進封臨淮郡王。次年，賜鐵券，名藏太廟，繪像淩煙閣。晚年為宦官程元振、魚朝恩等所讒。病死徐州，年五十七。追贈司空、太保，謚號「武穆」，世稱「李臨淮」、「李武穆」。參閱《舊唐書·卷一百一十·列傳第六十·李光弼》。

⑧郭子儀：（697年—781年），華州鄭縣（今陝西渭南華州區）人，祖籍山西太原，唐代政治家、軍事家。安史之亂爆發後，郭子儀任朔方節度使，率軍勤王，收復河北、河東，拜兵部尚書、同中書門下平章事。至德二年（757年），郭子儀與廣平王李俶收復西京長安、東都洛陽，以功加司徒，封代國公。乾元元年（758年）八月，

進位中書令。乾元二年（759年）五月，因承擔相州兵敗之責，被解除兵權，處於閑官。寶應元年（762年）初，太原、絳州兵變，郭子儀被封為汾陽王，出鎮絳州評定叛亂，不久又被解除兵權。廣德元年（763年），僕固懷恩勾結吐蕃、回紇入侵，長安失陷。郭子儀被再度啟用，任關內副元帥，再次收復長安。公元765年，吐蕃、回紇再度聯兵內侵，郭子儀在涇陽單騎說退回紇，並擊潰吐蕃，穩住關中。大曆十四年（779年），郭子儀被尊為「尚父」，進位太尉、中書令。建中二年（781年），郭子儀去世，追贈太師，謚號忠武。參閱《舊唐書・卷一百二十・列傳第七十・郭子儀》。

⑨鍾會：（225年—264年1月），字士季，潁川長社（今河南長葛東）人。三國時期魏國名將、謀士，太傅鍾繇之幼子、青州刺史鍾毓之弟。在隨司馬師征討毌丘儉期間，鍾會典知機密。又為司馬昭獻策，阻止了魏帝曹髦的奪權企圖。平定諸葛誕叛亂時，鍾會屢出奇謀，被人比作西漢謀士張良。後遷司隸校尉，又在任內獻策殺害名士嵇康。景元年間，鍾會獨力支持司馬昭的伐蜀計劃，從而被任命為鎮西將軍，假節都督關中諸軍事，主持伐蜀事宜。景元四年（263年），他與鄧艾發動魏滅蜀之戰，分兵攻打蜀漢，導致蜀漢滅亡。此後鍾會與蜀漢降將姜維共謀，欲據蜀自立，遂打壓原同僚鄧艾，並且圖謀反叛。卻因部下的兵變而失敗，自己也死於亂軍，時年40歲。參閱《三國志・魏書二十八・王毌丘諸葛鄧鍾傳》。

⑩鄧艾：（約197年—264年），字士載，義陽棘陽（今河南新野）人。三國時期魏國傑出的軍事家、將領。其人文武全才，深諳兵法，對內政也頗有建樹。本名鄧範，後因與同鄉人同名而改名。鄧艾多年在曹魏西邊戰線防備蜀漢姜維。公元263年他與鍾會分別率軍攻打蜀漢，最後他率先進入成都，使得蜀漢滅亡。後因遭到鍾會的污蔑和陷害，被司馬昭猜忌而被收押，最後與其子鄧忠一起被衛瓘派遣的武將田續所殺害。參閲《三國志·魏書二十八·王毌丘諸葛鄧鍾傳》。

⑪項羽自刎於烏江：項羽（公元前232年—公元前202年），項氏，芈姓，名籍，字羽，楚國下相（今江蘇宿遷）人，楚國名將項燕之孫。項羽早年跟隨叔父項梁在吳中（今江蘇蘇州）起義反秦，項梁陣亡後他率軍渡河救趙王歇，於巨鹿之戰擊破章邯、王離領導的秦軍主力。秦亡後稱西楚霸王，定都彭城（今江蘇徐州），實行分封制，封滅秦功臣及六國貴族為王。而後漢王劉邦從漢中出兵進攻項羽，項羽與其展開了歷時四年的楚漢戰爭，期間雖然屢屢大破劉邦，但項羽始終無法有固定的後方補給，糧草殆盡，又猜疑亞父范增，最後反被劉邦所滅。公元前202年，項羽兵敗垓下（今安徽靈壁縣南），突圍至烏江（今安徽和縣烏江鎮）邊自刎而死。

⑫秦符堅有淝水之敗：苻堅：（338年—385年），字永固，氐族人，苻雄之子，是十六國時期前秦的皇帝。自稱大秦天王，曾一度佔領中國北方，軍力一度超過東晉數倍，苻堅

剛愎自用，不顧大臣們和其弟苻融的反對及王猛的遺言，傾全國之兵力，號稱87萬大軍，入侵東晉，在淝水之戰中遭到慘敗。參閱《晉書・卷七十九・列傳第四十九》。

⑬漢高祖：劉邦（公元前256年冬月二十四—前195年四月二十五），沛豐邑中陽里人，漢朝開國皇帝。秦時任沛縣泗水亭長，因釋放刑徒而亡匿於芒碭山中。陳勝起事後不久，劉邦集合三千子弟響應起義，攻佔沛縣等地，稱沛公，不久投奔項梁，任碭郡長，被封為武安侯，將碭郡兵馬。公元前206年十月，劉邦軍進駐灞上，秦王子嬰向劉邦投降。秦朝滅亡。鴻門宴後封為漢王，統治巴蜀地及漢中一帶。楚漢戰爭前期，屢屢敗北。但他知人善任，注意納諫，能充分發揮部下的才能，又注意聯合各地反對項羽的力量，終於反敗為勝。擊敗項羽後，統一天下，定都長安，史稱西漢。公元前195年，劉邦因討伐英布叛亂，被流矢射中，其後病重不起，同年崩，廟號太祖，謚號高皇帝。《史記・卷八・高祖本紀第八》。

⑭田單（tián dān）生卒年不詳，嬀姓，田氏，名單，臨淄人，戰國時田齊宗室遠房的親屬，任齊都臨淄的市掾。齊國危亡之際，田單堅守即墨，以火牛陣擊破燕軍，收復七十餘城，因功被任為相國，並得到安平君的封號。後來到趙國作將相，死後葬於安平城內。參閱《史記・田單列傳第二十二》。

⑮張睢（suī）陽食盡而斃：張巡，唐蒲州河東（今山西永濟）人。安史之亂時，張巡

誓死守衛睢陽（今河南商丘），屢次擊敗叛軍，但終因被圍困，彈盡糧絕，寡不敵眾，戰死於睢陽。參閱《舊唐書・列傳第一百三十七・忠義下・張巡》。

⑯呂文煥無援而降：呂文煥（？—1299年？），南宋後期著名將領。號常山，小名呂六，呂文德之弟，安豐（今安徽壽縣）人。呂文煥在宋蒙襄樊之戰後期任宋朝守將，相持達6年之久。1273年，襄陽兵盡糧絕，呂文煥投降元朝，並立刻為元軍策劃攻打鄂州（今湖北武漢），自請為先鋒。隨後攻破及招降沿江諸州，並為伯顏嚮導，引元軍東下。1276年，元軍破南宋都城臨安（今浙江杭州），呂文煥與伯顏一起入城。官至中書左丞，1286年告老還鄉，卒於家。參閱《宋史・卷四百七十四・列傳第二百三十三・奸臣四・賈似道》。

⑰賈似道：（1213—1275），字師憲，號悅生，浙江天臺屯橋松溪人。南宋晚期權相。端平元年（1234）以父蔭為嘉興司倉、籍田令。嘉熙二年（1238）登進士，為理宗所看重。淳祐初以寶章閣直學士為沿江制置副使，任江州知州，兼江南西路安撫使，再調京湖制置使，兼江陵知府。加寶文閣學士、京湖安撫制置大使。寶祐二年（1254）加同知樞密院事，臨海郡開國公，後晉參知政事、知樞密院事，開慶初年於軍中拜為右丞相兼樞密使，宋理宗以「師臣」相稱，百官都稱其為「周公」。宋理宗駕崩後，立理宗養子趙禥為帝，是為度宗，度宗即位後不久，賈似道升任太師、平章軍國重事，

咸淳九年（1273），襄樊陷落，德祐元年（1275）賈似道精兵13萬出師應戰元軍於丁家洲（今天安徽銅陵東北江中），大敗，乘單舟逃奔揚州。群臣請誅，乃貶為高州團練副使，循州安置。行至漳州木棉庵，為監押使臣會稽縣尉鄭虎臣所殺。參閱《宋史・卷四百七十四・列傳第二百三十三・奸臣四・賈似道》。

⑱李陵（前134—前74年），字少卿，漢族，隴西成紀（今甘肅天水市秦安縣）人。西漢名將，李廣之長孫，李當戶的遺腹子。初為西漢將領，善騎射，愛士卒，頗得美名。天漢二年（前99年）奉漢武帝之命出征匈奴，率五千步兵與八萬匈奴戰於浚稽山，最後因寡不敵眾兵敗投降。參閱《漢書・卷五十四・李廣蘇建傳第二十四》。

⑲樂毅所以背燕：樂毅（yuè yì），生卒年不詳，子姓，樂氏，名毅，字永霸。中山靈壽（今河北靈壽西北）人，戰國後期傑出的軍事家，魏將樂羊後裔，拜燕上將軍，受封昌國君，輔佐燕昭王振興燕國。公元前284年，他統帥燕國等五國聯軍攻打齊國，連下七十餘城，創造了中國古代戰爭史上以弱勝強的著名戰例，報了強齊伐燕之仇。後因受燕惠王猜忌，投奔趙國，被封於觀津，號為望諸君。參閱《史記・卷八十・樂毅列傳第二十》。

⑳吳王被專諸之刺：專諸，春秋時吳國棠邑（今南京市六合區西北）人，吳公子光（即吳王闔閭）欲殺王僚自立，伍子胥把他推薦給公子光。公元前515年，公子光乘吳內部空虛，與專諸密謀，以宴請吳王僚為名，藏匕首於魚腹之中進獻（魚腸劍），

當場刺殺吳王僚，專諸也被吳王僚的侍衛殺死。公子光自立為王，是為吳王闔閭，乃以專諸之子為卿。參閱《史記・卷三十一・吳太伯世家第一》。

㉑荊何刺秦王：公元前227年，荊軻帶燕督亢地圖和樊於期首級，前往秦國刺殺秦王嬴政。臨行前，燕太子丹等人在易水邊為荊軻送行，荊軻和著拍節唱道：「風蕭蕭兮易水寒，壯士一去兮不復還」。荊軻來到秦國後，秦王在咸陽宮召見了他。荊軻在獻燕督亢地圖時，圖窮匕見，但最終行刺失敗，被秦王侍衛所殺。參閱《戰國策・燕策三》。

㉒張飛遭范張之誅：張飛（？—221年），字益德，幽州涿郡（今河北省保定市涿州市）人氏，三國時期蜀漢名將。劉備長阪坡敗退，張飛僅率二十騎斷後，據水斷橋，曹軍沒人敢逼近；與諸葛亮、趙雲掃蕩西川時，於江州義釋嚴顏；漢中之戰時又於宕渠擊敗張郃，對蜀漢貢獻極大，官至車騎將軍、領司隸校尉，封西鄉侯。後被其麾下將領范強、張達刺殺。參閱《三國志・卷三十六・蜀書六・關張馬黃趙傳第六》。

凋零（diāolíng）：形容事物衰敗或耗減。

校勘記

㈠「劉宰之」，原本作「劉宰之」，疑誤，據《晉書・卷八十四・列傳第五十四》原文改作。

五、身命

乾坤定位，人物肇生。感陰陽而化育，分智愚於濁清。

既富且壽，世爻旺相更無傷。非夭即貧，身位休囚兼受制。

人生一世，貧賤高低，合為何等人物，但看世爻為主。

若世爻旺相，日辰動爻生扶合助，而不來刑沖剋害者，乃為上吉；必主其人富貴，有福壽。

若世爻休囚無氣，而被日辰動爻剋制，主其人非貧即夭，無福壽，無造化人也。

世居空位，終身作事無成。

凡占身命，大忌世身空亡。主一生作事無成，多謀少遂，難立家計。

身入墓爻，到老求謀多戾。

如世身入墓，主其人如醉如癡，不伶不俐；動靜行藏，必不響快；雖有所為，亦皆不稱心也。

卦宮衰弱根基淺，爻象豐隆命運高。

卦有大象旺衰，有爻象旺衰。如占身命，得大象旺，亦好，可許他根基壯實。更得六爻中身世在吉地，乃是十全造化。

然卦宮旺相，不如爻象旺相。蓋人之根源係於卦，命之吉凶係於爻。故卦宮無氣根基薄，爻相得時有氣，命運必高。

如立春節，《艮》旺、《震》相、《巽》胎、《離》沒、《坤》死、《兑》囚、《乾》休、《坎》廢類。

大抵旺勝相胎，沒勝休囚也。

若問成家，嫌六沖之為卦。

凡遇六沖卦，必主其人作事有始無終。前卦六沖，前三十年生涯淡泊。後卦六沖，三十年後家業凋零①。前後六沖，則一生苦楚，不能發達。

安知創業，喜六合之成爻。

占身命，得六合卦，主其人春風和氣，交遊必善，謀事多遂，基業開拓。如前合前亨，後合後遂。前後皆合，主一生通達，萬事如心。

動身自旺，獨力撐持。

如世爻不遇動爻日辰生扶，而自強自旺，得時發動者，其人必白手成家，無人幫助。

衰世遇扶，因人創立。

若世爻無氣，而遇日月動爻生扶，必遇好人提拔成家，不能自權自立也。

日時合助，一生偏得小人心。歲月剋沖，半世未沾君子德。

如世身遇年月日時生扶拱合，主上得貴人親愛，下得小人忠敬。如見刑沖剋害，則官府欺淩，小人謗毀。

一曰：父來合，得父之蔭。兄來剋，受兄之累。餘可類推。

遇龍子而無氣，總清高亦是寒儒。

青龍子孫持世身，必然立志高遠，不慕功名富貴。如邵康節、陶淵明②輩。子孫即無氣，亦絕俗超群之寒士也。

逢虎妻而旺強，雖鄙俗偏為富客。

白虎臨旺財持世，其人雖不知禮義，然必家道殷實。如李澄、蕭寵之徒是。旺財有制伏，亦粗知文墨，勉強向上之流，不可以頑俗論。

父母持身，辛勤勞碌。鬼爻持世，疾病纏綿。遇兄則財莫能聚，見子則身不犯刑。

占身，不可見父兄官鬼持世。如遇父，則剋傷子，一生不得安逸。鬼為殃禍，遇之，則一生疾病纏身。或主帶疾，或常招官訟。若貴人見之，不以此斷。至兄乃剋剝破敗阻滯之神。世或逢之，主剋妻妾，破耗多端，一生不聚財物。惟遇子孫則剋官鬼，主一生官刑不犯，安閒自在，衣祿豐盈。大怕休囚，唯貴人不宜犯之。

祿薄而遇殺沖，奔走於東西道路。

占身，以財為祿，若臨死絕無氣爻，則祿薄。而世爻又被惡殺衝動，無一爻吉神救助，此乃至下之命。必主東奔西逐，丐食於街衢③者。若世爻動而逢沖，或無沖而世爻衰弱，空動化出惡殺，回頭沖剋，世無助，而殺無制者亦然。

福輕而逢凶制，寄食於南北人家。

子爻若遇死墓絕空，則福輕。而世爻更被凶神剋制，或世動而被日辰動爻合往，此為受制於人之象。占身遇之，必主其人倚靠富家，寄食於他人也。

子死妻空，絕俗離塵之輩。

占身以福為子，財為妻。二爻若臨死墓絕空之地，乃是刑妻喪子之兆。小兒見之，必絕俗離塵，出家輩也。若僧道見之，反為吉兆，必無俗累之牽惹矣。

貴臨祿到，出將入相之人。

卦中貴人祿馬，旺臨身世，而官鬼父母又來扶助，或月建日辰生合，必是將相之兆，富貴非常之人。

朱雀與福德臨身，合應乃梨園④子弟。

子孫乃喜悦之神，朱雀又主言語，若同臨身世主象，其人必然乖巧。若生合應爻，是合歡於他人之象，故為子弟之兆，不然亦是伶俐人也。

若應生合，或被日辰動爻來破者，或世應刑沖剋害者，勿以此斷。

白虎同父爻持世，逢金則柳市⑤屠人。

父母屬金，而帶白虎持世者，必是宰豬殺馬之輩。蓋白虎主喪亡，金為刀劍，而父母又是傷剋子孫之神，子孫又為六畜，故為宰殺之象，而加之畜類，以屠夫斷。若父母有制，或子孫旺相發動，或在空避之，勿以此斷。

世加玄武官爻，必然梁上之君子⑥。身帶勾陳父母，定為野外之農夫。

玄武主盜賊之事，而加官鬼臨身，乃樑上君子，穿窬之人也。勾陳職專田土，而加父母，勤苦之神，持世者，乃耕種耘耨之兆也。

財福司權，榮華有日。官兄秉政，破敗無常。

以上人物，雖有高下不同，然莫不喜財福，而惡兄鬼者。若得財福二爻，得時旺相發動，縱是下等之命，一時淹蹇，終須發達。若見官兄當權旺動，雖上等之命，一時亨利，亦有破敗貧窮之時。

卻看在何限中，便知何年發達，何年破敗也。其中有救無救，當自融通活變。

運至中年，凶殺幸無折挫。時當晚景，惡星尤怕攻沖。

人命有三限，每一爻管五年。初二三爻，共十五年，外三爻亦管十五年，共三十年。支卦六爻，亦管三十年。正卦內三爻十五年為早限，正卦外三爻十五年，與支卦內三爻十五年為中限，支卦外三爻為末限。變卦為支卦。

凶殺惡星，即是官鬼兄弟刑沖剋害之類。早限遇之，則早年欠順。中限遇之，則中歲災殃。末限遇之，則晚景迍邅，老無結局。若子孫等吉神，在正卦內三爻，得時旺動，主蔭下得意。在正卦外三爻見，三十年前，福如秋月。在支卦內三爻見，則三十年後財若春潮。至支卦外三爻見，則晚景榮華，康寧壽考。

又如早限有惡星，末限有吉星者，必初年蹇滯，老景亨通也。餘倣此。

要知吉凶之事，依五類推斷。如逢官爻生扶合助，主貴人提拔。或子孫來刑沖剋害，則有僧道相干之事也，宜通變。若六爻安靜，則當再占一卦以斷之。或以不動之卦，《乾》化《坤》、《艮》化《震》之類者非。

正內不利，李密髫齔迍邅⑦。

正卦內三爻，乃初限。若逢官鬼凶神剋戰者，主童年多病。如李密九歲方能行，蓋幼年多疾故也。

支卦有扶，馬援耆頤矍鑠⑧。

支卦外三爻，乃末限。若有吉神合助，必然老年康健。如馬援年六十二，披甲上馬也。

一卦和同，張公藝家門雍睦⑨。

如占身，得六爻安靜，無衝破剋害，反相生合，則主其人家門歡好，如張公藝九世同居，上和下睦也。

六爻攻擊，司馬氏骨肉相殘⑩。

若六爻亂動，卦又沖剋，或三刑六害者，必主親情不和，骨肉相殘，如晉司馬氏八王樹兵，俱遭誅殺屠戮也。

閔子騫孝孚內外⑪，父獲生身。

占身命，以父爻為生我之親。若世能生合此爻，必然能孝於父母，如閔子騫類也。

孔仲尼⑫父友家邦，兄同世合。

若世爻與兄相生合，其人必內和兄弟，外信朋友，如孔夫子類。

兄爻在本宮內象，以兄弟言。在他宮外象，以朋友言。看內外以別親疏，全在通變。

世應相生，漢鮑宣娶桓氏少君為婦⑬。

世是一身之本，應為百歲之妻。若見相生相合，必然夫唱婦隨。

悔貞相剋，唐郭暖招升平公主為妻⑭。

世為貞，應為悔。若見相沖相剋，必然琴瑟不調。

箕踞鼓盆歌⑮，世傷應位。

世持虎蛇，乘旺發動，刑害應爻，應又臨無氣之地，必主剋妻。如春秋時，莊周妻死，猶箕踞鼓盆而歌。

河東獅子吼⑯，應制世爻。

應爻剋制世爻，乃是牝雞晨鳴之象，其人必憑妻言語。如宋陳季常河東獅吼，東坡所戲事也。

世值凶而應剋，願聽雞鳴。

若應雖來剋世，而世爻自帶刑害，及兄官虎蛇等凶神者，則是彼來救我之失，去我之病，非有所傷於我。主其人必有賢妻。如齊襄公⑰荒怠慢政，得陳賢妃，有夙夜⑱警戒相成之道，故詩有「雞鳴篇」。

身帶吉而子扶，喜聞鶴和。

世帶吉神旺動，子孫又來生扶者，主有賢子共成事業，以濟其美。《易．中孚㊀》云：「鳴鶴在陰，其子和之」。

福遇旺，而任王育子皆賢。

占身，以福為子孫。若旺相不空，及無傷害者，主有賢子。如任遙之子昉⑲，王渾之子戎⑳，見稱於阮籍㉑諸賢。

子化兄，而房杜㉒生兒不肖。

若子孫動變兄鬼者，其子必不肖。蓋兄弟乃破敗之神故也。李英公㉓嘗曰：「房杜平生辛苦，然生子不肖」。

伯道無兒㉔，蓋為子臨空位。卜商哭子㉕，皆因父帶刑爻。

凡問子孫，不宜父母發動。若子臨空地，必主無子。如鄧伯道棄子而不生，非有傷也。唯父帶刑害虎蛇等惡神動剋，子孫休囚不空者，然後剋子。如子夏哭子喪明也。若父有制其庶幾。

父如值木，竇君生丹桂五枝芳㉖。

若問子多少，當以五行生成數論之。若父爻屬木，則子孫屬土，土數五，主有五子。

如寶燕山生儀、儼、稱、僖、侃類。

鬼或依金，田氏裂紫荊三本茂㉗。

論兄弟，與子孫同。且如鬼爻屬金，則兄弟屬木矣，主有兄弟三人。如田真、田廣、田慶。

兄持金旺，喜看荀氏之八龍㉘。弟倚水強，驚睹陸公之雙璧㉙。

六親類，固當以生成數推之，然不可不別衰旺。逢生旺，則當倍加；遇死絕，則當減半。故兄持金旺，則有兄弟八人，蓋金數四，倍則八也，荀淑子八龍似之。若臨水旺相，則是二人，蓋水數一，倍則二也，陸暐與陸恭之雙璧是。他倣此。若旺相而有制，衰死而有扶，又當以本數斷。若旺爻空動，亦以本數斷。不旺不衰而空動，則減半斷之。更宜活變細察。

若也爻逢重疊，須現在以推詳。

若卦中只有一位，可以五行數推。苟重疊太多，則可即以其數斷也。

且如六月丙辰日，卜得《損》之《大畜》卦：

《卜筮全書》占例：025

時間：未月丙辰日（旬空：子丑）

		艮宮：山澤損				艮宮：山天大畜		
六神	**伏神**	**本　卦**				**變　卦**		
青龍		官鬼丙寅木	▅▅▅	應		官鬼丙寅木	▅▅▅	
玄武		妻財丙子水	▅ ▅			妻財丙子水	▅ ▅	應
白虎		兄弟丙戌土	▅ ▅			兄弟丙戌土	▅ ▅	
騰蛇	子孫丙申金	兄弟丁丑土	▅ ▅	世	╳→	兄弟甲辰土	▅▅▅	
勾陳		官鬼丁卯木	▅▅▅			官鬼甲寅木	▅▅▅	世
朱雀		父母丁巳火	▅▅▅			妻財甲子水	▅▅▅	

卦中原有二爻兄弟，六三又化兄弟，日辰月建又是兄弟，共有五重兄弟，則斷五人也。

若日辰月建不係兄弟，則以三兄弟推。宜通變也。

財動初爻，令伯剋親於早年㉚。

財動，則傷父母，如在初爻，則早年見剋。如李密生孩六月，其父即喪。

兄興六位，張瞻喪偶於中年㉛。

兄動，則剋妻財。如居六位，中年必如張瞻之剋妻也。

化父生身，柴榮拜郭威為父㉜。

卦有父母，又化出父母來生合世身者，其人必重拜父母，身為他人子。如五代㊁時，柴世宗之於周太祖也。

化孫合世，石勒養季龍為兒㉝。

卦有子，又化出子，世身自去相生合者，主其人必有螟蛉㉞之子。如晉時後趙石勒子石季龍是。

然子孫化出，而係外宮則是，係於本宮則非也。

世陰父亦陰，賈似道母非正室㉟。

父與世，皆屬陰者，必是偏生庶出㊱。如宋賈似道也。

身旺官亦旺，陳仲舉器不凡庸㊲。

卦中官爻旺相，世身亦旺相，又逢貴人祿馬文書，生合世爻者，必主異日金榜標名，龍門跳躍。如陳仲舉為不凡之器。

欲斷官職，依後功名類推。

化子合財，唐明皇有祿山之子㊳。

子從化出，乃螟蛉子也。若與財爻相合，或與應爻相合，必與妻妾有情。如安祿山之於楊貴妃也。

內兄合應，陳伯常有孺子之兄㊴。

兄爻在內卦，乃兄弟，非朋友也。若與應爻或財爻相合，其妻必與兄弟相通。如陳平之盜嫂也。

以下皆斷婦人身命

應帶勾陳兼值福，孟德耀㊵復產於斯時。

勾陳主黑丑，子孫主賢淑。故應爻旺相臨之，而無傷損者，其妻必如孟光，貌雖不揚，而其德則美也。

財臨玄武更逢刑，楊太真㊶重生於今日。

玄武乃淫亂之神，若臨財爻，必不貞潔。更加三刑六害，如楊貴妃污穢㊷尤甚。

合多而眾殺爭持，乃許子和之錢樹㊸。

卦中有合諸事吉，惟婦人女子見之，主澆浮淫佚，春心蕩漾，不能堅閨門之守。更加玄武，三刑六害，臨持財爻者，乃娼妓之兆。如許子和為妓，臨死謂其母曰：「錢樹子倒矣」。蓋為娼宿客，得錢，如樹之能生錢也。

官眾而諸凶皆避，如隋煬帝之綵花㊹。

凡遇卦中有鬼，日辰月建是鬼，或又化出太過，生合財爻，而財爻不臨玄武等凶神者，必主其婦重婚再醮㊺。如隋煬帝西苑剪綵為花，色渝㊻則易以色之新者。喻婦人夫死則再嫁也。

若本卦鬼爻不受刑沖剋害，而鬼爻反來沖剋財爻者，乃是生離活別之兆，非夫死再嫁也。

白虎刑臨，武后淫而且悍㊼。

白虎乃強暴之神，婦人見之，必然凶悍。更加刑害臨財爻，必如武則天凶悍且淫也。

青龍福到，孟母㊽淑而又慈。

青龍乃喜悅慈善之神，子孫又清吉之神。若財臨青龍，化子，或子臨青龍動來生助者，必主其婦慈祥愷悌，淑善賢德。如孟母也。

逢龍而化敗兄，漢蔡琰聰明而失節㊾。

財遇青龍，本主聰明。但不宜化出兄爻，及敗爻。皆主不貞潔。如伯喈㊿女蔡琰，文章絕冠當時，失節胡虜。或化出刑爻病爻害爻，及玄武等同臨者亦然。

化子而生身世，魯伯姬㉛賢德而無疵。

財動化出子孫，生合世身者，必有懿德。如魯莊公夫人伯姬，言行皆善，無疵可議，見賞於春秋。

凡占身，當以財爻為主，不可論應爻世爻等作其身也。

合而遇空，竇二女不辱於盜賊㉜。

卦中若遇他爻動來相合，或帶咸池玄武動來剋合，本非佳兆。若得財爻在空避之，是彼欲淫我，而我不願之象。如唐奉天竇氏二女，被盜劫之，而自投崖，寧死不受辱也。

靜而衝動，卓文君投奔於相如㉝。

卦中咸池玄武刑害等殺，臨持財爻，若得休囚不動，或落空亡，庶幾無事。若被日辰動爻沖之，則如卓文君，被相如以琴挑之，欲心因動，不免至夜而亡奔相如，後當壚賣酒。

福引刑爻發動，衛共姜作誓於柏舟㉞。

子帶刑旺動，必主剋夫。然子乃貞潔之神，遇此等爻，而財不值凶者，主守節之象。如衛共姜，作柏舟詩，以死自誓也。

身遭化鬼剋刑，班婕妤㉟感傷乎秋扇。

卦中原有官，與身世相生合，又化官，卻來剋制身世，及財爻。占法以動爻為始，變爻為終。主先親愛，後棄絕之象。如漢班婕妤於成帝㊂，始親愛，後疏絕。所以，見秋扇而感傷作詞，以寓其悽楚之思。

二鬼爭權水父沖，錢玉蓮逢汝權於江滸㊺。

卦中若有二鬼發動，俱來生合財爻，又遇水父來刑沖剋害，而財爻在空避之者，必有兩夫爭權之象，父母逼勒之兆。而己有守節之操，故入於空。如孫汝權之於玉蓮類也。

六爻競合陰財動，秦弱蘭遇陶谷於郵亭㊼。

男帶合，則俊秀聰明；女帶合，則澆浮淫佚。若六合卦而財爻又屬陰者，不動猶可，動則淫濫無恥。如秦弱蘭遇陶學士也。

鬼弱而未獲生扶，朱淑貞㊽良人愚蠢。

凡看女人身命，以鬼為夫星，不宜空亡，空亡則難為夫主。又不宜動，動則難為兄弟。亦不宜衰弱，弱則招夫不肖，不能發福。若衰弱而無一生扶合助，兼帶勾陳螣蛇等凶神者，必如朱淑貞之夫，愚蒙不正，人物侏儒，因有斷腸之詩。

官強而又連龍福，吳孟子夫主賢明㊾。

若鬼爻旺相，更逢青龍福德、祿馬貴人等吉神，必主有貴顯賢明之夫。如吳孟子得魯昭公為夫也。若衰而逢助，亦主有賢明之夫。

若卜嬰孩之造化，乃將福德為用爻。

所喜者兄弟，大要興隆；所忌者父母，最嫌旺動。小兒造化，不過卜其生長難易，若富貴貧賤，固未暇論，故專以子孫一爻為主。若父母動，則來傷剋，故忌；兄弟動，則來扶持，故喜。蓋有生扶，則易養。

隨官入墓，未為有子有孫。助鬼傷身，不免多災多病。

卦中若見世身隨官入墓者，必死，故曰「未為有子有孫」。若遇鬼傷剋世身，刑沖主象者，必然多病。更逢財爻助之，大凶之兆。若鬼持世臨身，亦主多病。

胎連官鬼，曾輕落地之關。

卦中胎爻臨鬼，或化出鬼爻，或鬼來沖剋者，必此兒生時，絕而復蘇。俗所謂落地關也。

子帶貴人，自有登天之日。

子爻若帶祿馬貴人，主此子他日必能貴顯，頭角崢嶸。

遇令星，如風搖幹。逢絕地，似雨傾花。

凡遇凶神剋戰，若得子孫得地健旺，則必無事，雖見小悔，猶微風搖幹，必不能傷。若在死絕之地，決難生養，一有剋戰，則如驟雨傾花，鮮不殘敗。

子孫化鬼，孝殤十月入冥途⑥⑩。祿貴臨爻，拜住童年登相位⑥①。

子化出鬼，乃九死一生之兆。如漢殤帝，生才十月即死也。子化出鬼，而貴人祿馬交臨，子又旺相，異日必貴。如元拜住，年十四即為相也。蓋子逢凶而化鬼，謂身化為鬼，故凶；子逢吉而化官，謂身化為官，故吉。

凶殺來攢震卦，李令伯[四]至九歲而能行[62]。

震為足。若遇官鬼凶神刑剋，走必遲。如李令伯[五]九歲方能行。蓋為凶神纏擾於足也。

吉神皆聚乾宮，白居易未周歲而識字[63]。

《乾》為八卦首，於五行屬金，其數則一，又有純陽之象。陽主上達，金主聰明，一則數之始也，若遇龍德及子孫在此宮者，必然幼敏。如白樂天生七月，便識「之[六]無」二字。

八純頑劣，晉食我狼子野心[64]。

八純卦，六爻相沖。小兒見之，必主頑劣性悍。如晉叔向子食我，心野不馴，猶豺狼之子也。

六合聰明，唐李白錦心繡口[65]。

大抵六合卦，必然陰陽相半。小兒遇之，聰明智慧，他日文字，當有擲地金聲之妙。如太白文才也。

陽宮陽象，後稷所以歧嶷[66]。

陽主高明，有上達之象，從天數也。占小兒而得純陽卦，子孫又屬陽，必如後稷生於姜嫄[67][七]，克歧而克嶷也，見《詩·大雅·生民[八]》。

陰卦陰爻，晉惠所以戇騃[68]。

陰主卑污，有下達之象，法地故也。占小兒得陰宮卦，子孫又屬陰，主癡愚如惠帝，聞蛙聲而曰：「為公為私」。見饑人而曰：「何不食肉糜」。故史以戇騃譏之。

龍父扶身，效藏燈於祖瑩(69)。

青龍為吉神，父母為詩書學館。若臨身世，或動來生合世身福德者，主此兒好學。如祖瑩八歲耽書(70)，父母恐其成疾禁之。乃密藏火，待父母寢後，復燃燈讀之也。

歲君值福，希投筆於班超(71)。

歲君，乃天子爻，君象也。子孫臨之，此兒必志大。如漢班超，為兒時，嘗投筆歎曰：「大丈夫當立功異國，安能久事筆硯乎」。後出使西域，果應萬里封侯。

官鬼無傷，曹彬取印終封爵(72)。

歲君值福，固有大志。然卦中官鬼受制，或落空亡，則志雖大，而終莫能遂。官鬼無傷，斯能稱意。如曹彬周歲時，提戈取印，而應出將入相，終封爵也。

父身有氣，車胤囊螢卒顯名(73)。

龍父扶身，固知好學。然身世主象，及父母官鬼，臨死絕地，則徒取辛勤，必父身有氣，方有成望。如車胤勤學，卒以成業也。

金爻動合，啼必無聲。

五行中惟金有聲，且人之五臟，肺主聲，肺屬金。故人聲以金爻取之。若被沖起，或落空亡，聲必響亮。惟動而合住，則主啼哭無聲也。

父母靜沖，兒須缺乳。

乳以子孫定之，若旺相有氣，乳必多；休囚無氣，乳必少。最怕父動，或靜而逢沖，定須缺乳，剋子故也。

用旺兒肥終易養，主衰兒弱必難為。

子孫旺相，殺莫能傷；其兒必肥，故易養。子孫休囚，敵殺之氣無備，必多災悔，不惟羸瘦，亦且難養。

身臨父母，莫逃鞠養之辛勤。

父母持世，兒必多災，故鞠育之勞，所以不免。蓋父母為辛勤勞碌之神，故為小兒之惡殺也。

世遇子孫，終見劬勞⑭之報效。

子孫持世，兒必孝順，故劬勞之恩，必然報效。蓋子孫為主象，臨於世者，以其有親親之義也。

若問榮枯，全在六親之決斷。要知壽夭，須憑三限以推詳。

六親中，財福為吉，兄鬼為凶。三限：正卦管三十年為初限；互卦管三十年為中限；再以互卦又互一卦為末限，亦管三十年。人生壽夭，須有定數，不看三限，則難取決。

如正卦有凶神來剋戰，則壽不過三十年前。如正卦無凶殺，而互卦見凶殺剋戰，則壽止於六十歲內。正互皆無凶殺，其壽必在六旬外。宜以互卦再互一卦推之。若凶殺不動，則看世爻死絕之年斷之，庶無差謬。

命理至微，雖難細述。易爻有準，自在變通。

注釋

①凋零（diāolíng）：形容事物衰敗或耗減。

②陶淵明：陶潛（352或365年—427年），字元亮，私謚「靖節」，世稱靖節先生，潯陽柴桑（今江西省九江市）人。東晉末至南朝宋初期偉大的詩人、辭賦家。曾任江州祭酒、建威參軍、鎮軍參軍、彭澤縣令等職，最末一次出仕為彭澤縣令，八十多天便棄職而去，從此歸隱田園。他是中國第一位田園詩人，被稱為「古今隱逸詩人之宗」，有《陶淵明集》。參閱《晉書·卷九十四·列傳第六十四·隱逸·陶潛》。

③街衢（qú）：亦稱「街道」。四通八達的街路。

④梨園：因唐玄宗時於梨園教習歌舞藝人，後以「梨園」泛指戲班或演戲之所，又稱戲劇演員為梨園弟子。

⑤柳市：漢代長安九市之一。《三輔黃圖·卷之二·長安九市》：「又有柳市、東市、西市。當市樓有令署，以察商賈貨財買賣貿易之事，三輔都尉掌之」。

⑥梁上之君子：躲在樑上的人。竊賊的代稱。

⑦李密髫齔（tiáo chèn）迍邅：李密（224年—287年），字令伯，一名虔，犍為武陽（今四川彭山）人。幼年喪父，母何氏改嫁，少多疾病，九歲不行，零丁辛苦，由祖母撫養成人。後李密以對祖母孝敬甚篤而名揚於鄉里。師事著名學者譙周，博覽五經，尤精《春秋左傳》。初仕蜀漢為尚書郎。蜀漢亡，晉武帝召為太子洗馬，李密以祖母年老多病、無人供養而力辭。歷任溫縣令、漢中太守。後免官，卒於家中。髫齔：指幼年；幼童。參閱《晉書・卷八十八・列傳第五十八・孝友・李密》。

⑧馬援耆頤矍鑠：馬援（前14年—49年），字文淵，扶風茂陵（今陝西楊凌西北）人。西漢末至東漢初年著名軍事家，東漢開國功臣之一。新朝末年，天下大亂，馬援為隴右軍閥隗囂的屬下，甚得隗囂的信任。後歸順光武帝劉秀，為劉秀統一天下立下了赫赫戰功。天下統一之後，馬援雖已年邁，但仍請纓東征西討，西破羌人，南征交趾，官至伏波將軍，因功封新息侯，被人尊稱為「馬伏波」。其老當益壯、馬革裹屍的氣概甚得後人的崇敬。後於討伐五溪蠻時身染重病，不幸去世。因梁松誣陷，死後被劉秀收回新息侯印綬，直到漢章帝時才遣使追謚忠成。耆頤矍鑠（qí yí jué shuò）：指高年上壽的老人，目光炯炯、精神健旺。參閱《後漢書・卷二十四・馬援列傳第十四》。

⑨張公藝家門雍睦：張公藝，鄆州壽張人，生於公元578年（北齊承光二年），卒於

公元676年（唐儀鳳元年），曆北齊、北周、隋、唐四代，壽九十九歲。張公藝是我國歷史上治家有方的典範，他們家族九輩同居，合家九百人，團聚一起，和睦相處，千年以來，倍受歷代人民尊敬，傳為美談。參閱《舊唐書・卷一百八十八・列傳第一百三十八・孝友・張公藝》。

⑩司馬氏骨肉相殘：永康元年(300年)八月，淮南王司馬允舉兵討伐司馬倫，兵敗被殺。永寧元年（301年）春正月乙丑，趙王司馬倫篡帝位。引起成都王司馬穎、河間王司馬顒、新野王司馬歆、范陽王司馬虓、常山王司馬乂、齊王司馬冏、淮陵王司馬漼、東海王司馬越等八王之亂。到305年末，東海王司馬越戰勝，迎惠帝司馬衷。八王之亂終。參閱《晉書・卷四・帝紀第四・惠帝》。

⑪閔子騫孝孚內外：閔（mǐn）子騫（qiān）：（前536—前487），名損，字子騫，春秋末期魯國人，孔子高徒，在孔門中以德行與顏回並稱，為七十二賢人之一。他為人所稱道，主要是他的孝，孔子稱讚說：「孝哉，閔子騫！人不間於其父母昆弟之言」。明朝編撰的《二十四孝圖》中，閔子騫排在第三。

⑫孔仲尼：即孔子。參閱前「孔子」注釋。

⑬漢鮑宣娶桓氏少君為婦：勃海鮑宣妻者，桓氏之女也，字少君。參閱《後漢書・卷八十四・列女傳第七十四》。

⑭唐郭暖招升平公主為妻：郭曖（752—800），汾陽王郭子儀第六子，霍國夫人王氏所生。郭曖在官位為太常主簿的時候娶唐代宗第四女升平公主。參閱《舊唐書·卷一百二十·列傳第七十》。

⑮箕踞（jī jù）鼓盆歌：莊子妻死，惠子弔之，莊子則方箕踞鼓盆而歌。參閱《莊子·外篇·至樂第十八》。

⑯河東獅子吼：比喻妒悍的妻子發怒，並藉以嘲笑懼內的人。參閱宋·洪邁《容齋三筆·陳季常》。

⑰齊襄公：（？—公元前686年），姜姓，呂氏，名諸兒，齊僖公長子，齊桓公異母兄，春秋時期齊國第十四位國君，公元前698年—公元前686年在位。齊襄公在位期間，荒淫無道，昏庸無能，與其異母妹文姜亂倫，派彭生殺害妹夫魯桓公，而後再殺彭生以向魯國交代。當時齊國國力漸強，齊襄公曾出兵攻打衛國、魯國、鄭國。公元前686年，齊襄公遭連稱、管至父、公孫無知等人所殺，公孫無知自立為君。公元前685年，雍廩襲殺公孫無知，齊襄公之弟公子小白即位，是為齊桓公。參閱《史記·卷三十二·齊太公世家第二》。

⑱夙（sù）夜：朝夕，日夜。

⑲任遙之子昉（fǎng）：任昉（460年—508年），字彥升，小字阿堆，樂安博昌（今

山東壽光，一說山東廣饒）人。南朝梁文學家。生於宋孝武帝大明四年，卒於梁武帝天監七年，年四十九歲。漢御史大夫敖之後也。父遙，齊中散大夫。參閱《南史・卷五十九・列傳第四十九・任昉》。

⑳王渾之子戎：王戎（234年—305年7月11日），字濬沖。琅玡臨沂（今山東臨沂白沙埠鎮諸葛村）人。西晉名士、官員，惠帝朝司徒，「竹林七賢」之一。父親王渾，官至涼州刺史，封貞陵亭侯。參閱《晉書・卷四十三・列傳第十三・王戎》。

㉑阮籍：（公元210年—263年），三國時期魏詩人。字嗣宗。陳留（今屬河南）尉氏人。竹林七賢之一，建安七子之一阮瑀之子。曾任步兵校尉，世稱阮步兵。曾經做過曹操的司空軍謀祭酒，掌管記室，後為倉曹椽屬。參閱《晉書・卷四十九・列傳第十九・阮籍》。

㉒房杜：指唐代房玄齡、杜如晦。參閱《舊唐書•卷六十六•列傳第十六•房玄齡•杜如晦》。

㉓李英公：李勣，（594—669年），本姓徐，名世勣，字懋功。曹州離狐人。家道豪富，隋大業末，投翟讓軍。武德初降唐，授黎州總管，封「萊國公」，賜姓李。後又避太宗諱，改名李勣。臨死之前謂弟弼曰：「我見房玄齡、杜如晦、高季輔辛苦作得門戶，亦望垂裕後昆，並遭癡兒破家蕩盡」。參閱《舊唐書・列傳第十七・李勣》。

㉔伯道無兒：鄧攸（？—326年），字伯道，平陽襄陵（今山西襄汾東北）人，兩晉

時期官員，太子中庶子鄧殷之孫。鄧攸從石勒軍中逃離後，帶著妻兒逃難。他自知不能同時保住兒子與侄子，乃謂其妻曰：「我弟弟早死，只有一個兒子，按理不能使他絕嗣，只能捨棄我們自己的兒子。如果我們能夠倖存，將來一定能再生兒子的」。妻泣而從之。但兒子被丟棄後，卻總是追上父母。鄧攸只得將他綁在樹上，帶著妻子與侄子離去。鄧攸渡江後，因妻子始終未能再孕，便納一姬妾，後在詢問其親屬姓名時，方知是自己的外甥女。他素有德行，為此悔恨不已，從此不再納妾。因而到死也沒能再生出兒子。時人都感歎道：「天道無知，竟然讓鄧伯道沒有兒子」。參閱《晉書・卷九十・列傳第六十・良吏・鄧攸》。

㉕卜商哭子：卜商（前507—?）：姓卜，名商，字子夏，春秋末晉國溫人（今河南溫縣），孔子的著名弟子，「孔門十哲」之一，七十二賢之一。子夏晚年，「其子死，哭之失明」。參閱《史記・仲尼弟子列傳》。

㉖竇（dòu）君生丹桂五枝芳：竇燕山，原名竇禹鈞，五代後晉時期人。當時有一位叫馮道的侍郎曾賦詩一首說：「燕山竇十郎，教子有義方。靈椿一株老，丹桂五枝芳」。這裡所說的「丹桂五枝芳」，就是對竇燕山「五子登科」的評價和頌揚。《三字經》曰：「竇燕山，有義方。教五子，名俱揚」。

㉗田氏裂紫荊三本茂：據南朝梁吳均《續齊諧記・紫荊樹》載：田真兄弟三人析產，

堂前有紫荊樹一株，議破為三，荊忽枯死。真謂諸弟：「樹本同株，聞將分斫，所以憔悴，是人不如木也」。因悲不自勝，兄弟相感，不復分產，樹亦復榮。後因用「紫荊」為有關兄弟之典故。

㉘荀氏之八龍：荀淑，字季和，潁川郡潁陰人，荀卿十一世孫。有子八人：儉、緄、靖、燾、汪、爽、肅、專，都有名，當時的人稱他們為「八龍」。參閱《後漢書・卷六十二・荀韓鍾陳列傳第五十二》。

㉙陸公之雙璧：陸暐（wěi），字道暉，陸凱長子，代人也。與弟陸恭之並有時譽。洛陽令賈禎見其兄弟，歎曰：「僕以老年，更睹雙璧」。暐與恭之晚不和睦，為時所鄙。參閱《魏書・卷四十・列傳第二十八・陸俟》。

㉚令伯克親于早年：李密，字令伯，犍為武陽人也，一名虔。出生六個月而喪父，母何氏改醮。參閱《晉書・列傳第五十八・孝友・李密》。

㉛張瞻喪偶于中年：《酉陽雜俎・卷八・夢》曰：卜人徐道升言，江淮有王生者，榜言解夢。賈客張瞻將歸，夢炊於臼中。問王生，生言：「君歸不見妻矣，臼中炊，固無釜也」。賈客至家，妻果卒已數月，方知王生之言不誣矣。

㉜柴榮拜郭威為父：柴榮（公元921—959年），五代時期後周世宗皇帝柴世宗，一稱周世宗，邢州堯山柴家莊人（今河北邢臺隆堯），後周太祖郭威的內侄和養子。善騎射，

略通書史黃老。顯德元年（954）繼郭威為帝，在位時間從公元955～959年為期五年，終年三十八歲。參閱《新五代史・周本紀第十二》。

㉝石勒養季龍為兒：石勒（274年—333年8月17日），字世龍，初名石匐背，小字匐勒，羯族，上党武鄉人。部落小帥石周曷朱之子，十六國時期後趙建立者，史稱後趙明帝。石季龍，勒之從子也。參閱《晉書・卷一百四・載記第四・石勒》、《晉書・卷一百四・載記第六・石季龍》。

㉞螟蛉（mingling）：《詩經・小雅・小宛》：「螟蛉有子，蜾蠃負之」。螟蛉是一種綠色小蟲，蜾蠃是一種寄生蜂。蜾蠃常捕捉螟蛉存放在窩裡，產卵在它們身體裡，卵孵化後就拿螟蛉作食物。古人誤認為蜾蠃不產子，餵養螟蛉為子，因此用「螟蛉」比喻義子。

㉟賈似道母非正室：賈似道（1213—1275），字師憲，號悅生，南宋晚期權相。浙江天臺屯橋松溪人。京湖制置使賈涉之子，生母胡氏是賈涉的小妾。參閱《宋史・卷四百七十四・列傳第二百三十三・奸臣四・賈似道》。

㊱庶出：舊指妾所生的子女。

㊲陳仲舉器不凡庸：陳蕃（?—168年），字仲舉。汝南平輿（今河南平輿北）人。東漢時期名臣，與竇武、劉淑合稱「三君」。少年時便有大志，師從於胡廣。被舉為孝廉，曆郎中、豫州別駕從事、議郎、樂安太守。後遷尚書令、大鴻臚，因上疏救李雲被罷免。再拜議郎、光

祿勳，與黃琬公平選舉，因而遭誣告罷官。不久，被征為尚書僕射，轉太中大夫。延熹八年（165年），升太尉，任內多次諫諍時事，再遭罷免。靈帝即位，為太傅、錄尚書事，與大將軍竇武共同謀劃翦除宦官，事敗而死。參閱《後漢書・卷六十六・陳王列傳第五十六》。

㊳唐明皇有祿山之子：唐玄宗李隆基，冊封楊玉環為貴妃。天寶中，范陽節度使安祿山大立邊功，祿山來朝，祿山母事貴妃。參閱《舊唐書・卷八・本紀第八・玄宗上》、《舊唐書・卷五十一・列傳第一・後妃上・玄宗楊貴妃》、《舊唐書・卷二百上・列傳第一百五十・安祿山》。

㊴陳伯常有孺子之兄：陳伯，是漢惠帝時左丞相陳平之兄。絳侯、灌嬰等咸讒陳平曰：「平雖美丈夫，如冠玉耳，其中未必有也。臣聞平居家時，盜其嫂」。參閱《史記・陳丞相世家第二十六》。

㊵孟德耀：孟光，字德曜。與丈夫梁鴻，夫妻相敬愛。「舉案齊眉」的典故，即出於其事蹟。參閱《後漢書・逸民列傳第七十三・梁鴻》。

㊶楊太真：楊玉環（公元719年—公元756年），號太真。

㊷污穢：指淫穢或姦污。

㊸許子和之錢樹：「有許和子者，開元末選入宮，籍於宜春院。既美且慧，善歌，能變新聲。後與其母之京師，竟歿於風塵。及卒，謂其母曰：「阿母錢樹子倒矣！」　參閱《樂

府雜錄・序歌》。

㊹隋煬帝之綵花：隋煬帝楊廣（569年—618年4月11日），一名英，小字阿摐，華陰人（今陝西華陰），隋文帝楊堅之次子。楊廣生於大興，開皇元年（581年）立為晉王，開皇二十年（600年）十一月立為太子，仁壽四年（604年）七月繼位，是隋朝第二位皇帝。「淫荒無度，所至唯與後宮流連耽湎，惟日不足，招迎姥媼，朝夕共肆醜言，又引少年，令與宮人穢亂，不軌不遜，以為娛樂」。參閱《隋書・卷三・帝紀第三・煬帝》。

㊺再醮（jiào）：古代行婚禮時，父母給子女酌酒的儀式稱「醮」。後專指婦女再嫁為「再醮」。

㊻色渝（yú）：顏色變污。

㊼武后淫而且悍：武則天（624年2月17日—705年12月16日），名曌（zhào），並州文水（今山西文水縣東）人。為荊州都督武士彠次女，母親楊氏。武則天十四歲入後宮，為唐太宗的才人，獲賜號「武媚」。唐太宗死後，武媚削髮為尼，居於感業寺。唐高宗接位後，復召入宮，立為昭儀，又進號為妃，永徽六年（655年）被立為皇后。高宗駕崩後，作為唐中宗、唐睿宗的皇太后臨朝稱制。次年廢中宗立睿宗。690年改國號為周，自號為聖神皇帝，更名武曌。690—705年在位，在位期間十三次改元。公元705年，武則天病重，宰相張柬之等率領群臣入宮，殺了武則天的寵臣張易之、張昌宗等，擁唐中宗即位，恢復唐國號和一切唐制。參閱《舊唐書・卷六・本紀第六・則天皇後》。

㊽孟母：仉氏，戰國時人，生卒年不可考，孟子的母親，以教子有方著稱。孟子三歲喪父，靠母親教養長大成人，並成為後世儒家追慕嚮往的亞聖，孟母也留下了「孟母三遷」、「斷機教子」等教子佳話。參閱《烈女傳・卷之一母儀傳・鄒孟軻母》。

㊾漢蔡琰聰明而失節：蔡琰(yǎn)，字文姬，又字昭姬，東漢末年陳留圉(今河南開封杞縣)人，東漢大文學家蔡邕的女兒。她是中國歷史上著名的才女和文學家，精於天文數理，既博學能文，又善詩賦，兼長辯才與音律。代表作有《胡笳十八拍》、《悲憤詩》等。初嫁於衛仲道，丈夫死去而回到自己家裡，後值因匈奴入侵，蔡琰被匈奴左賢王擄走，嫁給匈奴人，並生育了兩個兒子。參閱《後漢書・卷八十四・列女傳第七十四》。

㊿伯喈（jiē）：蔡邕（yōng）（133年—192年），字伯喈。陳留郡圉（yǔ　）人。東漢時期著名著名才女蔡文姬之父。因官至左中郎將，後人稱他為「蔡中郎」。

51魯伯姬：春秋時代魯國王族女性，姬姓，名不詳。為魯宣公之女，魯成公之妹，母謬姜。後嫁宋共公為夫人。參閱《烈女傳・卷之四貞順傳・宋恭伯姬》。

52竇二女不辱於盜賊：宋・陳普《詠史下・竇氏二女》：冰霜不肯受塵埃，攜手同縻百丈崖。熊掌嚼來似雞肋，問君可事苦關懷。

53卓文君投奔於相如：卓文君，漢代才女，西漢臨邛（屬今四川邛峽）人，貌美有才氣，善鼓琴，家中富貴。她是漢臨邛大富商卓王孫女，好音律，新寡家居。司馬相如過飲於卓氏，以琴心挑之，文君夜奔相如，同馳歸成都。因家貧，復回臨邛，盡賣其車騎，置酒舍賣酒。相如身穿犢鼻褌，與奴婢雜作、滌器於市中，而使文君當壚。參閱《史記·卷一百一十七·司馬相如列傳第五十七》。

㊹衛共姜作誓于柏舟：周時衛世子共伯之妻。共伯早死，她不再嫁。後常用為女子守節的典實。《詩·鄘風·柏舟序》：「柏舟，共姜自誓也。衛世子共伯蚤死，其妻守義。父母欲奪而嫁之，誓而弗許。故作是詩以絕之」。

㊺班婕妤（jié yú）：（公元前48年—2年），祖籍樓煩（今山西朔縣寧武附近）人，是漢成帝的妃子。初為少使，後立為婕妤。善詩賦，有美德。參閱《漢書·卷九十七下·外戚傳第六十七下》。

㊻錢玉蓮逢汝權于江滸：錢玉蓮拒絕巨富孫汝權的求婚，寧肯嫁給以「荊釵」為聘的溫州窮書生王十朋。後來王十朋中了狀元，因拒絕萬俟丞相逼婚，被派往荒僻的潮陽僉判任職。孫汝權暗自更改王十朋的家書為「休書」，哄騙玉蓮上當；錢玉蓮的後母也逼她改嫁，玉蓮不從，投河自盡，為福建安撫錢載和所救，收為義女。玉蓮以為十朋亡故。五年後，王十朋在吉安當太守，一日於道觀設醮追思亡妻，恰好玉蓮前去吉安道觀拈香，王、錢二人終於團圓。參閱南戲《荊釵記》。

㊼秦弱蘭遇陶穀於郵亭：宋遣陶穀使江南，李憲以書抵韓熙載曰：「五柳公驕甚，其

善待之」。陶至，果如所言。韓因謂所親曰：「陶非端介者，其守可隳，當使諸君一笑」。乃令歌姬秦弱蘭衣敝衣，偽為驛卒女，供灑掃館舍中。陶見而悅之，遂忘慎獨之戒，贈以長短句云：「好因緣。惡因緣。只得郵亭一夕眠。會神仙。琵琶撥盡相思調。知音少。再把鸞膠續斷弦。是何年」。他日後主宴陶，陶凜然若不可犯。主持觥命弱蘭出，歌前所贈詞以侑觴，陶大慚而罷。

58 朱淑貞（約 1135～約 1180），號幽棲居士，南宋著名女詞人，與李清照齊名，是唐宋以來留存作品最豐盛的女作家之一。錢塘（今浙江杭州）人，一說海寧（今屬浙江）人，祖籍歙州（治今安徽歙縣），生於仕宦之家。丈夫是文法小吏，因志趣不合，夫妻不和睦，最終因抑鬱早逝。又傳淑貞過世後，父母將其生前文稿付之一炬。其餘生平不可考，素無定論。現存《斷腸詩集》、《斷腸詞》傳世，是劫後餘篇。

59 吳孟子夫主賢明：春秋時，魯昭公娶吳女為夫人，古代同姓不婚，因兩人都姓姬，乃改夫人姓孟，稱吳孟子。魯昭公（前 560 年—前 510 年），姬姓，名裯，一名稠、祒，魯襄公之子，母齊歸，春秋時期魯國第二十四位國君，前 542 年—前 510 年在位。

60 孝殤十月入冥途：孝殤皇帝諱隆，和帝少子也。元興元年十二月辛未夜，即皇帝位，時誕育百餘日。尊皇后曰皇太后，太后臨朝。八月辛亥，帝崩。癸丑，殯於崇德前殿。參閱《後漢書・卷四・孝和孝殤帝紀第四》。

⑹拜住童年登相位：拜住（1298—1323），蒙古劄剌兒氏，元朝政治家。成吉思汗開國功臣木華黎之後，名相安童之孫。元英宗即位，拜中書平章政事；五月，升中書左丞相。時年十四歲。參閱《元史·列傳第二十三》。

⑹李令伯至九歲而能行：三國時期李密，字令伯。少多疾病，九歲不行。參閱《晉書·卷八十八·列傳第五十八》。

⑹白居易未周歲而識字：白居易（772年—846年），字樂天，號香山居士，又號醉吟先生。「樂天始未言，試指『之』、『無』字，能不誤」，貞元十六年（800年）中進士，先後任秘書省校書郎、盩至縣尉、翰林學士，左拾遺，杭州刺史等官職。是唐代偉大的現實主義詩人，白居易與元稹共同倡導新樂府運動，世稱「元白」，與劉禹錫並稱「劉白」。參閱《舊唐書·卷一百六十六·列傳第一百一十六·白居易》。

⑹晉食我狼子野心：羊舌食我（?—前514年），複姓羊舌，名食我，字伯石，也稱楊食我、楊石。其父羊舌肸（xī），字叔向，晉國大夫。伯石始生，子容之母走謁諸姑，曰：「長叔姒生男」。姑視之，及堂，聞其聲而還，曰：「是豺狼之聲也。狼子野心，非是，莫喪羊舌氏矣」。昭公二十八年，晉侯因「食我，祁盈之黨也，而助亂，故殺之。遂滅祁氏、羊舌氏」。參閱《左傳·昭公二十八年》。

⑹唐李白錦心繡口：李白（701年—762年），字太白，號青蓮居士，又號「謫仙人」，

是唐代偉大的浪漫主義詩人，被後人譽為「詩仙」，與杜甫並稱為「李杜」。其人爽朗大方，愛飲酒作詩，喜交友。參閱《舊唐書·列傳第一百四十·文苑下·李白傳》、《新唐書·列傳一百二七·文藝中·李白傳》。

⑯後稷(jì)：所以岐嶷：後稷，姬姓，名棄，天帝之子，周朝始祖。相傳姜嫄踐天帝足跡，懷孕生子，因曾棄而不養，故名之為「棄」。虞舜命為農官，教民耕稼，稱為「後稷」。岐嶷（qíyí）：《詩·大雅·生民》曰：「誕實匍匐，克岐克嶷」。朱熹集傳：「岐嶷，峻茂之狀」。後多以「岐嶷」形容幼年聰慧。參閱《史記·卷四·周本紀第四》。

⑰姜嫄（yuán）：亦作「姜原」。周人始祖後稷之母。帝嚳之妻。傳說她於郊野踐巨人足跡懷孕生稷。參閱《史記·卷四·周本紀第四》、《列女傳·卷之一·母儀傳·棄母姜嫄》。

⑱晉惠所以戇騃（gàng ái）：晉惠帝司馬衷（259 年—307 年），字正度，晉武帝司馬炎第二子。於 267 年被立為皇太子，290 年即位，改元永熙。他為人癡呆不任事。參閱《晉書·卷四·帝紀第四·惠帝》。

⑲祖瑩：字元珍，范陽遒人。祖瑩自幼喜歡讀書，八歲的時候能夠背誦《詩》、《書》，十二歲時能背《尚書》，因才能超出一般人，曾被魏高祖召見。《三字經》中「瑩八歲，能詠詩」，就是指祖瑩。參閱《魏書·卷八十二·列傳第七十》、《北史·卷四十七·列傳第三十五》。

⑩耽書：酷嗜書籍。
⑪希投筆于班超：班超（32年—102年），字仲升，扶風郡平陵縣（今陝西咸陽東北）人。東漢時期著名軍事家、外交家，史學家班彪的幼子，其長兄班固、妹妹班昭也是著名史學家。班超為人有大志，不修細節。然內孝謹，居家常執勤苦，不恥勞辱。有口辯，而涉獵書傳。嘗輟業投筆歎曰：「大丈夫無它志略，猶當效傅介子、張騫立功異域，以取封侯，安能久事筆研閑乎？」不甘於為官府抄寫文書，投筆從戎，隨竇固出擊北匈奴，又奉命出使西域，官至西域都護，封定遠侯，世稱「班定遠」。參閱《後漢書·卷四十七·班梁列傳第三十七》。
⑫曹彬取印終封爵（931年—999年），字國華，真定靈壽（今屬河北）人。彬始生周歲，父母以百玩之具羅于席，觀其所取。彬左手持干戈，右手持俎豆，斯須取一印，他無所視，人皆異之。曹彬是北宋初年大將，後官至樞密使。參閱《宋史·卷二百五十八·列傳第十七·曹彬》。
⑬車胤囊螢卒顯名：車胤（約333—約401）字武子，南平（今湖北公安曾埠頭鄉）人也。自幼聰穎好學，家境貧寒，常無油點燈，夏夜就捕捉螢火蟲，用以照明夜讀，學識與日俱增。後官至吏部尚書。參閱《晉書·卷八十三·列傳第五十三·車胤》。
⑭劬（qú）勞：勞累；勞苦。

校勘記

㊀「《易・中孚》云」，原本作「詩」，疑誤，據「鳴鶴在陰，其子和之」出處改作。
㊁「五代」，原本作「五季」，疑誤，據史書記載稱謂原本改作。
㊂「成帝」，原本作「武帝」，疑誤，據《漢書・卷九十七下・外戚傳第六十七下》原文改作。
㊃㊄「李令伯」，原本作「李魏公」，疑誤，據《晉書・卷八十八・列傳第五十八》原文改作。
㊅「之」，原本作「知」，疑誤，據《舊唐書・列傳第一百一十六・白居易》原文改作。
㊆「嫄」，原本作「源」，疑誤，據《列女傳・卷之一・母儀傳・棄母姜嫄》原文改作。
㊇「《詩・大雅・生民》」，原本作「《詩・大雅・》」，疑誤，據《詩經》目錄原文補入。

六、婚姻

男女合婚，契於前定，朱陳締結①，分在夙成。然非月老，焉知夫婦於當時？不有宓義，豈識吉凶於今日？欲諧伉儷，須定陰陽。

陽奇陰偶，配合成婚。世屬陽，應屬陰；鬼屬陽，財屬陰；內屬陽，外屬陰。陰陽相得，乃成夫婦之道，異日必然大利。

陰陽交錯，難期琴瑟之和鳴。

陰陽交錯者，世陰應陽，鬼陰財陽，內陰外陽是，此為反象。成婚後，必主夫淩妻，妻欺夫，終朝反目，不得和順。若變出財鬼不空，主象安靜，亦可用也。

內外互搖，定見家庭之撓括。

占婚，卦宜安靜，安靜家庭雍睦，必無爭鬥事。若財動，則不和翁姑②；鬼動，則不和妯娌；父動，則不和子侄；兄動，則不和夫妻。動加月建日辰，不唯不和，更有剋制。

六合則易而且吉，

六合卦，一陰一陽，配合成象。世應相生，財官相合，占者得之，必主易成而又吉。

六沖則難而又凶。

六沖卦，非純陰則純陽也。其象猶二女同居，兩男並處，志必不合。占者得之，必主難成，縱成亦不利。

陰而陽，陽而陰，偏利牽絲之舉。

世與官，宜陽，反陰；應與財，宜陰，反陽。占娶婦多不利，惟入贅則吉。

世合應，應合世，終成種玉之緣③。

世為男家，應為女家，若得相合，是兩願之象，必主易成，後亦吉利。

欲求庚帖④，豈宜應動應空。

欲求庚帖，須得應爻安靜不空，而又生合世爻者，必然允諾，亦易成。若應爻發動，或空亡，或沖剋世爻，皆主不允，事亦難成，或去亦不遇。

若論聘儀，安可世蛇世弟。

騰蛇兄弟，世爻臨之，主男家慳吝，禮必不多。應爻臨之，主女家妝奩⑤淡泊。臨旺發動，亦剋妻之兆也。

應生世，悅服成親。世剋應，用強刼娶。

應爻生合世爻，主女家貪男家之象，必易成。不然，是女家先來求親也。若世刑剋應爻，男家必不早來求其女。世旺應衰，乃恃富欺貧，用強刼娶也。若世臨鬼及騰蛇，而財爻得時旺相，青龍得地者，必因其女有姿色，而欲設謀以娶之也。世臨玄武兄弟，必因其家乏財償債，欲謀納其女也。應動或旺，以旺動斷。

如日合而世應比和，因人成事。

凡遇世生應，是男求女；應生世，是女求男；相合亦然。若世應比和，乃是兩家相成其事。要知何人贊成，以日辰合爻定之。間動辰合，則是媒人也。

若父動而子孫墓絕，為嗣求婚。

占婚，遇父旺動，子孫若墓絕，異日子息必少。若卜大人婚姻，有此象，乃為無子而娶也。父持身世者亦然。

財官動合，先私而後公。

凡婚，以官為夫，財為婦。兩爻俱動相合，必是先通後娶。若遇沖剋，外人已知。若臨玄武，則眼去眉來，未通情意。本人自占，而財與世爻動合者，亦然。

財爻若與旁爻作合，與他人有情。財遇合多，而化出子孫，必是妓家，蓋化子有從良之象也。

世應化空，始成而終悔。

世動，生合應爻，男家願成其婚，應動，生合世爻，婦家願妻其女，皆易成之象。但怕變入空亡，必有退悔之意。若得日辰動爻扶助，雖悔，亦可成也。

六合而動象刑傷，必多破阻。世沖而日辰扶助，當有吹噓。

世爻與應生合，本主吉兆，若遇動爻日辰沖剋，必兩邊有破說，其事難成。

世應沖剋，本非吉兆，若遇動爻日辰生合，兩邊必有吹噓，亦可成。

要知吹噓破阻之人，依五類推之。如父母，為叔伯尊長類。外宮他卦，以外人言。

鬼剋飛爻，果信綠窗⑥之難嫁。官合財位，方知綺席⑦之易婚。

飛爻即世爻。大凡女占男，最不宜鬼爻刑剋世爻，亦不宜應爻剋世，皆主不成。蓋女占男，以世為女家，應為男家故也。如遇此象，主男家不願為婚，所以難嫁。若他有制，我有扶，而大象又吉，亦可成。然其家終是無意於我也。

若得官生合世爻，或合財爻，或應爻生合世，方主易成。

財鬼如無刑害，夫妻定主和諧。

財鬼刑沖剋害，夫妻必然不睦。如無此象，然後如魚得水，到老和諧。

文書若動當權，子嗣必然蕭索。

父母當權發動，子孫在空避之地，乃是事體未定。若不空，而死絕無氣，則被其剋，異日必然剋子。

若在一宮，當有通家之好。若加三合，曾叨⑧會面之親。

世應生合比和，財鬼又同宮，是親上親也。不帶三合，雖親不識認；若帶三合，必曾會面者。

如逢財鬼空亡，乃婚姻之大忌。苟遇陰陽得位，實天命之所關。

財鬼二爻，占婚姻之用神，若值空亡，必不吉利。《天玄賦》曰：「財空妻失，鬼空夫亡」，然不可執法推。蓋男占女，以財為主，鬼空不妨。女占男，以鬼為主，財空不妨。要在用神無損害耳。若財鬼空亡，而干支相合，世應相生，陰陽得位者，此實姻緣，不過半世衾枕⑨，不能偕老，非夫妻刑剋故也，乃天命所在耳。

逢沖遇剋謂避空，反不慮。但主其一生該虛設衾枕，或半生在外仕宦工商之類。

應財世鬼，終須夫唱婦隨。應鬼世財，不免夫權妻奪。

世持鬼，應持財，此乃陰陽得位之象。必然夫秉男權，妻操婦道，定能夫唱於前，婦隨於後。若應持鬼，世持財，此同陰陽失位之象。必然夫權妻奪，牝雞晨鳴，惟贅婿反吉。

妯娌不和，只為官爻發動。翁姑不睦，定因妻位交重。

占婚，以兄為妯娌，父為翁姑。卦有官動，則剋兄弟，妯娌間必不利。卦有財動，則剋父母，定主翁姑不睦。若旺不受傷剋，則是事有反覆。父衰弱不能敵，雙親有刑剋也。

父合財爻，異日有新台之行。世臨妻位，他時無就養之心。

占婚遇財父二爻，世帶玄武，動來相合者，異日有翁淫子媳之事。若財臨世身，其婦必不善事翁姑。

空鬼伏財，必是望門之寡婦。動財值虎，定然帶服之嫠娘⑩。

卦中既有官爻財爻，而財爻又伏空鬼下，其女先曾受聘，未婚夫死，俗謂望門寡。若加白虎動剋，則是已嫁而死，必帶孝服者。

若伏鬼不空，必是有夫婦女。如被日辰動爻提起，刑剋世爻者，後防爭訟。

世應俱空，難遂百年之連理。

世空，自不欲成；強成，終不遂意。應空，彼不欲成；得成，日後兩家，必不往來。

財官疊見，重為一度之新人。

男占女，卦有兩財；女占男，卦有兩鬼；必是斷弦再續，重為一度新人。兩財皆無損，必一正一偏。若一旺一空，則前妻已喪。

兩鬼發動，必有兩家爭娶。如一旺一空，則前夫已亡。

若鬼伏財下，男必有妻在家。財伏鬼下，女必有夫在身。
鬼不空，而動爻日辰沖剋妻財，必是生離改嫁。
世剋鬼，而動爻日辰生合妻財，必是逐婿嫁女。

夫若才能，官位占長生之地。妻如丑拙，財爻落墓庫之鄉。

要知男女情性容貌，財鬼二爻取之。凡遇月令旺，身必肥；日時旺，貌必美。月令衰，身必瘦；日時衰，貌必丑。月令旺，日時衰者，身肥而貌不揚；月令衰，日時旺，身瘦而貌必美。衰而有扶，丑而才能。旺而入墓，雖美而愚拙。惟觀性情，男以鬼斷，女以財推。

命旺則榮華可擬，時衰則發達難期。

命即男女生命。生旺有氣，必有榮華之日。休囚死絕，必無發達之期。若財旺命衰，其妻貌雖美，而命則平常。鬼衰命旺，其夫雖愚蠢，而衣食豐足。
命臨父母，必好技藝；加青龍，則是好詩書也。臨兄，則好賭博，好使錢，不好學。臨官，喜迎官府。臨財福，必善作家。
看其現與不現，及五行生剋，六神動靜推之。

財化財，一舉兩得。

占婚遇財化財，必有僮僕同來，謂贈嫁。財化子，則有小兒帶來，謂之帶幼聘。若化子逢空，雖來不壽；化財遇沖，後亦走失。

鬼化鬼，四覆三番。

大抵鬼化鬼，凡事反覆不定。占婚遇之，決不容易。若大象可成，亦見遲滯。然此象主女家多有更變，難易緩急，皆聽從於彼。

兄動而爻臨玄武，須防劫騙之謀。

鬼爻不動，而兄弟又臨玄武、騰蛇，來刑沖身世者，須防其中奸詐，設計騙財。若世應生合，陰陽得位，財鬼無傷，亦必大費財而可成。

應空而卦伏文書，未有執盟之主。

父母為主婚人，若不上卦，或落空亡，必無主婚，恐其婦自作主張。不然，主其事必難成就和合也。

兩父齊興，必有爭盟之象。雙官俱動，斯為競娶之端。

卦中兩爻父動，或父化父，主有兩人主婚。不然，必兩家庚帖。若兩鬼俱動，則有兩家爭求其婚。不然，主事體多有變。以上若一動一靜，一旺一空，則無言。若卦有官化父，父化官，或官父皆動，恐有爭訟之患。文書兄動，必有口舌。

日逢父合，已期合巹⑪於三星。

日辰與父爻作合，或日辰自帶文書，主成婚日期，已預定矣。

世獲財生，終得妝奩於百兩。

財爻又作妝奩斷，若生合世爻，又得日月動爻扶助，必有妝奩。臨勾陳，必有妝奩田。臨青龍，必美麗。臨騰蛇白虎敗病等爻，則是舊什物也。若財無生助，不可亂言。要推多少，以生合妻財之爻，看衰旺斷之。財之衰旺，僅可推女貌妍媸，不可推妝奩厚薄。

欲通媒妁，須論間爻。

占貼，以間爻媒人也。

應或相生，乃女家之瓜葛。世如相合，必男室之葭莩⑫。

間爻與世生合，多男家親。與應生合，多女家親。世應俱相生合，兩家皆有親。旺相新親，休囚舊眷。本宮至親，他宮外親。

先觀卦象之陰陽，則男女可決。

陽男媒，陰女媒。

或問：間爻有二，當以何爻為主？以衰旺動靜取之。

又問：衰爻動，旺爻靜，則如何？則動者是也。

又問：兩爻皆旺或皆衰，又將何以定之？以衝動者定之。若又無沖，以生合扶起者定之。

或一旺一空，以不空者定之。又不遇空，則以長生訣法定之。務歸於一，則不雜亂。

次看卦爻之動靜，則老幼堪推。

爻重二爻為老年人，單拆二爻為少年人。或胎養長生為少年，臨官帝旺為中年，墓絕是老年人為媒也。若墓化旺，是老年人先來說。陰化陽，是女人先來說。若此爻動空化空，而自衝動彼一爻，主原媒有故推卻，而他人為媒也。

論貧富，當究身命。決美惡，可驗性情。

人生美惡貧富，兩章盡之矣，然非特可觀媒妁而已。若問婦，看財爻。問夫身，看鬼爻。問男家，看世爻。問女家，看應爻。若應旺財衰，可言女家雖富，女貌不揚，餘類推。至於維持破說之旁人，可以刑沖生合之爻推之。

雀值兄臨，慣在其中得利。

間爻如值螣蛇、朱雀，及兄弟者，其人必俐齒伶牙，素以媒妁獲利者。興旺必奸詐。

世應沖合㈠，浼⑬他出以為媒。

間爻安靜，被應世二爻衝動，或生扶合起，及日辰沖並起者，其人無心作伐，必是一邊央他說也。間爻自動者，勿如此斷。

兩間㈡同發，定多月老以爭盟。二間俱空，必無通好以為禮。

兩間俱動，必有兩媒。臨兄，或兄化兄，或動出兩鬼，主有爭競為媒。須看空亡衰旺，及有制無制，可知那個執權。

若間爻安靜，俱在空亡，必無媒人通好。若空動而化出兄鬼，或臨兄鬼空動者，乃是媒欲謝禮作鬼不來，非無媒也。

世應不和，仗冰言而通好。

世應相沖相剋，難以成親。若得間爻生合解救，其事始難成就，終須得媒人兩邊說合，以通其好，則事亦可成。何謂救解？如應動剋世，間爻合住應爻，生扶世爻，餘可類推。

間爻受剋，縱綺語⑭亦無從。

凡欲浼媒人說合求親，必得應爻生合間爻，則其言易入，必然聽信。如間爻反被應沖剋，則雖甘言美語，亦不從。

財官沖剋，反招就裡愆尤⑮。

間爻若被日辰動爻刑沖剋害，其媒必然取怨於兩家。世爻沖剋，男家有怨。應爻沖剋，女家有怨。或世來生合，而財爻沖剋者，男家雖吉，異日女家必怨。財官皆沖剋，夫妻俱有怨。

世應生扶，必得其中厚惠。

凡遇世應、日辰帶財福、青龍，生合間爻，其媒必有兩家酬貺⑯。旺相多，休囚少。若帶兄鬼騰蛇玄武類生合者，不過巧言虛禮，必無實惠。化出財福生合亦吉。男看世爻，女看應爻。世應俱生合，兩家俱有惠。世旺，男家多。應旺，女家多。

一卦吉凶，細察精微委曲。百年夫婦，方知到底團圓。

注釋

①朱陳締結：朱陳為古村名。唐白居易《朱陳村》詩：「徐州古豐縣，有村曰朱陳……一村唯兩姓，世世為婚姻」。後用為兩姓聯姻的代稱。

②翁姑：丈夫的父親和母親。

③種玉之緣：楊公伯婚姻的典故。參閱《搜神記・卷十一・楊公伯》。

④庚帖：舊時訂婚，男女雙方互換的八字帖。帖上寫明姓名、年齡、籍貫、祖宗三代等，因其記載雙方各自的生辰年月，故稱為「庚帖」。

⑤妝奩（zhuāng lián）：嫁妝。

⑥綠窗：指貧女的居室。與紅樓相對，紅樓為富家女子居室。

⑦綺席：華麗的席具。古人稱坐臥之鋪墊用具為席。

⑧叨（tāo）：承受。古漢語中，用於對受人恩惠及禮物，表示感謝的謙詞。

⑨衾（qīn）枕：被子和枕頭。泛指臥具。

⑩嫠（lí）娘：寡婦。

⑪合巹（jǐn）：古代婚禮中的一種儀式。剖一瓠為兩瓢，新婚夫婦各執一瓢，斟酒以飲。後多以「合巹」代指成婚。

⑫葭莩（jiā fú）：比喻關係疏遠的親戚。

⑬浼（měi）：央求；請求；懇託。
⑭綺（qǐ）語：華美的語句。
⑮就裡愆尤：內中罪咎。
⑯酬貺（kuàng）：報答他人而贈與財物。

校勘記

㈠「**世應沖合**」，原本作「**世沖應合**」，疑誤，據《**卜筮正宗·黃金策·婚姻**》原文改作。
㈡「**兩間**」，原本作「**兩兄**」，疑誤，據《**卜筮正宗·黃金策·婚姻**》原文改作。

七、產育

附：老娘、乳母。

首出渾沌①，判乾坤而生人物。繼興太昊②，制嫁娶以合夫妻。迄今③數千百年，化生不絕；雖至幾億萬世，絡繹無窮。蓋得陰陽交感，方能胎孕相生。先看子孫，便知男女。陽為男子，掌中探見一珠新。陰是女兒，門右喜看弧帨④設。

子孫為占產用神，陽爻為男，陰爻為女。

或更反兆，徒勞鞠育於三年。若遇化空，枉受胚胎於十月。

反兆者，占得生男卦，反生女。占得生女卦，反生男是也。皆主不壽，子孫化入空亡者，亦不育。

主星生旺，當生俊秀之肥兒。命曜休囚，必產委靡之弱子。

子孫生旺，生子必肥大，異日主俊秀不凡。休囚無氣，生子必弱小，異日主委靡不振。若子孫無氣，得月建日辰動爻生合扶持，主所生兒始雖弱小，後漸肥大。子孫雖旺，遇月建日辰動爻刑沖剋害，始雖肥大，後漸怯弱。

古人斷男女生，雖以陰陽為主，然又言，陽爻衰弱，亦主生女，陰爻旺相，亦主生男。以衰旺為主，陰陽為輔。細推其理，非確論。何也？人生稟天地之秀氣，受父母之英精，蓋感陰陽而化育也。得陽精於中，陰血裹之，則成陽胎生男。得陰血於中，陽精裹之，則生女。感其氣之盛而正者，則生子肥大而為賢智。感其氣之不正而微者，則生子弱小而為愚不肖。此為自然之理，而易道豈異是哉。

故愚謂：子孫屬陽斷生男，或休囚則推弱小。子孫屬陰斷生女，或旺相則推肥大。蓋必以陰陽為主故也。學者詳之。

如無福德，當究胎爻。

剖決固以子孫為主，若卦無子孫，當尋胎爻定之。如《乾》、《兑》宮卦，子孫屬水，胎在午，則午為胎爻。

故卦有子孫，則不論胎。或無子孫，又無胎爻，則以第二爻斷之。

雙胎雙福必雙生，

卦有兩子爻，又有兩胎爻，雖不發動，亦主雙生。若卦有兩子爻皆動，或子化子，胎化胎者，皆雙生之象。若二爻一陰一陽，則一男一女。一旺一空，則一生一死。

一剋一刑終一夢。

卦無子，占產大忌。若胎爻又被月建、日辰、動爻刑沖剋害，或無故自空，大凶之兆。故一場春夢，言其子必亡也。子孫衰受剋者亦然。

胎臨官鬼，懷胎便有采薪憂。財化子孫，分娩即當勿藥喜。

鬼臨胎爻，其婦懷胎常有疾，胎爻被官沖剋亦然。

若胎爻雖臨官鬼，化出子孫，或財化福爻，則懷胎時固多疾，分娩即安泰。

妻財一位，喜見扶持。胎福二爻，怕逢傷害。

財為產母，胎為胞胎，福為兒女。三者皆喜月建、日辰、動爻生合扶助，則產母安，胞胎穩，子亦易養。若見刑沖剋害，產母多災，胞胎不安，所生子亦難養。化入死墓空絕，大凶之兆。

虎作血神，值子交重胎已破。

白虎為血神。若臨子孫或臨胎爻發動，其胎已破，臨財動者亦然。惟臨兄鬼，及帶刑沖剋害，或化官，莫作吉斷，可言此必漏胎。動爻合住，胎雖動而未分娩。

龍為喜氣，遇胎發動日將臨。

占產以青龍為喜神，若在胎福財爻上動者，生期已迫，必然臨日者也。在父兄官爻上動，勿作吉看。

福遇龍空胎動，乃墮胎虛喜。

福臨青龍空亡，而胎爻自發動，或被衝動者，必是墮胎虛喜。福若避空，則不然。要知何故墮胎，以胎爻斷。如臨官鬼白虎，因病墮胎。臨父，則勞傷。臨玄武，則色欲。臨騰蛇，驚嚇之故。臨朱雀白虎者，鬥毆撲跌墮也。

官當虎動福空，乃半產空娠。

白虎臨官發動，或臨財動化官，而子孫空亡，或伏，或動空化空，或被沖散者，當小產。臨月卜卦，乃是其子不育之象也。

福已動而日又沖胎，兒必預生於膝下。

胎與福若臨龍虎，或有不動，而日辰沖並者，其子已生。若不剋世，則勿斷，須再詳支神。如不係已過占時候，可言當日便產。雖過時，而動爻是重，亦分娩矣。

福被傷而胎仍化鬼，子當斃死於腹中。

子孫在死墓絕地，又被月建、日辰、動爻刑沖剋害者，大凶之兆。若胎爻又臨官，或胎化官，必是死胎。更財爻又臨死墓空絕，須防母子俱入黃泉。

兄動兮不利其妻，父興兮難為厥子。

兄乃剋財之神，如動，則產母不安。父為剋子之殺，更動，則子宮必損。然二神，以有救無救斷之，可也。

用在空亡逢惡殺，何妨坐草⑤之虞。

父兄發動，本為凶兆。如財福二爻在避空之地，謂空不受剋，故云無事。或父兄雖動，而得動爻日辰合住，謂之貪合忘剋，縱凶亦虛驚，必無大害。

妻臨玄武入陰宮，果應夢蘭之兆。

《巽》《離》《坤》《兑》四宮，財爻臨玄武，或與玄武作合，必僕婢所生，旺相必是淫婦。休囚有吉神救助，只主出身微賤，非是淫亂之婦。

剋世剋身，誕生日迫。

凡占生產，得子孫胎爻沖剋身世，生期已迫，當以日時斷之。蓋凡生世主遲，剋世主速。剋若動而逢空，過日斷。休囚，期在生旺日時。旺相，當以本日斷。

又如子孫動，胎爻靜，以動者定其日，沖胎定其時。若胎動而子孫靜，胎爻定其日，沖福定其時。蓋動則速，沖則遲。故也。

又如動而合住，則以沖剋破合日斷之，餘類推。

不沖不發，產日時遲。

卦中胎福不動，又無暗沖者，其生產月日未臨，必然遲緩。直待衝動日月，斷其生產。若無胎福二爻，其產亦遲，宜以卦中臨動之爻斷。若又無動爻，則以卦身胎養長生之日斷之。

胎福齊興官父合，臨產難生。

胎福二爻發動，本主易生。若被官鬼、父母合住，或日辰帶父兄鬼合住，皆主臨產難生。直待衝破剋破合住日時，方得分娩。若非合住，而胎福自化父母官鬼者，皆主遲滯。

子財皆絕日辰扶，將危有救。

占產遇胎福在墓絕之地，固凶。若得日辰動爻生扶，此乃將危有救之兆。如被惡殺旺相刑剋，則不能有救。

間合間生，全賴收生之力。

老娘收生，以間爻推之。若動而生合財爻，及胎福二爻，必得老娘收生之力，然後快易。如卦有凶神發動，而間爻救制者，必遇收生而後產也。

官空官伏，定然遺腹之兒。

卦無官鬼或在空亡，主產婦丈夫已死，此必遺腹子也。然非財福白虎則勿斷。若有鬼伏在白虎爻下，或龍伏鬼墓爻下，則主夫病臥在床，非死也。旺空，則是有病。鬼爻入墓，或身臨鬼墓，若非有病，只在獄。

遊魂卦官鬼空亡，乃背爹落地。

占產遇遊魂卦，官鬼空亡，或鬼空動，或鬼動化入遊魂，皆主臨產，其夫出外，不見生產也。若其夫自占，遇世爻空亡者，亦然。如遇遊魂卦，變入歸魂，而鬼爻發動者，又主臨產，其夫自外歸也。世動逢合住，得歸不到家。

發動爻父兄刑害，必攜子歸泉。

父、兄，占產忌爻。若帶三刑六害，當權旺相而動，財福二爻在死絕之地，而無救助者，主子母俱亡。

官化福，胎前多病。財化官，產後多災。

未臨月占，鬼化出子孫，主胎前常有病，待產後方安。財化官，則胎前強健，至產後多病。若已臨月，須防產母有不測之患。

三合成兄兒缺乳，

卦有三合成兄弟局者，生子必然乳少。若兄在旁爻無氣發動，亦主缺乳，財福化出兄爻亦然。若三合成父母局，子必衰弱無力。成官鬼局，生產必不快易。惟三合財福局，然後吉。

六沖遇子婦安然。

凡占六沖，財福發動，或得日辰六沖暗動，則財有生氣，鬼有剋制，所以產母安然而臥也。

應若逢空，外家無催生之禮物。

占產以應為外家，若逢空，必無催生禮物。臨兄，則是慳吝人，雖有不多。臨財福，更來生合世爻，必有厚惠。旺則外家富，衰則外家貧。與世刑沖，必與外家不和。

世如值弟，自家絕調理之肥甘。

兄值世衰，則其家貧，欠將息⑥，產婦必難強健。旺則其人慳吝，不肯調理，非無也。動化子，則主其人素雖慳吝，合則肥甘足用。世臨財福空亡，亦乏調理。

陽福助青龍，無異桂庭之秀子。陰孫扶月建，何殊桃洞之仙姬。

子臨月建青龍，或月建帶青龍，生合子孫者；不拘男女，皆主俊秀聰明。子孫墓絕，或帶刑害，或加虎蛇，或受沖剋，或化兄鬼，皆主醜陋不肖。

若卜有孕無孕，須詳胎伏胎飛。

凡占胎孕有無，專取胎爻為主，不看子孫。

如卦中六爻上下，及年月日時，皆無胎爻者，雖有子孫，亦為無孕。

卦中雖無胎㊀爻，有化出者，眼下無胎，後必有胎。

惟遇胎爻出現旺動，便為有胎。若卦無胎，子孫又空，乃是命中所招，必無子。

虎易按：「凡占胎孕有無，專取胎爻為主，不看子孫」，此說不可拘泥，我認為，占胎孕有無，卦中子孫旺相或動，必是已經有胎孕。如子孫爻衰弱受剋，或不上卦，則取胎爻為宜。供讀者參考。

出現空亡，將衃⑦而復散。交重化絕，既孕而不成。

衃，陰血陽精凝聚成胎之謂。蓋未成形曰衃，已成曰孕。胎爻出現，如遇空亡，主雖有胎，不至成形而又散。若得發動，其胎已成。惟怕變入死墓空絕，則主胎孕雖至成形，不能產育於膝下，是亦不成而已矣。

姅⑧必逢官，

孕傷曰姅。胎臨官，或動官，或被官動來刑沖剋害，皆主胎孕有傷。若非鬼爻，而被月建日辰刑剋，其胎亦有傷損。日辰沖胎，懷胎不安。

㐬⑨須遇虎。

娠婦既孕，月事又通曰　。若未及月，胎臨白虎，必是漏胎。如遇殺沖，或發動化鬼者，旺相為小產，無氣是漏胎。

帶令星而獲助，存沒咸安。

凡占胎孕，胎爻旺相，又有生合扶助，不臨官鬼父母及空亡者，其胎必成。更陽爻則生子，生有養，死有祀，所以存沒咸安。

有陰地而無傷，緩急非益。

胎爻屬陰，休囚，而得月建、日辰、動爻生合，再無凶神刑剋者，其胎亦成，但生女。故曰緩急非益也。

如逢玄武，暗裡成胎。若遇文書，此前無子。

胎臨玄武，必然暗與人通，及陰司不明，所授之胎，非夫妻正受也。休囚有制，則占婢妾胎孕。

若臨父，主此前未嘗有子，或者雖有不存，今始成胎也。

孕形於內，只因土並勾陳。胎隱於中，端為迎龍合德。

胎臨勾陳，懷胎顯露，更屬土爻，猶甚。胎臨青龍，其胎不露，更逢三合六合，必隱然如未孕者。

《天玄賦》曰：「胎爻屬陽，陽氣輕清上浮，胎近胸前。胎爻屬陰，陰氣重濁下降，胎必近下」。此說得之。

虎易按：《天玄賦・六甲章》曰：「二爻屬陽，陽氣輕清上浮，懷胎必近胸前。屬陰，陰氣重濁而下，結胎必近下」。供讀者對照參考。

若問收生之婦，休將兩間而推。如占代養之娘，須以一財而斷。

若占老娘及化婆者，以占產卦中取之，則間爻是也。今人執其迷說，雖單占另卜，亦以間爻論，則失之矣。故凡單占，當以妻財一爻為主，不可又以間爻推之。

收生之婦，即今老娘。代養之娘，即今乳母。二者斷法相似，故並云。

刑沖剋害，福德要防。死墓絕空，財身宜避。

凡占老娘、乳母，雖以財爻為主，然亦重子孫，蓋子孫生扶財故也。

若被日辰月建動爻刑沖剋害，則子必見傷，雖財爻有氣，亦不可用。

若子孫不受傷剋，而自居死墓空絕之地，則主老娘無手段，乳母不濟事，化入者亦然。

兄動兮手低，乳母須防盜物。

兄弟發動，占老娘，決然本事必低。占乳母，則主此婦貪財愛物，見財起意，又主貪食，亦非貞潔。又加玄武，必濫。若財爻自動化出兄爻，或臨卦身，依此斷之。

父興兮乳少，老娘切恐傷胎。

父母發動，占老娘最凶，胞胎必然損傷。更加刑害，兒必為其所害，切不可用。

如占乳母，衰則主乳少，旺則無乳，不可用。若化出，及持身世者，同斷。

或問：篇中斷乳少，前以兄弟斷，此以父母斷，何也？

答曰：大抵卜易貴通變，執一則非。蓋乳固一事，以小兒言為食，屬財，則乳亦當以財爻取。以婦人言，則母乳於孩子，故乳亦以子孫取之。如「子平⑩」中，亦以我生者為食神，夫豈負本之論哉！

子孫發動多乳，手段更高能。

大抵子孫旺相發動，不臨空絕，不受制伏，財爻又無傷害者，上吉之卦。老娘手段必高，乳母必主乳多，向後決然稱意。

官鬼發動多災，事機猶反覆。

官鬼發動，必有禍患。不傷身世，雖凶亦淺，一遭刑害，禍不可言。如兩官皆發動，鬼化鬼，兄化兄，或官兄亂動，必主大凶。占乳母，反覆難成。雖成，必有口舌後患。

財合福爻，善能調護。身生子位，理會維持。

卦身與財，生合子孫，最吉。占老娘，手段必高，慣能救死回生、占乳母，主其婦善撫小兒，乳亦多。

如逢相剋相沖，決見多災多咎。

子孫被財與卦身刑沖剋害，最不利。用之，兒必為其所害。子孫避空，或月建有氣，財身有制，庶幾無虞。占老娘，胎爻亦不可受傷，世持父兄，亦不遂意。

注釋

①渾沌：古代傳說中指世界開闢前元氣未分、模糊一團的狀態。

②太昊（hào）：即伏羲氏。昊，通「皞」。
③迄（qì）今：至今，到現在。
④弧帨（húshuì）：弧：木弓。帨：佩巾。《禮記·內則》記載：「子生，男子設弧于門左，女子設帨於門右」。這裡的「弧」是指弓，「帨」是指佩帶在身上的佩巾。
⑤坐草：婦女臨產；分娩。明·郎瑛《七修類稿·辯證上·諺語始》：「今諺謂臨產曰坐草」。
⑥將息：調養休息，保養。
⑦衃（pēi）：又名衃血。陰血陽精凝聚成胎之謂。
⑧姅（bàn）：孕傷曰姅。又指女性月經、生育、小產等。
⑨妉（dān）：娠婦既孕，月事又通曰妉。
⑩子平：指北宋時期的徐子平，精於星命之學（四柱八字算命術），後世術士宗之。

校勘記

㈠「胎」，原本作「動」，疑誤，據其文意改作。

八、進人口

獨夫處世，休言無子即忘情。君子治家，難道一身兼作僕？必須螟蛉[1]，乃足使令於前。若不螟蛉，焉繼宗支於後？

老而無子曰獨，過繼他人子曰螟蛉。螟蛉，蟲類也。

須別來占，方知主用。

過繼小兒，以子孫為主。買婢、雇童僕、買寵妾，及收留迷失之人，皆以財為主。若窩藏有難之人，則看其人。與我相識朋友，以兄弟為主。尊長，父母為主。婦人，妻財為主。在官人，以官鬼為主也。

用不宜動，動必難留。

用爻發動，其人難託。若遇遊魂，或化入遊魂者，異日主逃竄。雖螟蛉，亦不為爾子也。雇工借居，則主不久。若來生合世爻，則是吉兆，非逃與難留也。

主不可傷，傷須夭折。

主象衰弱，而被日辰動爻乘旺來刑傷剋害，更無解救者，異日必然夭折。雖借居，亦主其人有大禍。

若傷剋之爻又無氣，或有制伏，不過災病，非夭折。得用爻在空避之地，無妨。

衰入墓中，擬定萎靡不振。旺臨世上，決然幹蠱有成。

用爻入墓，其人性慵懶。衰弱無氣，及臨死絕，主萎靡不振。若得旺相不空，臨身持世，或生合世爻，大吉之兆。

立嫡過房，必能成家。買納奴婢，亦能體我心力。

動化空亡，有始無終之輩。蛇合官鬼，多謀少德之人。

用爻發動，變入空亡，主其人有頭無尾。

若臨騰蛇，動合官鬼，其人雖多謀，然奸詐不實，難憑。婦人見之，則主不貞潔。

臨玄武而化兄爻，門戶須防出入。

用臨玄武動，化兄弟，主其人貪財好色。託以財物，則必竊取自用，且必淫亂。男女皆然，故門戶防其出入。

遇青龍而連福德，資財可付經營。

用臨青龍，動化子孫，生合世爻，其人至誠忠厚。託以財物，則守而勿失。使之經營，則利盡歸於主。

如占小兒，遇子孫化子孫者，反主多災。

若逢太過及空亡，反主少誠兼懶惰。

卦中用爻，有三四重太過，或主象又化主象，皆主其人暗藏機巧，反覆不實，且又事不宜向前。若主象空亡，亦是懶徒。

決斷人物，已在前，此又補不足耳。

用爻生合世爻，必得其力。主象剋沖身象，難服其心。

用爻生合世爻，其人可用，凡有事幹，必然用心。雖螟蛉，亦必歡愛於我，大吉之兆。大怕合住沖散，及剋壞之。若用爻刑沖剋害世爻，必主其人心不悦服，難以使令。更加旺動，是乃奴婢欺主之象。兼以應亦刑剋，異日必遭其禍。

財化子，攜子偕來。

凡占妻妾婢女，財爻化出子孫，必有小兒帶來。若動財生合世爻，而化子反來刑剋者，其婢則可使，其子必頑劣不馴也。

世合身，終身寵用。

卦身一爻，占事為事之體，占人為人之身，若遇世爻生合，其人必得寵用。不拘借房投靠使婢，若遇世合財爻，其婦必通於家主。

受動變之傷，向後終難稱意。得日月之助，他時定見如心。

月建、日辰、動爻剋世，其人不可用，世爻衰，必被其害。

若得變動日月生合扶助，然後為吉。若用爻空亦不濟。

世與卦身，以和為貴。

世身二爻，相合相生，比和為吉。相剋相沖，刑害為凶。

兄同官鬼，惟靜為佳。

兄弟一爻者，為破財，為干眾，為虛詐，為阻滯，為是非，為災禍。官兄二爻者，皆不宜動，動必不稱意，有制不妨。

兄鬼交重，誠恐將來成訟。三合絆住，須知此去徒勞。

兄官或交變，或俱動，或從文書化出，皆主爭論紛擅，而至於成訟則已。若自三合六合絆住動爻，必有人阻擋，雖欲興詞，終不成訟。欲知何人阻住，以合住之爻斷之。

若在間爻，乃是牙人作鬼。

買賣交易，以間爻為牙行人。若臨兄弟官鬼發動，必是牙人作鬼鬥謀，或多人爭保，或行人爭財，皆為不利，主事體難成。

如居空地，不過賣主爭財。

官鬼一爻空動，是賣主假虛空言，欲爭價耳，在間爻以牙人論。若兄鬼動而與應爻相合，必其賣主、牙人作鬼論財，遇動爻化兄鬼亦然。

卦象兩官兩父，須知事係兩頭。

卦中父母、官鬼，俱有兩爻，或動爻化出官父，重疊太多；或卦無主象，而從官父化出，皆主其人曾經典賣，今是重易也，若父化父亦然。兩鬼俱動生合用爻，皆有人爭競買雇。

兄鬼一動一沖，切莫財交一手。

卦遇應爻剋世，而兄官發動，或被日辰衝動，或臨應爻剋世，須防設謀誆騙②。故財物不可便交一手去也。

應生世，他來就我。世生應，我去求人。

凡占買雇奴婢，交易等事，以應為賣主。應生世是他人來就我，成事最易，吉。若世生應，我去求他，成事實難也。

和合易成，最怕日辰衝破。

世應生合，凡事易成。生合為上，剋合次之。惟不宜世動，則是我去合他，又為難也。若是相合，又被日辰動爻刑害，必有破阻。要知何人，以破合之爻定之。如父母，為長上類。

相沖難就，偏宜動象生扶。

世應刑沖剋害，凡事費力難成。若動爻日辰生扶合助，謂之有氣，必有貴人扶持，事亦可成。若當用爻，則是牙人能持其事。如生合爻是兄弟，又須用財囑託，方能成事。

兄爻發動，為詐為虛。

兄弟為反覆不定之神，故也。

卦象亂興，多更多變。

亂動則事不定，故多更變。

六爻無父，定無主契之人。

六爻以父母為文書契券，又為主契之人。若六爻皆無父母，必無主契之人。若無父母而動爻化出者，主有旁主。雖有父母而應爻空亡，亦無正主。

兩間俱空，未有作中之子。

間爻空亡，必無媒人。空亡而逢沖，必須央浼作媒。世沖，我去央他。應沖，彼去央他。動而空亡，其人假意推託，非真無心做也。

世獲間生，喜媒人之護向③。

間爻生世合世，媒人必然向我，生應則向他人。臨子孫旺相發動，必然執持其事。若不生世，而被應剋，且居衰弱之地，彼必聽其謀為也。

生扶弟出，防賣主㊀之合謀。

大抵間爻生合世爻，若卦中凶神不動，則是媒人誠心向我，無他意也。若兄鬼、騰蛇、玄武動剋世，而應爻又來沖刑我者，則是間來生合，假意合謀，非真心也，空動亦非真心。若臨兄弟動化官，或臨父官兄，其言必不可信。

父化兄，契虛事假。

凡遇以上凶卦，而父母又化兄爻者，決主事體不真，文契不實。卦無父母，而從兄弟化出者，亦然。

父化父主文書不實，又主交易重疊。

虎易按：「父化父主文書不實」，此說不完善。如果父動化進神，應該主文書有些變動，但更扎實。如果父動化退神，化空，化破，則可論為文書不實。供讀者參考。

兄持世，財散人離。

兄弟持世，必然多費錢財，事亦干眾，雇工、奴婢，不得力。更帶凶神旺動，必主人離財散。

若占交易貨物，亦不正之物。

應若空亡，我欲成交徒費力。世如發動，彼來謀合亦難成。

凡占交易，若我干求於彼，而應爻空亡者，其事必不成。如彼欲求謀於我，而世爻空亡者，其事亦不成。蓋空世動，是我心疑惑，應動是他人更變，皆主難成，不為執滯。

如或空逢衝動，而遇合，皆謂有解，至此月有成，自空妄動則凶。

弟因財乏，鬼必疑心。

卦遇不成之象，而兄弟持世者，必因資財缺欠，故難成也。六爻無財，或落空亡者，亦然。

鬼爻持世，則是心多疑，或進退不定，故難成也。不然必有他事阻，或有不測災病。

卦無官鬼，又是無人執持其事，亦主不成。

四覆三番，事機不定。千變萬化，卦象無常。能求不見之數，自喻未來之事。

凡占收留遺失子女，最怕鬼臨玄武發動，必是盜賊。用臨玄武，動化鬼爻，亦然。刑剋世爻，必被其害。

或有遠方挈家逃來借居者，不論六親，以應為主。臨兄，為欠債來。臨官，為戶役避罪責，加玄武則是盜賊。逢沖，事已敗露。雖臨玄武，不帶鬼，而與財爻合，或臨玄武財爻，為姦情事來也。

大抵皆怕兄鬼旺動剋世，禍終及己。不傷世，或子孫持世者，不妨。

注釋

①便嬖（bì）：能說會道，善於迎合的寵臣，親信。泛指在身邊供使喚的人或幫閒者。

②誆（kuāng）騙：說謊話騙人；欺騙；騙取。

③護向：偏袒，袒護。

校勘記

㈠「防責主」，原本作「防喜生」，疑誤，據《卜筮正宗・黃金策・進人口》原文改作。

卜筮全書卷之十

吳門逸叟　姚際隆　刪補
長邑諸生　王友　校正

黃金策　三

九、疾病

人孰①無常？疾病無常。事孰為大？死生為大。

占病以官爻為惡殺。凡病，症候輕重，得病根由，皆係此爻。獨發之爻，亦可以此推之。

火屬心經，發熱咽乾口燥。水歸腎部，惡寒盜汗遺精。金肺木肝，土乃病侵脾胃。衰輕旺重，動則煎迫身軀。

鬼爻屬火，心經受病，其病必發熱、咽乾、口燥類。

屬水，腎經受病，其病必惡寒，或盜汗，或遺精白濁類。

屬金，肺經受病，其症必咳嗽、虛怯，或氣喘類。

屬木，肝經受病，其症必感冒、風寒，四肢不和類。

屬土，脾經受病，必虛黃、浮腫，瘟疫、時氣類。

若鬼爻衰弱，病必輕，旺必重。安靜則穩然安臥，發動則煎逼急躁。

若在《坎》宮，中滿血虛兼濕毒。如當《離》卦，內虛眼赤及尿黃。

《坎》象中滿，故主中滿。《離》象中虛，故主內虛。然《坎》宮屬水，火鬼主血虛，水鬼主濕毒。《離》宮屬火，或火官主眼赤，水鬼主尿黃。

《坤》腹《乾》頭，《兌》必喉風咳嗽。《艮》手《震》足㈠，《巽》須癱瘓腸風。

鬼在《坤》宮，腹中有病。

火鬼，必患腹癰。

水鬼，腹中疼痛。動化財爻，或財化水鬼，必患瀉痢。

土鬼，則是癖塊，食積，或痧㈡脹蠱症。

木鬼，絞腸痧㈢痛，或大腸有病。

金鬼，脅肋痛，在上，胸隔痛，在下，腰痛。

此鬼在《坤》宮斷法，其諸卦倣此推之。

騰蛇心驚，青龍則酒色過度。勾陳腫脹，朱雀則言語顛狂。虎有損傷，女子則血崩血暈。玄武憂鬱，男人則陰症陰虛。

騰蛇鬼則坐臥不安，心神不定。

青龍鬼則酒色過度，瘦弱無力。

勾陳鬼飽滿腫脹，脾胃不和。

朱雀鬼狂言亂語，身熱面赤。

白虎鬼跌蹼打鬥，傷筋損骨。女人則血崩血暈，產後諸症，白虎血神故也。

玄武鬼色欲太過，憂悶在心。在本宮主陰虛，化子孫，男子必陽痿，蓋玄武又暗昧之神故也。

宜通變。

鬼伏卦中，病來莫覺。

占病遇本宮鬼出現發動，得病初即曉根源。若本宮官鬼不出現，而他宮官鬼出現者，有病必然久伏在身，今因七情②四氣③感冒而發也。

若本宮他宮皆無官鬼，必隱然得病，初莫知何由也。

《明夷》、《觀》、《賁》、《需》、《臨》，切忌世身入墓。《大畜》、《豐》、《同人》、《蠱》、《夬》，莫逢財鬼俱興。

官藏世下，病起如前。

本宮鬼官伏在世下，必是舊病重發。若伏鬼不傷用爻，而用爻反被世剋者，前日病輕，今日反沉重。如伏鬼刑傷用爻，而用爻反得世爻生扶者，前日病重，今日輕。

用爻，妻病看財爻類。

若伏妻財，必是傷饑失飽。如藏福德，必然酒醉耽淫。父乃勞傷所致，兄為氣食相侵。

鬼伏財下，必是飲食不節，傷饑失飽。或因財物起因，或因婦人得病。

鬼伏子下，必是飲酒過度，或恣行④房事。夏或露臥，過取風涼；冬或傷暖，過穿裘帛；或過修煉養精等藥所致。

鬼伏父下，必是勞心勞力，憂慮傷神。或因動土修造，或因尊長得病。

鬼伏兄下，必是口舌爭競，停食感氣。或有咒咀，或因賭博爭財得病。

官化官，新舊兩病。鬼化鬼，遷變百端。

本宮官鬼，仍伏他宮官鬼之下，必是舊病；或因舊病不謹，變生他症；或新舊兩般病。

若遇鬼化鬼，其病進退。或有變症，或藥石駁雜，或寒熱不定。

化出文書在五爻，則途中遇雨。變成兄弟居三位，則房內傷風。

鬼化父母，必在修造之處得病。若在五爻屬水，則在途冒雨而得也。

如化兄弟，必因口舌嘔氣，或是傷食。若在三爻屬木，必房中脫衣露體，感冒風寒所致。

若化子孫，則在僧道寺院，或漁獵遊戲所致。

若化財爻，多因傷食，或因妻奴，或因買賣交易得病。

以上六親化出鬼爻，亦依此斷。

本宮為在家得病，下必內傷。他卦為別處染災，上須外感。

鬼在本宮，家中得病。在下三爻，必是內傷症候，不然病亦在內。官在外宮，外方得病。更在上三爻，必是外感風邪。不然，亦是外科症候。

上下有鬼，內傷兼外感，症候不一。

上實下空，夜輕日重。

鬼在內宮，病必夜重。鬼在外卦，病必日重。內外有鬼，晝夜不輕。

若卦雖有二鬼，一旺一空，或一動一靜，必日輕夜重，或日重夜輕。分上下斷之。

動生變剋，暮熱朝涼。

凡占，動爻為始，變爻為終。若卦中動爻生扶用爻，而變爻刑剋用爻者，其病必朝涼暮熱，或日輕夜重也。動剋變生，反此斷。凡鬼爻化出所喜爻，所喜爻化出鬼爻，亦然。

水化火，火化水，往來寒熱。

卦爻水動化火，火動化水，不拘鬼爻，但有干犯世爻或主象者，皆是寒熱往來之症。卦有水火二爻俱動，亦然。

水旺火衰，寒多熱少。水受傷，火得助，則常熱乍寒也。

《坎》宮火動，內寒外熱。《離》宮水動，皮寒骨熱。若帶日辰，必是瘧疾。

上沖下，下沖上，內外感傷。

上下有鬼，病必內外兩感。俱動俱靜，一同受病。二鬼自相沖者，適感而遂傷也。如內鬼動，沖外鬼，先傷後感。外鬼動，沖內鬼，先感後傷。要分輕重，以刑合斷之，可也。

火鬼沖財，上臨則嘔逆多吐。

火性炎上，財為飲食。故占病，遇火鬼動剋外財，必是嘔吐，重則反胃不食。若財帶螣蛇，吐上兼蟲。財在間爻，則是消渴易饑之症。

虎易按：「占病遇火鬼動剋外財」鬼為火，財則為木，火不可能剋木，也不可能沖木。

水官化土，下值則小便不通。

水官化出回頭土剋，在本宮內卦，是小便不通。屬陰，是大便不通。陽宮陰象，陰宮陽象，二便俱不通。

若內卦水剋，動加白虎，陽爻是尿血，陰爻是瀉血，白虎血神故也。帶刑是痔漏。

若患牙疔⑤，《兌》鬼金連火殺。

鬼在《兌》宮，口中病。若金鬼化火，或火化金鬼，必患牙疔。不化火爻，則是齒痛。金鬼逢沖，齒必動搖。

如生腳氣，《震》宮土化木星。

鬼在《震》宮，病在足。加勾陳，足必腫。加白虎，必折傷破損。土鬼化木，則患腳氣。木鬼，酸疼麻木。水鬼，必是濕氣。火鬼，必主瘡毒。金鬼，是腳骱⑥、膝疼、骨痛，或刀刃所傷。

鬼在《離》宮化水，痰火何疑。官來《乾》象變木，頭風有準。《震》遇騰蛇仍發動，驚悸顛狂⑦。《艮》逢巳午又交重，癰疽瘡毒⑨。

《離》宮鬼化水爻，痰火症候，水動化鬼亦然。

《乾》宮鬼化木爻，頭風眩暈，木動變鬼亦然。

《震》在外卦，勿依此斷，可言其病坐臥不安，心神恍惚，蓋《震》主動故也。更加騰蛇發動，必是顛狂驚癇之症，小兒乃驚風也。逢沖，則有踰牆⑩上屋之患。

《艮》象為山，山高故也。更逢火鬼，必患癰疽。若遇變出土鬼，可言浮腫蠱脹等症。餘可類推。

卦內無財，飲食不納。

財主飲食，動化官鬼，其病必因酒飲食而得。

若遇空亡，飲食不納。若不上卦，不思飲食。

財臨身世，或化財爻，雖病重亦能食。

間中有鬼，胸膈不寬。

世應中間，即病人胸膈處也。官鬼臨之，必然痞塞不通。金鬼胸膞⑪骨痛，土鬼飽悶不寬，木鬼心癢嘈雜，水鬼痰飲填塞，火鬼多是心痛。若化財爻，或財爻化鬼，必是宿食未消，以致胸膈不利。

鬼絕逢生，病體安而復作。

鬼在死絕爻，其病必輕。遇日辰動爻生扶，謂絕處逢生，其病必既輕復重，將安復作也。若財生鬼，必因飲食加重，或因婦人重合故耳。

世衰入墓，神思困而不清。

世爻入墓，病必昏沉。旺相有氣，無非懶於行動。衰則不言不語，是怕明喜暗，不思食，愛眠，怕起，懶開目。更坐陰宮，必是陰症，用爻入墓亦然。世鬼入墓，鬼墓臨用，皆依此斷。

應鬼合身，纏染他人之症。

應臨官鬼，刑剋合世爻，而世爻在交重之位者，必因採訪親友病而纏染也。鬼爻屬土，是時疫。用爻臨應，必病臥他家。

世官傷用，重發舊日之災。

大抵鬼爻持世，必然原有舊根。更傷用爻，必是舊病再發。否則必難脫體，須用保禳⑫

則吉。卦身持鬼，亦是舊病。

用受金傷，肢體必然酸痛。主遭木剋，皮骨定見傷殘。火為仇，則喘欬⑬之災。水來害，則恍惚之症。

卦中無鬼，以刑沖剋害用爻者斷。如金動來剋，則木爻受傷，肢節酸痛。木動來剋，則土爻受制，皮肉傷損。餘可類推。

空及第三，此病須知腰軟。

第三爻無故自空，為腰軟。有故而空，或旺相而空，為腰痛。不空，而遇動爻日辰官鬼剋沖者，乃閃腰痛也，動空亦然。鬼在此爻者，亦主腰痛。

官傷上六，斯人當主頭疼。

上六，大抵不惟鬼爻臨處受病，被傷之處亦有病痛。如剋上六，當主頭痛。剋間爻，則胸隔不利。餘可類推。

財動卦中，不吐則瀉。

財在上卦動，主吐。在下卦動，主瀉。若逢合住，則欲吐不吐，欲瀉不瀉。如嘔逆惡心，裡急後重之例。

木興世上，非癢即疼。

寅卯二爻屬木，寅木主痛，卯木主癢。若在本宮內卦，又是氣不順也。

注釋

①孰（shú）：什麼。

②七情：中醫指喜、怒、憂、思、悲、恐、驚等七種情志活動。這些活動過於強烈、持久或失調，可引起臟腑氣血功能失調而致病。

③四氣：指春夏秋冬四時的氣候。

④恣（zì）行：任意而行；橫行。

⑤牙疔（dīng）：牙齒所生疔瘡。

⑥腳骱（jiè）：腳骨節與骨節銜接的地方。

⑦驚悸（jì）顛狂：因驚恐而心跳得利害，如精神病人的狂亂表現。

⑧癰疽(yōng jū)瘡毒：各種毒瘡，皮膚的毛囊和皮脂腺成群受細菌感染所致的化膿性炎。

⑨驚癇（xián）：亦作「驚癇」。因受驚而發作的一種病。

⑩踰（yú）牆：踰，同「逾」。越過矮牆。

⑪瞶（wèi）：《漢典》此字無字義。

⑫保禳（ráng）：謂祈求鬼神保佑，消除災病。

⑬喘欬（kài）：亦作「喘咳」。氣喘咳嗽。

校勘記

㈠「《艮》手《震》足」，原本作「《艮》足《震》手」，疑誤，據《周易・說卦傳》原文改作。

㈡㈢「痧」，原本作「沙」，疑誤，據病症名稱改作。

十、病體

既明症候，當決安危。再把爻神，搜索個中之玄妙。重加參考，方窮就裡之精微。先看子孫，最喜生扶拱合。

子孫能剋制官殺，古人謂解神，又名福德，占病又為醫藥。卦中無此，則鬼無制伏，主服藥不效，禱神不靈，所以先宜看此。要生旺有氣，不要休囚死絕。日辰動爻生扶則吉，沖壞則凶。

虎易按：《卜筮正宗・黃金策・病體》補注曰：「惟占父母、丈夫病，不宜子孫發動，動則傷剋夫星，又剋傷父母之原神也」。供讀者參考。

次觀主象，怕逢剋害刑沖。

主象即病人。如占夫，以官為主。占妻，以財為主之類。又自占，以世為主。代占，以應為主。亦是主象。

刑沖剋害，即病人受症候折磨，故怕見之。若得世爻生合，旁爻扶持，必不至死。

世持鬼爻，病縱輕而難療。

占病，怕鬼持世，必難脫體。大象縱輕，亦不易愈。若用爻有氣，子孫當權，目下雖可醫愈，日後必不斷根也。

身臨福德，勢雖險而堪醫。

用爻為身，乃一卦之體。若得子孫臨之，決然無虞。縱然病勢凶險，自可有救，以藥治之，必定痊癒。

用壯有扶，切恐太剛則折。

凡占皆喜旺相，惟占病則不喜。蓋人在病中，必衰弱，縱或素日強健者，至此必瘦，何旺之有？

故凡得時有氣，又遇動爻日辰生扶者，乃太剛則折之兆，至生旺日必凶。若動爻日辰刑剋，則不嫌其旺相。

主空無救，須防中道而殂①。

主象若空，占病大忌，必得動爻日辰沖剋謂有救。蓋沖空則實，剋空為用故也，否則必死。

虎易按：「主象若空，占病大忌，必得動爻日辰沖剋謂有救」，此說不完善。旺相逢空之爻，遇動爻日辰沖為沖實。但休囚逢空之爻，遇日辰沖則為日破。《卜筮正宗・黃金策・病體》補注曰：「凡主象墓絕空破，有救者無妨，無救者必死。救者，生扶拱合也」。供讀者參考。

祿係妻財，空則不思飲食。壽屬父母，動則反促天年。

占病，以妻財為食祿，父母為壽命，卦中不可無，宜靜不宜動。若主象遇絕，或化絕地，財遇之為祿絕，父母遇之為壽絕。大象若凶，此為死兆。卦若無財或落空亡，乃是不思飲食。父母爻動，占病大忌，以其剋制福神，官殺能肆其虐故也。主服藥不效，禱神不靈，故云反促天年。

虎易按：「若主象遇絕，或化絕地，財遇之為祿絕，父母遇之為壽絕」，其中財與父母，均指其作為用爻而言。供讀者參考。

主象伏藏，定主遷延乎日月。

用爻不上卦，其病必難安。蓋凡出現之爻，日辰動爻能生能合；若不上卦，雖有生扶，著於何地？故其占如此，病亦是恍惚朦朧，不爽快之症。

子孫空絕，必乏調理之肥甘。

子孫固為醫，又為酒肉，若在空亡，或臨死絕，或不上卦，其病必乏肥甘調理，亦纏綿難愈。若日辰應爻上帶子孫生合世爻用爻者，必有饋送禮物資養。

世上鬼臨，不可隨官入墓。

世持官鬼，固非吉兆。若遇日辰帶墓爻，謂隨官入墓，本命爻隨官入墓，亦凶。若世爻、用爻，化入鬼墓，及世爻、命爻帶鬼動，化入墓者，與用爻、命爻、世爻，持鬼墓發動者，皆主大凶。

身臨福德，豈宜父動來傷。

占病，以子孫為解神，身若臨之，大吉之兆。如父母動來剋傷，仍為不美。

鬼化長生，日下正當沉重。

鬼爻發動，病勢必重。若鬼化入長生，乃一日重一日之象，直過帝旺日，然後輕減。鬼在長生爻上發動，亦然。若化衰病，一日輕一日，與福化長生皆吉。

用連鬼殺，目前必見傾危。

占病，不宜用爻發動，動則病體不安。若又化出鬼爻，謂病人變鬼。卦中更無子孫日辰解救，必死無疑之斷。

福化忌爻，病勢增加於小愈。

子孫發動，制伏官鬼，其病必減。若遇化出忌爻，反來傷剋用神者，必因病勢少愈，不能謹慎，以致復加沉重。子孫化官爻，亦然。

世撓兄弟，飲食減省於平時。

兄弟持世，飲食必減，其病亦是貪食而得。若不動又無氣，而卦中財福爻旺者，則不然。乃是氣短力弱之症，不易痊可。

用絕逢生，危而有救。

大抵用爻，不宜死絕之地，以其一剋則倒故也。卦中動爻生助，謂絕處逢生，凶中回吉之象，病必將危有救。

主衰得助，重亦何妨。

用爻雖不宜太旺，亦不宜太弱。弱則病人體虛力怯，卒難痊可。若得日辰、動爻生合扶助最吉，縱是十分重病，亦不至死。

鬼伏空亡，早備衣冠防不測。

官鬼一爻，固是惡殺，然亦不可無。蓋凡得症因由，症候虛實，疾病安危，鬼神情狀，皆決於此。

若不上卦，即當尋伏，庶可推測。

若伏爻又空，其病必不能痊。縱有良醫，亦不能達其病源。縱有鬼神，亦無叩告②之門，天年命盡。若病輕不在此論。

日辰帶鬼，亟為祈禱保無虞。

日辰帶鬼，生合世爻，世爻看帶何等神，便知得何者為治。如帶父母，必須經籙符醮③保扶則愈。如帶子孫，必須用藥調理。如帶兄弟，必須戒暴怒，節飲食。如帶財爻，必須好好將息。帶官鬼，祈禱鬼神。世持鬼，亦宜先禱。

但世鬼是先曾許下，日辰鬼是未曾許下。要知求何神鬼，有福力，以日辰推之。如子為北斗或北陰，亥或溺死鬼，察其為河伯，或劃龍船。蓋亥水中有甲木故也。餘倣此。

動化父來沖剋，勞役堪憂。

卦中動爻，化出文書沖剋世爻，宜自在，少勞碌。不然，病即復來，反加沉重。若化財來沖剋，須防食復。更加玄武，宜防色復。若化子孫剋沖，被藥誤矣。若化兄弟沖剋，惱氣即復也。

以上若日辰帶刑沖，不可依此斷。可言因此而復加沉重，蓋日辰是鬼在也。

日加福去生扶，藥醫則愈。

日辰臨子孫，生扶用爻，必得藥力而安也。

身上飛伏雙官，膏肓之疾④。

凡遇卦身持鬼，而本宮官鬼爻又伏世下。或世持官鬼，而本宮官伏用爻之下。或自占遇世爻飛伏，上下皆值官鬼。總謂雙官夾身，最為不利。若大象不死，亦是沉困之疾，考終之患也。

命入幽明兩墓，泉世之人。

以日時看，身隨鬼入墓，命隨鬼入墓，世隨鬼入墓。有卦墓、鬼墓、世墓、主墓，凡遇動出卦中者，人皆見之，其墓為明。變入墓中者，人所不見，其墓為幽。不拘幽明，皆非吉兆。

大象不死，病亦危困。若大象既凶，又逢墓動，或世爻主象俱入墓者，必死。得動爻日辰衝破墓爻，庶幾無事。

應合而變財傷，勿食饋來之物。

應爻動來生合世爻，當有問安之人。帶財福，必有饋送。兄弟，清訪而已。若應雖生合，而變出妻財，反來刑世剋世；或應爻生合世爻，而刑剋主象；倘有饋送，切宜戒食，否則反能傷害。若上尊長，尤宜忌之。或加應值妻財，為變爻沖剋主象者亦然。

鬼動而逢日破，何妨見險之虞。

官爻發動，其禍成矣。若得日辰動爻沖之，謂沖散，主其病雖見凶，必不至死。忌爻發動，遇沖亦吉。若不遇沖，而得日辰動爻，或合住，或制剋，皆是見險無虞之象。

欲決病痊，當究福神之動靜。要知命盡，須詳鬼殺之旺衰。

此二句，乃言大略，此處最宜活潑推斷。

且如子孫得時旺相，更動，就以本爻斷其愈。無氣發動，以生旺日月斷。若得子孫安靜，不得地，賴有扶持為福者，當以扶持之爻斷。如卦中不賴子孫為福，而用所喜之爻相助，以成其吉者，即以所喜之爻斷。

又如卦爻凶險，遇殺神忌爻動來傷剋，得別爻沖散剋制，或合住救得惡爻無事，即當以制伏惡殺之爻斷。

若鬼爻忌爻雖動無氣，亦無剋制，而用爻旺相不受傷剋者，又當以鬼爻墓絕者斷。

若忌爻不動，用爻不傷，而但衰絕無氣者，當以用爻生旺之日斷死期。餘倣此。

注釋

①殂（cú）：死亡。

②叩告：詢問請求。

③籙（lù）符醮：道士按道教記載上天神名的書，設壇祈禱作法事。

④膏肓（gāo huāng）之疾：古代醫學以心尖脂肪為膏，心臟與膈膜之間為肓，認為是藥力達不到的地方。《左傳・成公十年》：「疾不可為也，在肓之上，膏之下，攻之不可，達之不及，藥不至焉，不可為也」。後遂用以稱病之難治者。

十一、醫藥

病不求醫，全生者寡。藥不對症，枉死者多。欲擇善者而從之，須就蓍人而問也。

應作醫人，空則瞤①亡而不遇。子為藥餌，伏則扞格②以無功。

凡占病，以子孫為醫藥。占醫藥，以應爻為醫人，子孫為藥餌。如卜請醫，應空，醫人必不來。發動生合世，醫必從命。動空化空，必然他出。剋世沖世，皆主不來。

無子孫，服藥無效，空亦無功。

鬼動卦中，眼下速難取效。

占藥，要鬼爻安靜，無氣為吉。若遇發動，其病正熾，雖有良醫妙藥，卒難取效，休囚少可，旺則愈凶。待鬼爻墓絕，用藥方有功。或強服藥，病必加重。

空臨世上，心中強欲求醫。

世爻空亡，必不專心求醫。無故自空，決請不成，勉強為之，藥亦不效。如占服藥，而世空者，乃是藥不對症也。

官旺福衰，藥餌輕而病重。

占藥，官爻無氣，子孫旺相，藥能勝病，庶有效。若子孫休囚，官爻反旺者，乃是藥輕病重，雖或服之，必不能奏功也。

應衰世旺，病家富而醫貧。

世為病家，應為醫家。相合相生，非親則友。相沖相剋，親不往來。若應旺世衰，病家貧乏，醫必富。應衰世旺，反此斷。

父母不宜持世，鬼殺豈可臨身？

卦身與世，皆不宜臨官父二爻，若有所遇，藥便不中。父母持世，可許經醮保禳。鬼爻持世，可禱鬼神護佑，然後服藥方有驗。

官化官，病變不一。

醫藥卦中，遇官化官，其病必有更變。或症候不一，或病勢不定，用藥亦不見效。

虎易按：「遇官化官，其病必有更變」，《卜筮正宗・黃金策・醫藥》曰：「此言官爻化進神，症候不一，或病勢不定。化退神，反此斷」，讀者可以參考。

子化子，藥雜不精。

子孫，乃占藥用神，只喜一位出現。有氣不空，日辰動爻扶持，即上吉之兆。若卦中重疊太過，或子孫重化子孫，乃是醫不精，用藥雜而無功也。

虎易按：「若卦中重疊太過，或子孫重化子孫，乃是醫不精，用藥雜而無功也」，《卜筮正宗・黃金策・醫藥》曰：「如子孫化進神而藥有效，如化退神及伏吟卦，不可服此劑」，讀者可以參考。

福化忌爻，誤服殺身之惡劑。

世人皆疑《海底眼》誤服藥之句，殊不知此說極有理。蓋有動則有變。變出父母，回頭來剋。變出財爻，扶持官鬼。變出兄弟，藥不精潔。變出官殺，藥反助病。子變子，乃用藥太駁雜，不能見效，此所以不若安靜為妙。若變爻或傷世剋用者，必致因藥傷命之禍。

虎易按：以上論述，極為有理。「子變子，乃用藥太駁雜，不能見效」，也可進一步細分。如果子動化退神，或者化空破，化回頭剋等，是有用藥駁雜，有不能見效之疑。但如果子動化進神，應該還是有益的，是否可以表示因為換藥，使得藥力見功。其他如作者所論，讀者可參考，在實踐中應用體會。

應臨官鬼，防投增病之藥湯。

應臨官，必非良醫。更來刑剋身世主象，須防誤藥損人。或化忌爻，或化官鬼，皆不宜此人之藥。

鬼帶日辰，定非久病。

鬼帶日辰，動出卦中者，必是日下暴得之病。

若日辰雖是官鬼，不現卦中，則不然，可言其病眼下正熾，必須過此，方可用藥。

應臨月建，必是官醫。

應持父母，必是僧道家，或兼藝術。應持兄弟，乃是庸醫，或先求藥價。持財爻，富貴醫人，或女醫。應臨子孫，專門醫士，或僧道。應持太歲，必是世醫。持日辰，而太歲刑剋者，初學醫。持月建，是官醫。更臨子孫，用藥神效。醫人老少，以生旺墓絕推之。

世下伏官，子動，則藥雖妙而病根常在。

大抵動爻日辰，能生得剋得飛爻，不能生剋得伏神。蓋伏神，隱伏之義。占病遇鬼伏世下，其病必不能斷根。雖有子孫發動，但能取效目前，過後伏鬼旺相月日，其病必再發。

衰中坐鬼，身臨，則病雖輕而藥力難扶。

卦身臨鬼，病不脫體。衰弱無氣，纏綿難愈，淹滯之象。世旺相出現，久臥床縟，雖有良醫亦無效。世持，及主象身臨持官墓者皆然。

父若伏藏，名雖醫而未諳脈理③。

卦有父母，子孫不能專權，固非吉。卦中又不可無，宜靜不宜動。何也？蓋人氣脈，皆屬父母，故占醫，若無此爻，必是草澤醫人，雖能用藥，脈理未明，必以意度者。

鬼不出現，藥縱用而莫識病源。

官鬼固凶殺，然亦不可無。出現在卦，則子剋制，日辰刑制，用藥有效。若不上卦，其病隱伏，根因不知，症候莫決，率意用藥，亦難取效。

主絕受傷，盧醫④難救。

主象在休囚、死、墓絕之地，而被日辰動爻乘旺刑剋者，其病必死。雖有良醫，亦無效。主象變死墓空絕者，亦然。

父興得地，扁鵲⑤無功。

父母發動，子孫受制，藥必不效。若得子孫有氣，日辰動爻沖合父母，救得有用，庶幾可活，然亦必須多服為妙。父化子孫，亦是醫人太慢。

察官爻而用藥，火土寒涼。

火土官爻，其病必熱，宜寒涼藥攻之。金水官爻，其病多寒，必溫熱之劑治之。然火必寒，土必涼，水必熱，金必溫劑，可也。

又如火鬼在生旺之地，又遇生扶者，必用大寒之藥攻之。休囚死絕，則用涼藥。水鬼在生旺之地，又遇合助者，須用大熱之藥。休囚死絕，則用溫劑攻之。

如火鬼在陰宮陰爻，乃是陰虛火動之症，可用滋陰降火之藥。水鬼在陽宮內卦，乃是血氣虛損之症，可用補中益氣之藥。宜通變。餘倣此。

驗福德以迎醫，丑寅東北。

凡占服藥，看子孫在何爻，便知何處醫人可治。如在子爻，宜北方醫人。丑爻，東北方醫人類。又如寅爻子孫，五行屬木，其醫是木旁草頭姓名，或是虎命者，雖非東北，皆能醫。餘倣此。

水帶財興，大忌魚鮮生冷。

財為飲食，資以養生。然動則生助鬼爻，反為所害。若更屬水，必忌魚鮮生冷，藥始見功。如值木爻，忌動風之物。如㊀值火，忌炙煿⑥熱物。值金爻，忌堅硬鹽物。值土爻，忌油膩滑物。財如不動，不可妄言。又忌鬼爻生肖物，如丑忌牛，酉忌雞類。餘倣此。

木加龍助，偏宜舒暢情懷。

青龍為喜悅之神，更臨木爻，生合世爻主象，病人必拋卻家事，放寬情懷，然後服藥有效。

財合用神居外動，吐之則痊。

財在外動，主吐。若得生合世爻、用爻，以藥吐之則愈。如在內卦，疏利為妙。若財爻動來刑剋世與主象，在外則主服藥不納，在內則主藥後發瀉也。

子逢火德寓《離》宮，灸之則愈。

子孫屬火，又在《離》宮，宜用熱藥療之。若在他宮，又居外卦，必用艾灸則愈。如在內卦，或雖在外，而係本宮者，皆依此斷。

《坎》卦子孫，必須發汗。木爻官鬼，先要疏風。

子孫在《坎》卦發動，不拘五行，皆宜表汗。官鬼屬木，須散風邪，用藥有效。舉其一端，五行八卦皆倣此推之。

用旺有扶休㈢再補，

用爻休囚墓絕，必是補藥方效。若得時旺相，又有生扶合助，須剋伐之藥治之。若又補，則反害。

鬼衰屬水莫行針。

子孫屬金，利用刀針。鬼爻屬水，而用刀針，則金能生水，反助其勢，病必增重。土鬼忌用熱藥，水鬼忌用寒藥，火鬼忌用風藥，金鬼忌用丸藥。

福鬼俱空，當不治而自愈。子官皆動，宜內補而外修。

占病，子官二爻俱空，乃吉兆。或俱衰靜，無沖無並者，其病自愈，不用服藥。若二爻俱動，非藥不對病，乃是神祟間隔，故無功，必須服湯藥，又祈禱鬼神得痊，俗謂外修內補也。

卦動兩孫，用藥須當間服。

卦有二爻子孫發動，用藥不必連服，以其分權故也，須多服見效。或用兩般湯藥，相間服之則效。

如占瘡疽腫毒，可言內用託裡，外用敷貼。

鬼傷二間，立方須用寬胸。

官鬼動來沖剋間爻，必然胸隔不利，須用寬中湯藥。鬼在二間爻動，亦然。間爻逢兄弟發動，則是氣不順也，藥宜調氣。

父合變孫，莫若閉門修養。

卦中福爻空亡，官爻衰靜，若有父母動來生合世身主象者，不須服藥。更化子孫，不若拋棄家事，靜養深山，或入寺觀閉門修養，勿藥自安。

五興化福，可用路遇醫人。

子孫出現逢空，而五爻變出子孫，卻不空者，不須選求名醫服藥，不如過路草醫，反能治之。若子孫不出現，六爻不化出，而日辰帶子孫生合者，不意中自有醫來治也。

世應比和無福德，須用更醫。

世應比和，卦無福德，此藥無損無益，服與不服，只是一般，須是更換醫人，別求治療，方可得痊。

財官發動子孫空，徒勞服藥。

財官俱動，其勢已凶。子孫又空，服之無益。縱有良醫，必無功效，不如不服之漸愈。

注釋

①瞷（jiàn）：窺視；偷看。

②扞（hàn）格：互相抵觸，格格不入。

③未諳（ān）脈理：未能熟悉經脈的原理。
④盧醫：春秋時名醫扁鵲的別稱。也泛稱良醫。
⑤扁鵲：戰國時名醫。原名秦越人，渤海郡鄚（今河北省任丘市北）人。一說家於盧國（今山東省長清縣南），故又稱盧醫。學醫於長桑君，醫道精湛，擅長各科，行醫時「隨俗為變」，在趙為「帶下醫」，至周為「耳目痹醫」，入秦為「小兒醫」，名聞天下。秦太醫令李醯自知醫術不如扁鵲，使人刺殺之。
⑥炙煿（zhì bó）：熏烤。

校勘記

㊀「如」，原本作「忌」，疑誤，據其文意改作。
㊁「休」，原本作「宜」，疑誤，據《卜筮正宗·黃金策·醫藥》原文改作。

十二、鬼神

徼福①鬼神，乃當今之所尚。禱爾上下，在古昔而皆然。不質正於易爻，亦虛行乎祀典。

先看卦內官爻，便知鬼神情狀。

官鬼能為實禍，能為福佑，故觀此亦知其情狀也。

旺神衰鬼，方隅②《乾》《巽》堪推。陰女陽男，老幼旺衰可決。

凡鬼爻旺相，為神。休囚，為鬼。陽為男，陰為女。

臨長生，少年鬼。臨帝旺，壯年鬼。臨衰弱，老年鬼。胎養，小兒鬼。

《乾》宮，西北方。《巽》宮，東南方鬼也。

若在《乾》宮，必許天燈斗願。如居《兌》卦。定然口願傷神。《坎》是北朝，《艮》則城隍宅土。《離》為南殿，《坤》則土地墳陵。《震》恐樹神，或杖傷之男鬼。《巽》必縊死，或癲僕③之陰人。

八宮仔細推詳，諸鬼自能顯應。

此以八卦推之。

《乾》象為天，鬼在此宮，值火，許點天燈類。金鬼亦然。木鬼許放風箏。子丑二爻，許拜北斗。

《坤》土屬陰，故是墳陵土地。

《艮》土屬陽，故是城隍宅土。

《離》居南，故推南殿。

《坎》子地，故推北朝聖象。

《震》為木，故樹神。帶白虎或自刑，則杖死之鬼。

《巽》為繩，故主縊死之鬼。不帶騰蛇，或非刑爻，則是風症死者。

《兑》為口，故有呪咀口願，又屬金，故推傷神。蓋《乾》三連，是渾成之金。《兑》象上缺，是傷損之金。故以兑為傷神，而不以《乾》為傷神。

更值勾陳，必有土神見礙。如臨朱雀，定然呪咀相侵。白虎血亡，玄武則死於不明之鬼。青龍善願，騰蛇則犯乎施相④之神。

此以六神推之。

勾陳職專田土，鬼爻臨之，乃是土神為禍。

朱雀為口舌，故有呪咀。

白虎為血神，故有帶血女傷，居陽則凶暴惡死之鬼也。

玄武是幽暗，故有不明死鬼。化兄弟，或從兄弟化出，則是盜賊。

青龍是喜神，故有善願。

騰蛇推施相之神，今俗禱謝，必以面作小蛇，獻之取驗。

金乃傷司⑤，火定灶神香願。木為枷鎖，水為河泊江神。

此以五行推之。

金主刀兵所傷之鬼，旺是傷神，衰是傷司部眾。

火鬼在二爻，是灶君，其餘香信。本宮內卦，是本境土地，神佛香願。他宮，別境香願。在六爻，遠方香信。在五爻，途中所許。持世當境，社會中香願也。午火衰弱，必是燒死之鬼。

木鬼，東方神鬼。化金，或從金化，是械鎖鬼。帶騰蛇，弔死之鬼。木化木，又加白虎，夾死鬼。

水鬼旺相，江神河泊。衰弱，落水鬼。在《震》《巽》二宮，或木化水，必是船上墮水死鬼。

若見土爻，當分廠類。

土爻臨鬼，陰是陰土，陽是陽土。在《震》《巽》二宮，或從木化皆然，或樹頭土。臨應沖世，或日辰帶土鬼相沖相剋，是飛來土。若日月動變皆帶土，五方土也。

鬼墓乃伏屍為禍，財庫則藏神不安。

鬼爻屬金，卦有丑動是鬼墓。妻財屬木，卦有未動是財庫。他倣此。

二事見家宅訣中，今不盡述。然不傷世則不為禍。

修造動土，必然殺遇勾陳。口舌起因，乃是土逢朱雀。

此亦言土鬼也。加勾陳，必因修造動土，以致不安。

在初爻，穿井不安。二爻，作灶動土。三爻四爻，當門動土。五爻，路邊動土。六爻，籬邊牆下動土。

《兌》宮，開池動土。《艮》宮，築牆動土。《坤》宮，造墳動土。《坎》宮加玄武，坑廁動土。以上若臨朱雀，則是動土時，暗有口舌，呪咀。或多口惹事，以致為禍。

或犯井神，水在初爻遇鬼。或干司命⑥，火臨二位逢官。若在門頭，須犯家堂部屬。如臨道上，當求五路神祇。四遇世沖，鬼必出門撞見。六逢月合，神須遠地相干。

此以六爻推之也。

初爻水鬼，井泉童子不安。

二爻火鬼，灶神見責。

三爻為門，官鬼臨之，當犯家堂香火。

四爻為戶，若遇官剋世沖世，必曾出門撞見鬼祟。

五爻臨金鬼，五道。火鬼，五聖⑦。木鬼，五郎神眾。水鬼，五路神司。衰弱，則道路邊鬼。

在六爻，定遠方鬼。

月建日辰生合，乃天神中有願。

鬼剋身，冤家債主。身剋鬼，妻妾陰人。我去生他，卑幼兒童僧道。他來生我，祖宗尊長爹娘。若無生合剋刑，必是弟兄朋友。

此以卦身推之。

鬼生卦身為父母，卦身生鬼為子孫，鬼剋卦身為冤仇，卦身剋鬼為妻妾，二者比和為兄弟朋友，陰爻是妯娌姊妹之鬼。

子孫，小口卑幼之鬼。父母，尊長祖宗之鬼。財爻，妻妾、陰人之鬼。惟鬼剋身，冤家債主之鬼，必難退遣，病亦未易安。

刑不善終。

鬼帶刑爻，必非善終之鬼。辰是牆壁壓死鬼，午是湯火燒燙鬼，酉是刀箭所傷鬼，亥是投河落水鬼。寅或虎噬，巳或蛇傷，戌或犬咬，丑或牛觸。旺則為神道，劉郡王猛將之神。

絕則無祀。

鬼不上卦，看伏何爻下，便知是何鬼祟。如伏父下，為家先。伏福下，為小口類。若伏空下，乃是無收管之鬼，是孤魂野鬼。若臨絕爻，乃無祀之鬼。

如臨日月，定然新死亡靈。

卦無官鬼，而日辰是鬼者，必然新死亡人為禍。若日辰是鬼，而卦中又有鬼，必因祈禱，而近日新許之願未酬。

自入墓刑，決是獄中囚犯。

如未日占卦，得木爻官鬼，謂鬼自入墓。必是死於囹圄⑧囚人之鬼。更帶刑爻，必死於非命，或死於墳墓間者。旺相發動，則是廟神。

傍爻財合，必月下之情人。應位弟生，乃社中之好友。

財爻動合鬼爻，或財化鬼、鬼化財，自相作合者，必與病人私通之人為禍。若被世剋，而帶玄武，乃因奸致死之鬼。餘倣此。

化出鬼爻臨玄武，則穿窬之鬼。變成父母遇騰蛇，則魘魅⑨之精。

鬼動，化出六親，即以化出者斷。如化兄，為朋友兄弟，妯娌姑嫜⑩類。若化鬼，加玄武，必是盜賊。化父母，是伯叔六親。加騰蛇，乃是其家屋中，匠人作魘魅出現，以致人口不安。父化官，雖非騰蛇，亦是匠人作弊。

太歲鬼臨，乃祖傳之舊例。日辰官並，是口許之初心。

若太歲日辰俱帶鬼，則日下許酬祖例，尚未完其事。

持世則未酬舊願，伏為有口無心。變財乃不了心齋，空則有頭無尾。

鬼爻持世，亦非舊例，乃是先曾許過口願，未得酬也。若無鬼，世下卻伏本宮之鬼，亦是舊欠，但是有口無心，再不介意，故致愆責。若鬼爻化出妻財，必齋修不了，土殺之欠，或破戒不淨。變財空亡，必雖許而口不戒，有頭無尾也。

鬼在宅中，住居不穩。官臨應上，朝向不通。

內卦第二爻為宅。若動鬼臨之，宅不安，常有病。若沖剋之爻，或應爻臨鬼，其宅朝向不利，宜改。

《兑》卦金龍《乾》佛像。

《兑》西方卦，佛又金身，故遇《兑》宮金鬼，神佛中必有善願。帶青龍勾陳，裝塑。帶騰蛇，是欲圖畫。化父，是描寫，不然，則是經文。若化財福，是欲修舍。

《坎》宮木動犯劃舟。

木在《坎》宮發動，舟楫之象。必劃龍船，上三相公見咎。送之則吉。若《艮》《巽》卦中，水鬼臨青龍動，及木化水，水化木，鬼在水上皆是。

水土交加，在《乾》宮則三元大帝。火金互動，於《兑》卦為五道傷官。

三官，天地水三官。《乾》宮土化水，水化土，而遇官爻者，是其象。

五道是刀劍之神。在《兑》宮互相發，而遇官爻者，是其象。

三空無香火之堂。

凡占病，遇三爻空亡者，其象不供香火之堂。動空化空，似有若無。旺相空亡，供器不全。餘見「家宅章」。

怪動有不祥之禍。

怪爻季是兩頭居，初與六爻是。仲月逢之二五隨，孟月只宜三四是，動爻成怪靜無之。臨父母，必有怪器，加玄武是盜人之物。凡遇此爻動，雖非鬼爻，必是怪事。騰蛇又動臨鬼爻，然後可言有怪。

龍遇文書，獨發經文可斷。

凡占有何鬼神，不持鬼爻斷，獨發之爻亦可推。如父母獨發，祖宗求祀。臨青龍，則有善願經文。本宮鬼爻，又伏世下，而在胎養生旺之地者，必有新死亡人，討求經懺薦度也。伏鬼屬水，棺尚暴露，空則不然。

蛇逢官鬼，屬陰夢寐當推。

鬼臨騰蛇，必有虛驚怪異。若在陰宮陰象，則有夢寐。沖剋世爻用爻，必夢中所見神祟。騰蛇臨鬼動，則是弔死鬼。

動入空中值鬼，恐失孝思之禮。

官爻動空化空，皆主先亡中，有失禴祀，或逢忌日不設祭也。若在他宮外卦，則是眷屬中曾有祀禮，今卻除之，不設其位。或曾饋送褚帛，今無之。皆有此象。

靜居宅上臨木，家停暴露之棺。

木爻官鬼，靜臨二爻，或木鬼伏於父母下，其家必然停柩⑪在堂，舉之則安。衰則座席，起之，家宅安泰。依此斷，萬無一失。

注釋

①儌（jiǎo）福：祈福，求福。

②方隅（yú）：方位。

③癲（diān）僕：精神錯亂，言行失常的病。

④施相：施相公是明代崇明的施挺（崇明舊屬太倉州），明嘉靖年問（1522—1567年），倭寇多次侵犯長江口外諸島，崇明橫沙諸島百姓深受其害，施挺率鄉民起兵，打擊倭寇，身先士卒，不幸戰死，被封為「護國鎮海侯」，崇明太倉等地先後修起了施相公廟。從明末起，祭祀施相公成為上海和江南地區的歲時風俗，時間一般從臘月廿五，到除夕為止，祭品用麵粉製作一個大饅頭，在上面揑一條蛇，稱「施相公饅頭」。

⑤傷司：迷信謂執役的鬼魂。

⑥司命：神名。灶神。

⑦五聖：舊時江南一帶所奉之邪神。明・陸粲《庚己編・說妖》：「吳俗所奉妖神，號曰五聖，又曰五顯靈公，鄉中呼為『五郎神』，蓋深山老魅山蕭木客之數也」。

⑧囹圄（líng yǔ）：監獄。

⑨魘魅（yǎn mèi）：猶魘眛。用法術使人受禍或使之神智迷糊。

⑩姑嫜（zhāng）：丈夫的母親與父親。

⑪停柩（jiù）：謂停放靈柩或靈柩在埋葬前暫時停放。

十三、種作

農為國本，食乃民天。五穀不同，孰識異宜而播種。一年所係，全憑卦象以推詳。旺相妻財，豐登可卜。

妻財乃占農之本，不拘種水旱物，先看主爻，現與不現，有傷無傷，便知凶吉。若得出現旺相，有生無損，主其年必成熟。然此一爻雖不可無，亦不宜動，動則官鬼有氣，終有損耗。若得變出福爻則吉。

空亡福德，損耗難憑。

子孫為福德，占田之輔爻，最喜生旺發動為吉，若遇空亡，則財無生氣。官鬼當權，定多損耗，財爻縱旺，亦不能全收。若得官爻亦不上卦，或落空亡，庶幾小吉。如福德空，而財爻衰弱受傷，虛度一年，徒勞工本①，決無成望。旺空動空，主半收半熟。

父母交重，耘耔②徒知費力。

父母為辛勤勞苦之神。動則必主費力，多用耘耔，大要衰弱。臨持身世，若旺動，財雖有氣，亦減分數，蓋子孫被其傷剋故也。若在空避之地為吉。

兄爻發動，年時莫望全收。

兄弟劫財，占種忌爻，大怕發動，縱得福與財旺，亦非全熟年時。若臨世，主治田之人，種作不精，不然欠工本也。

鬼在旺鄉，遇水神而禾苗淹腐。

鬼爻發動，所種之初，必有損害。若臨水爻，其田必被水淹。沖剋身世，蓋必為淹腐也。更逢月建日辰動爻生扶，當有洪水橫流之患。化出福爻生合鬼，後重生長。化出火來刑剋，恐澇後又遭大旱。有救，雨雖多無事。

官居生地，加火殺而稼穡焦枯。

鬼在生旺之地，而臨火爻動者，必主缺水。沖剋刑剋，恐有焦禾殺稼之禍。有制伏，雖旱不妨。變出水爻刑剋身世，旱後必有苦雨淹沒。

土忌剋身，水旱不調之歲。

土鬼發動，必主水旱不調。剋世，必有傷損。化火，缺水時多，滋潤時少。化水，淹沒時多，乾旱時少。蓋土能瀉火之氣，制水之勢故也。又主里社興災，須祈禱則吉，否則，田地荒蕪欠熟。

金嫌傷世，螟蝗交括之年。

金鬼發動剋世，有蟲傷。應臨及六爻，或五類中化出者，是蝗蟲。不傷身世，財又旺不動，乃經過此地，不為害也。

木則風摧，靜須穀秕③。生扶合世，方許無虞。

木爻發動，傷剋世身，所種物，必遭惡風摧挫。若化水爻，或水化木爻，或與木爻同發，當有風潮顛沒之患。木鬼不動，亦主虛秕，蓋木爻五穀主星。更若福靜財衰，必主苗而不秀，或秀而不實。財福動空化空，俱是虛秕，空好看之象。火持鬼爻，與土金鬼爻安靜，被動爻日辰傷剋沖並，皆有虛損。如棉花暗蛀，菽豆④延日，荸薺⑤腐爛類。

二爻坐鬼，必難東作於三春。五位逢官，定阻西成於八月。

以二爻為種作始事，五爻為收成之事。第二爻為內卦之主，第五爻為外卦之主。畫卦自下而上，種作自春而秋收也。

以爻象言之，初爻為種子，二爻為秧苗，三爻為人力，四爻為耕牛，五爻為成熟之日，六爻為百事之天時也。

凡遇鬼在初爻，種子不對，或多敗壞。鬼在二爻，難以耕種，或因阻節失時，秧苗有損。鬼在三爻，農力不到，欠工。鬼在四爻，牛必有病，難以耕作。鬼在五爻，收成有阻。鬼在六爻，收時天氣不順。內卦無官方大吉。

二爻五爻，若被日辰刑傷沖剋，其種作收成之時，必有阻節失宜。更看何爻傷剋，便知何事阻之。如兄弟為口舌，官鬼為官訟類。

且如四月丙戌日，卜禾?得《大過》之《困》卦：

酉官動變午火，旱之兆也。日辰帶財，剋制二爻，後將插蒔⑥，果為陰人少財而去，踰三四日而天則亢旱難用矣。此上海孫西疇所卜。依此斷之，萬無一失。

初旺則種子有餘。

初爻旺相，種子有餘，衰則不多，空則欠少。

占種旱物，二爻空者，主重種。動空化空者，出後有損。

三爻旺相，人齊力到，休囚空絕，芟鋤⑦欠工。

以上俱要生扶，皆嫌傷剋。

若卦有子孫，而初爻空者，種必不出，非無也。二爻空，秧必缺少。

四空則耕牛未辦。

四爻旺相，牛必強壯，衰則不濟，空則未有。兄化鬼，鬼化兄，與人合牛。空動化出子孫，或化丑爻，而與應爻作合，多是租佃他人之牛也。

五爻空亡，收成多阻。更遇財福死絕，兄鬼旺動者，大凶之兆，所望一空，必無收穫。

《卜筮全書》占例：026

時間：巳月　丙戌日（旬空：午未）

占事：卜禾？

六神	伏神	震宮：澤風大過（遊魂）本　卦				兌宮：澤水困（六合）變　卦		
青龍		妻財丁未土	▅▅　▅▅			妻財丁未土	▅▅　▅▅	
玄武		官鬼丁酉金	▅▅▅▅▅			官鬼丁酉金	▅▅▅▅▅	
白虎	子孫庚午火	父母丁亥水	▅▅▅▅▅	世		父母丁亥水	▅▅▅▅▅	應
騰蛇		官鬼辛酉金	▅▅▅▅▅		○→	子孫戊午火	▅▅　▅▅	
勾陳	兄弟庚寅木	父母辛亥水	▅▅▅▅▅			妻財戊辰土	▅▅▅▅▅	
朱雀		妻財辛丑土	▅▅　▅▅	應		兄弟戊寅木	▅▅　▅▅	世

六爻空亡，必有驚怪，非常之變，蓋天無空脫之理故也。餘以應爻同看，極有準。

應爻生合世，天心符合人心。

當以應為天，以世為地。應爻生合世爻，治田遇好天。沖剋世爻，則凡有所作為，非風即雨。

如丙子日，予卜棉花，得《无妄》之《訟》卦：應爻沖剋世爻，自始至終，凡遇耘耕收穫，輒遇雨，未嘗得快作幾日也

卦象疊財爻，多壅⑧爭如少壅。

卦中財爻，重疊太過，不宜多加埡⑨壅。財爻無壞不空，兄弟卦中不動，而遇子孫發動者，多壅多收，少壅少收，無壅無收也。

日帶父爻，一倍工夫一倍熟。

父母若臨日辰，或坐世上，必主辛勤勞苦，若非勤作，決主少收。蓋一倍工夫耘耔，則有一倍熟也。子旺動，父死絕，則不費工夫而自熟。

《卜筮全書》占例：027

時間：丙子日（旬空：申酉）

占事：卜棉花？

	巽宮：天雷無妄（六冲）				離宮：天水訟（遊魂）		
六神	本　　卦				變　　卦		
青龍	妻財工戌土	━━━			妻財壬戌土	━━━	
玄武	官鬼壬申金	━━━			官鬼壬申金	━━━	
白虎	子孫壬午火	━━━	世		子孫壬午火	━━━	世
騰蛇	妻財庚辰土	━ ━			子孫戊午火	━ ━	
勾陳	兄弟庚寅木	━ ━		╳→	妻財戊辰土	━━━	
朱雀	父母庚子水	━━━	應	○→	兄弟戊寅木	━ ━	應

財臨帝旺，及時耕種及時收。

凡遇財在胎養長生爻上，不宜種作太早，早則不利。蓋胎養長生，一日有氣一日，雖遲不妨。帝旺雖有氣，過此則一日衰一日，故宜早種。在帝旺、衰爻上，不宜種遲，遲則少收矣㊀。

要知終始吉凶，但看動爻變化。

動爻變財福吉，變兄鬼凶。兄化兄，偷盜損折。鬼化鬼，蟲害殘傷。父化兄鬼，辛勤不熟。父化財福，辛勤有收。財化兄，子化官，始則暢茂，終則空虛。兄化財，官化子，先遭傷損，後必稱意。五爻財旺化兄爻，年穀豐登而價賤。

欲識栽培可否，須詳子位持臨。

凡占種植何物，以子孫推之。如臨金水，宜種水物；臨火土，宜種旱物；臨木爻，水旱皆宜。子孫能生財剋官，故不看財，若不上卦，方以財論。

世值三刑，農須帶疾。

世為治田之人，被日辰動爻刑沖剋害者，最為不利。

如財爻傷剋，必有陰人財物事。福爻傷剋，必有小口六畜僧道事，故有妨農事。兄弟為口舌爭鬥，父母為尊長、文書、屋宅事情，官鬼為病訟、火盜類。若帶白虎三刑，農夫必然帶疾，世持官爻亦有疾，否則必有職役在身。加朱雀，恐是官訟。

世持父母，慣知農業。持兄弟，必欠工本，或種作不精。持財福，或得財生福合，皆大吉。

自空化空，農夫有大難。不然其田必種不成，種亦必不利也。

爻逢兩鬼，地必同耕。

凡卜種作，卦有兩鬼出現，其田必與人合種。世爻空動，而鬼臨應上，動來作合，必有人包種此田。日辰帶鬼爻合住亦然。世爻空亡，而被兄弟沖並，皆是包攬與人種也。

父在外爻水輔，地雖高而潮濕。父居內卦日生，田固小而膏腴⑩。

父母為田段，在外卦，其田必高。在內卦，其田必低。生旺田肥，墓絕田瘦。臨木田形必長，臨土田形必短。臨火是乾旱地，臨水是潮濕地，臨金是白沙地。日辰沖剋，人不顧戀。日辰生合，必是好田，大家要種。依此斷之，萬無一失。

父化父，一丘兩段。

父動化父，必是一丘兩段之田。卦有兩父亦然，或是種作兩處。卦身出現重疊，亦然兩處耕種。

沖並沖，七坎八坑。

日辰動爻剋沖父母，其田必不平坦。非七高八低，則主人不照顧，田不值錢。或六畜損傷，或行人踐踏類。

陽象陽爻，此地必然官鬥則。

父母在陽宮陽爻，是官田。在陰宮陰爻，是民田。若陽宮陰爻，原官田，今改民田。陰宮陽爻，原民田，今改官田鬥則也。

或空或動，其田還恐屬他人。

父母空亡，田種不成，否則必非己產。臨世發動，其田必有更變。化入空亡或空合應爻，當賣與人。世臨勾陳動，亦主田有更變。

此一節百發百中，無不應驗。

如乙亥日，卜種水田？得《既濟》之《屯》卦：

父母空亡，果種不成。

又如卜種麰麥⑪，得《姤》之《乾》卦：

世上父動化空，至正月果被原主回贖。

《卜筮全書》占例：028

時間：乙亥日（旬空：申酉）

占事：種水田？

六神	伏神	本卦（坎宮：水火既濟）				變卦（坎宮：水雷屯）		
玄武		兄弟戊子水	▅▅　▅▅	應		兄弟戊子水	▅▅　▅▅	
白虎		官鬼戊戌土	▅▅▅▅▅			官鬼戊戌土	▅▅▅▅▅	應
騰蛇		父母戊申金	▅▅　▅▅			父母戊申金	▅▅　▅▅	
勾陳	妻財戊午火	兄弟己亥水	▅▅▅▅▅	世	○→	官鬼庚辰土	▅▅　▅▅	
朱雀		官鬼己丑土	▅▅　▅▅			子孫庚寅木	▅▅　▅▅	世
青龍		子孫己卯木	▅▅▅▅▅			兄弟庚子水	▅▅▅▅▅	

《卜筮全書》占例：029

時間：甲寅旬⑫（旬空：子丑）

占事：種麰麥？

伏神	本卦（乾宮：天風姤）				變卦（乾宮：乾為天（六沖））		
	父母壬戌土	▅▅▅▅▅			父母壬戌土	▅▅▅▅▅	世
	兄弟壬申金	▅▅▅▅▅			兄弟壬申金	▅▅▅▅▅	
	官鬼壬午火	▅▅▅▅▅	應		官鬼壬午火	▅▅▅▅▅	
	兄弟辛酉金	▅▅▅▅▅			父母甲辰土	▅▅▅▅▅	應
妻財甲寅木	子孫辛亥水	▅▅▅▅▅			妻財甲寅木	▅▅▅▅▅	
	父母辛丑土	▅▅　▅▅	世	╳→	子孫甲子水	▅▅▅▅▅	

又如辛亥日，卜《觀》之《訟》：世上父母動，化出午火，生合應爻，又遇官鬼旺動，遂與鄰人構訟，其田果應賣與他人。

又如癸巳日，卜《頤》之《噬嗑》：世臨勾陳，土財發動，其田果因田主自種，而不得成也。

坐落胎養，開闢未久。

父母安靜，若遇卦中胎養爻動，來沖起者，乃是新辟之田。父在胎養動，亦然，否則必是新置者。若父持太歲月建，乃是祖遺產業。卦無父母，從世化出，自己置買。若財化出，妻家妝奩。從兄化出，合戶之田。從鬼化出，官家田地。不然，乃官門則也。應爻化出，必是他人之田。

變成福德，溝洫⑬分明。

《卜筮全書》占例：030

時間：辛亥日（旬空：寅卯）

六神	伏神	乾宮：風地觀 本卦				離宮：天水訟（遊魂） 變卦		
螣蛇		妻財辛卯木	⚊			父母壬戌土	⚊	
勾陳	兄弟壬申金	官鬼辛巳火	⚊			兄弟壬申金	⚊	
朱雀		父母辛未土	⚋	世	×→	官鬼壬午火	⚊	世
青龍		妻財乙卯木	⚋			官鬼戊午火	⚋	
玄武		官鬼乙巳火	⚋		×→	父母戊辰土	⚊	
白虎	子孫甲子水	父母乙未土	⚋	應		妻財戊寅木	⚋	應

《卜筮全書》占例：031

時間：癸巳日（旬空：午未）

六神	伏神	巽宮：山雷頤（遊魂） 本卦				巽宮：火雷噬嗑 變卦		
白虎		兄弟丙寅木	⚊			子孫己巳火	⚊	
螣蛇	子孫辛巳火	父母丙子水	⚋			妻財己未土	⚋	世
勾陳		妻財丙戌土	⚋	世	×→	官鬼己酉金	⚊	
朱雀	官鬼辛酉金	妻財庚辰土	⚋			妻財庚辰土	⚋	
青龍		兄弟庚寅木	⚋			兄弟庚寅木	⚋	應
玄武		父母庚子水	⚊	應		父母庚子水	⚊	

父母動出子孫，必然溝洫分明，其地亦善。化財亦吉，其田必得高價。化兄，田不值錢，或未分析，或與他家之田合段。若係卦身，則是與人合種也。化官，其田不美。分五行取之。如化金鬼，必多瓦礫。化木鬼，必是雜草。化水鬼，溝道不明，水難泄瀉。化火鬼，必有屍骸燒化，或蕩田，或廢宅。化土鬼，必有伏屍古墓，或溝塍畦岸⑭莫辨，或浮土難為耕種，或有六畜踐踏，或官吏人田，否則不然也。化官空亡，不妨。

若是《坎》宮，必近江湖之側。

父在《乾》宮，其田必高，縱在內卦，亦非窪下低田。父在《坎》宮，田必傍江河。父在《離》宮，田邊窯冶。父在《艮》宮，田在山林左右。父在《震》《巽》宮，田邊必有樹木。父在《坤》宮，田在郊外，田心之田也。父在《兌》宮，田邊有官溝，或傍池沼。或以八方定其種所。

若伏兄弟，乃祖鄰里之田。

此條為租種而言。

若父母出現，看父爻本宮所伏之神，則知何人家之田。如官伏父下，為職役人家田之類。

卦無父母，須看伏在何爻之下，則可知矣。如伏兄下，為鄰里人家之田類。

若無父，而動爻有化出者，即是其人之田也。如財爻化出，婦人之田。餘倣此。

注釋

①工本：指物料和勞力成本。

②耘耔（yún zǐ）：《詩・小雅・甫田》曰：「今適南畝，或耘或耔」。謂除草培土。後因以「耘耔」泛指從事田間勞動。

③秕（bǐ）：中空或不飽滿的穀粒。

④菽（shū）豆：豆類的總稱。

⑤荸薺（bí qi）：古稱鳧茈。又稱烏芋。今有些地區名地栗、地梨、馬蹄。多年生草本植物，種水田中。地下莖為扁圓形，表面呈深褐色或棗紅色。肉白色，可食。

⑥插蒔（shí）：移栽。

⑦芟（shān）鋤：除去，剷除雜草。

⑧壅（yōng）：用土或肥料培在植物的根部。

⑨埡（yà）：兩壅之間的狹窄地方。

⑩膏腴（gāo yú）：謂土地肥沃。

⑪麰（móu）麥：大麥。亦泛指麥。

⑫甲寅旬：本卦例原無時間，據其判斷「父動化空」推演，則此占例當為甲寅旬所卜，據此補入「甲寅旬」。

⑬溝洫（xù）：田間水道。
⑭溝塍（chéng）畦（qí）岸：溝渠和田埂交錯的土地。

校勘記

㊀「遲則少收矣」，原本在「不宜種作太早，早則不利」後，據其文意調整至此。

十四、蠶桑

既言種植，合論蠶桑。採飼辛勤，只為絲綿而養育。吉凶眩惑①，因憑卜筮於蓍龜。

蠶桑一占，諸家皆忌《坎》宮之卦，意以《坎》象屬水故也。殊不知育蠶，惟以春季，何忌之有？

凡占蠶，當以財福為主，不須以卦宮論。

初論火爻，得地則蠶苗必利。

凡占蠶，必看火爻者，蠶為蜀女所化故也。昔蜀人殺馬，曝皮於庭，忽掩其女飛去挂於桑上，遂化為蠶，食葉作繭，後人取其繭為絲，遂傳其種。塑女像以祀之，名馬頭娘，即是蠶也。故諸家皆取巳午爻為蠶命。

卦無火爻，蠶必不旺。出現發動，乃為吉兆。更臨財福，或持身世，大吉之兆也。

虎易按：《卜筮正宗·黃金策·蠶桑》修改此段內容為：「初論子孫，得地則蠶苗必利。凡占蠶，獨以子孫為用，如子孫旺相得地，無刑沖剋害，必蠶苗盛利也」。供讀者參考。

次尋水位，當權則寒濕多災。

大抵蠶性喜乾惡濕，喜熱惡寒，自蟻至繭皆然。故育之者，則有火倉之制。推易書，不離此義。

所以占蠶遇水爻當權發動，必有寒濕之病，其蠶必難旺盛。若或空伏死絕皆凶。可依此斷。

虎易按：《卜筮正宗·黃金策·蠶桑》修改此段內容為：「次憑財位，當權則絲繭多收。凡占絲繭，獨以財爻為用。如財爻旺相，有生合，無剋沖，自然絲繭多收」。供讀者參考。

福德要興，更喜日辰扶助。

子孫為蠶命，卦中用神也，有氣發動，蠶必興旺。更得日辰動爻生扶合助，大吉之兆。雖有鬼爻。亦不妨害。

古人云：「有人制殺，雖動無妨」。惟怕父母，及日辰刑傷，蠶必有損。又子孫宜臨火土二爻，木爻次之，大忌金水爻。

妻財怕絕，尤嫌動象刑沖。

占蠶以財為絲綿、桑葉。凡遇休囚死絕，或日辰動爻刑沖剋害，利必微薄。更若子孫衰空不動，必無好繭，亦無好絲，又主葉缺。須得生旺有氣，不受傷剋。大吉。

兄弟扶身，葉費而絲還微薄。

兄弟發動，必主多費桑葉，又主其年葉貴。剋世傷世，必然缺飼，異日作繭必薄，絲綿必少。最不宜持世發動，縱財爻旺相，亦不稱心。

父母持世，心勞而蠶必難為。

父母傷子，蠶必難為，不易養育。須看五行，則知有何傷損，當依官鬼同斷。若臨身世，雖或安靜，亦非佳兆。

然父母又勞勤之神。衰靜空亡制伏，庶幾蠶苗不勞自旺。否則必費收拾，倍加勤勞，然後可望三分。雖日月不宜值之。

五行如遇官爻，必遭傷損。

官鬼發動屬金，蠶必多食桑葉，或有霧露沖絕，以致蠶多僵死。

屬木，桑葉必費。或門窗不謹，蠶冒風寒，以致落簇變蛹之類。

屬水，須防鼠耗，或食濕葉，以致蠶瀉。或火倉不熱，以致寒濕相承，蠶苗遲長。屬火剋世，須防火災。不然則是火倉太熱，不通風氣，或曬照閃爍，以致蠶眠遲起慢，頭黄難脱之病。

屬土及鬼，寒暖失宜，飼葉不勻，眠起不齊。或分抬遲緩，以致蠶沙發熱蒸傷。

若鬼臨太歲，當有常例未還。日辰帶鬼沖剋世爻，或日辰值鬼發動，或太歲動變鬼爻，或世持官鬼，皆有願心，祈之則吉。

一卦皆無鬼殺，方始亨佳。

占蠶以初爻為蠶種，臨財福，蠶種必好，蟻出必齊。臨死絶，必不齊。臨父母，一半出。臨鬼死絶處，已變亦不能出。

二爻臨鬼下，蟻得必難長盛，雖已黑其頭，亦有損害，臨父母亦然。若動而化出，則頭眠起後有損。

三爻臨鬼，停眠時有損。若三爻得吉神生扶，二爻遇凶殺剋制者，始雖不旺，至此日則盛。

四爻臨鬼，蠶女入眠，必多損失；無故自空，前功俱廢；臨財化空，食加而葉缺。

五爻臨鬼上，箔有損。鬼帶水爻，簇汗。鬼帶木爻，必多遊走。鬼帶土爻，必多腐爛。鬼帶金爻，白僵死。鬼帶火爻，繭必輕薄。

六爻臨鬼，絲必難織，蟻必難出。

以上六爻，須當互看，大抵皆怕空絕，皆要財福，皆忌官父持剋。

日主沖身，切忌穢人②入室。

世身遇日辰相沖，或應爻動剋，須防穢污人帶魘入室，觸犯蠶花，以致變壞。世帶水土動衝子孫，乃蠶婦自身不潔，非他觸也。

世爻合應，必然污婦臨蠶。

虎易按：原本作「世爻合應，必然污婦臨蠶」，《卜筮正宗・黃金策・蠶桑》修改此段內容為：「妻財合應，必然污婦臨蠶」。供讀者參考。

世爻為養蠶婦，墓庫老年婦，胎養長生，少年女子。臨太歲財爻，必是慣家。臨子孫，必然精製。臨兄，老年懶飼。臨父母，雖多辛勤，然恐多傷蠶苗。臨官鬼，蠶姑必有病。世爻無故自空，或化死墓絕空，蠶姑當有大難，不然，必懶於抬飼。若帶自刑，身亦病。

臨胎化胎，必有孕。日辰相沖，將及分娩。若與鬼爻應爻，及日辰作合者，蠶婦必與外人有情。遇有沖剋，其事已露。世在陽宮，又臨陽爻，是蠶主淫亂，非蠶婦也。

子受暗沖，每遇分抬須仔細。

子孫為蠶身，出現不動，而被動爻日辰暗沖者，主分抬時不加仔細，蠶多傷損。蓋沖福之爻不遇父母官鬼，非吉神故也。動而逢沖，蠶多遊走。無沖然後為吉。

財逢傷剋，凡占物價必騰增。

虎易按：「財逢傷剋，凡占物價必騰增」，此說與卦理不符。《卜筮正宗・黃金策・蠶桑》將此句改作「財無傷剋，凡占葉價必騰增」，與卦理相符。以下注釋讀者可參閱《卜筮正宗・黃金策・蠶桑》注釋原本。

凡占葉價貴賤，但看財爻。若遇動爻日辰相剋，去後必然葉貴。或財空亡，或衰無氣，或化入死墓空絕，皆主葉貴。若財爻旺相，兄弟不動，則葉必賤。凡遇兄弟發動，葉必不敷。

兄弟值空亡，絲番白雪。

凡遇財福旺相，豐稔可推。然有兄弟、父母、官鬼，亦難許為吉兆。必得三者死絕空伏不動，方成大吉之象。則蠶無所傷，利有所望，而絲亦好也。

卦身臨巳午，繭積黃金。

虎易按：原本作「卦身臨巳午，繭積黃金」，《卜筮正宗・黃金策・蠶桑》修改此段內容為：「福身臨巳午，繭積黃金」。以下注釋讀者可參閱《卜筮正宗・黃金策・蠶桑》注釋原本。

巳午臨身，蠶命得地，更會財福，大吉之卦。世爻臨之亦好。

父動化財，不枉許多勤苦。

父動剋子，本非吉兆。若化財爻，則主辛勤，終有成望。化子亦吉。父化父，廣養薄收。父化官，徒自辛勤，必多傷損。父化兄，兄化父，鬼化父，財化兄，日後必賤。財化鬼，子化官，先吉後凶。如蠶雖旺。入箔則多變爛類。兄化兄。則主折本。

官興變福，亦遭幾度虛驚。

官鬼發動，必有損耗。若化子孫，庶幾無事，亦有虛驚。鬼化財，雖損有收，父化財亦然。兄化財，多費桑葉則有利。子化子，蠶不旺。財化財，絲必薄。

子化財，財化子，則稱心也。

大抵子孫太過，財爻無氣，多養少收。子孫旺相，財爻太多，多收少價。子孫死絕，財爻太旺，葉多蠶少。財爻死絕，子孫太旺，蠶多葉少。若官父兄重疊太過，反不妨也。

卦出《乾》宮，若養夏蠶偏吉利。

《乾》《兌》宮卦，子孫屬水，其性皆逆，春蠶必難興旺，故利夏蠶。蓋春與夏不同。春蠶怕冷，大忌水爻。夏蠶要涼，不忌水爻。春蠶若冷，多病難養。夏蠶若涼，少病易旺。所以，夏蠶宜子孫屬水。

母居刑地，如言蠶室定崩摧。

蠶房以父母論，生旺有氣，修治整齊，死絕刑害，崩損破敗。帶水自刑，蠶室必漏。水化父，父化水，皆作前斷。看臨何爻，便知何時有雨。如在初爻，生蟻時，多被陰雨傷蠶。餘倣此。

蠶繭獻功，三合會財福而旺相。卦宮定位，六爻隨動靜以推詳。

卦有三合，最怕會成父、兄、官局，大為不利。蓋會起之爻，不論四時，皆為有氣，以被二爻扶持故也。旺相遇之，其勢愈甚。故占蠶，得三合財福二局，大吉之兆。更若凶殺有制，可作十分吉斷。

注釋

①眩惑（xuàn huò）：迷亂；困惑。

②穢人：不潔；骯髒的人。

十五、六畜

道形萬物，理總歸於一心。易盡三才，占豈遺乎六畜？惟能精以察之，自得明而著矣。

凡占六畜，專以財福為主，不可依諸家，以分宮本命斷推。

蓋本命分宮，古人為家宅內看吉凶，故立此例。今人不究其理，雖只占一物，亦以分宮斷之，則失其旨，學者詳之。

命在福神，若遇興隆須長養。

禽蟲六畜之命，皆屬子孫。旺相有氣，不空，必然長養易大。休囚墓絕，決然不濟。若不上卦，或落空亡，未買勿置，已蓄勿蓄。

利歸財位，如逢囚死定輕微。

大抵此占，惟牛馬為力，其他為利而占。然力與利，同歸財爻。最怕休囚死絕，去後財利必薄，雖力氣亦不多。旺相不空，方為大吉。

二者不可相無，一般皆宜出現。

無福則難養，無財則利少。財福不空俱出現，禽蟲六畜總相宜。

財旺福衰，雖瘦弱而善走。財空福動，縱遲鈍而可觀。

凡占牛馬，子孫爻旺相，主肥。休囚，主瘦。動則強健輕跳，必有可觀。財爻旺相，則主有力，又主善走，後亦有益。休囚則無力，而不善走，亦不濟。財若空亡，愈見遲鈍不濟。

財若空亡，雖利暫時無遠力。

財爻發動，亦是善走之象。但不宜化入空亡，則主有頭無尾，先勤後惰，必無久遠之力。若財爻旺空動空，又是用不兩全之象，非無長力。如牛則善車戽①，不善犁耙。馬善疾行，不善緩行類。

福臨刑害，若非齾鼻②定凋疤㊀。

子孫爻帶自刑，或化敗病等爻，其畜主有破相。如凋齾穿蹄，破吞③單照類。

相合相生，必主調良且善。相沖相剋，定然頑劣不馴。

子孫生合世爻，六畜馴善，於我有益。若來刑沖剋害，必主性劣不馴。如牛則縮車縮犁，馬則前失後失類。

要知蹄足身形，須看臨持八卦。欲別青黄白黑，須參生剋六神。

《乾》為頭，《坎》為耳，《震》為前足，《艮》為後足，《巽》為腰，《離》為目，《坤》為腹，《兑》為口。

青龍色青，白虎色白，朱雀赤，玄武黑，勾陳、螣蛇色黄。

凡占以子孫所臨為本身顔色，以他動來生剋者，斷别處有異色。如子孫臨玄武，在《乾》宫而被《坤》宫動剋之，乃是黑身黄足。若被《艮》宫白虎動剋，可言黄身白足。他倣此。

凡剋處多於生處，衰處少於旺處，自宜通變。

陰陽有雌雄牝牡之分。

馬曰雌雄，獸曰牝牡，以子孫屬陰屬陽。如陽爻子孫，占牛為牡牛，占馬為雄馬，騾為叫騾類。

胎養為駒犢羔雛④之類。

馬子曰駒，牛子曰犢，羊子曰羔，雞鴨子曰雛。凡遇子孫在胎養爻上，必是此類。若以口齒，長生，是三齒。冠帶，四齒。帝旺，是斬齊⑤口。墓庫則老矣。

身生子胎，必是受胎之六畜。

如占牛，子孫在胎爻上，必童牛。自生，子孫在胎爻上，則是牛有胎，原非童牛也。化出胎爻，或子孫沖胎，動於卦中者，亦然。子化子，則是子母牛也。

福臨鬼墓，須知有病於一身。

福臨鬼墓，畜必有病。如臨病爻，或被鬼爻沖剋，皆主有病也。

父動有傷，子絕則徒勞碌。

父母發動，必傷用神，必有損失。更遇子孫墓絕無氣，必主死亡，雖能牧養，亦徒勞碌。得子孫在空避之地，方為吉。

兄興不長，財空則反生扶。

虎易按：原本作「兄興不長，財空則反生扶」，《卜筮正宗·黃金策·六畜》修改此段內容為：「兄興不長，福興則反有生扶」。以下注釋讀者可參閱《卜筮正宗·黃金策·六畜》注釋原本。

兄弟發動，六畜不長。若得財值空爻，不受傷剋，則反生扶子孫，其畜必然易養，利亦不失。

世若空亡，到底終須失望。

世爻無故自空，必不稱意。大象若凶，則有大難。

鬼如發動，從來弗剋如心。

鬼爻發動，占畜大忌。或六畜自有疾病，或因事而起禍端，日後必不如願，詳具於下。

逢金生旺，當慮齧人。值土交重，須憂病染。

金鬼發動，有蹼脾之患。若剋世爻，必難觸犯。世爻更絕，必被傷人。

木鬼發動，主有草結之病。若在外卦，毛色不善。更加螣蛇，必有惡毛，旋螺，有礙相水法。

水鬼發動，主有寒病，如激心黃瀉薄糞之類。

火鬼發動，必主畏熱，或有熱結病類。

土鬼發動，須防瘟病類。

或曰：鬼在初爻足有病，在二爻臀髀⑥有病，三爻腰股有病，四爻前脾背脊有病，五爻頭項峰領有病，六爻頭上有病。

若在震坎二宮，上橋下水，皆宜仔細。

官加蛇雀，必因成訟成驚。

官㈢帶騰蛇發動，異日此畜必有怪異驚駭。若臨朱雀，必因此致口舌爭訟。臨玄武，防偷盜。臨白虎，防跌蹼。

如七月乙巳日，因雞瘟，卜得《噬嗑》之《頤》卦：日辰並起子孫，果應不死。後因夜啼，而妻病作。

予初不知，及後八月收養蜜蜂，壬寅日卜得《屯》之《坤》卦：兄鬼發動，卦無財，凶不必言。未半日，群蜂滿身攢聚，驚惶無措。因驗之。

乃知前者騰蛇鬼動，而雞夜鳴。今亦騰蛇鬼動，而致此異也。況孟月四爻，仲月五爻，正臨怪爻發動，所以然也。

《卜筮全書》占例：032

時間：七月乙巳日（旬空：寅卯）

占事：因雞瘟？

六神	本卦（巽宮：火雷噬嗑）				變卦（巽宮：山雷頤（遊魂））		
玄武	子孫己巳火	▅▅▅			兄弟丙寅木	▅▅▅	
白虎	妻財己未土	▅ ▅	世		父母丙子水	▅ ▅	
騰蛇	官鬼己酉金	▅▅▅		○→	妻財丙戌土	▅ ▅	世
勾陳	妻財庚辰土	▅ ▅			妻財庚辰土	▅ ▅	
朱雀	兄弟庚寅木	▅ ▅	應		兄弟庚寅木	▅ ▅	
青龍	父母庚子水	▅▅▅			父母庚子水	▅▅▅	應

《卜筮全書》占例：033

時間：八月壬寅日（旬空：辰巳）

占事：收養蜜蜂？

六神	伏神	本卦（坎宮：水雷屯）				變卦（坤宮：坤為地（六沖））		
白虎		兄弟戊子水	▅ ▅			父母癸酉金	▅ ▅	世
騰蛇		官鬼戊戌土	▅▅▅	應	○→	兄弟癸亥水	▅ ▅	
勾陳		父母戊申金	▅ ▅			官鬼癸丑土	▅ ▅	
朱雀	妻財戊午火	官鬼庚辰土	▅ ▅			子孫乙卯木	▅ ▅	應
青龍		子孫庚寅木	▅ ▅	世		妻財乙巳火	▅ ▅	
玄武		兄弟庚子水	▅▅▅		○→	官鬼乙未土	▅ ▅	

自後屢驗皆應，始知螣蛇真怪異之神也。

福變兄財，可驗食粗食細。

子孫化出兄弟，主口嬌食細。化出財爻，主食粗口雜。

財連兄弟，乃芻豢⑦之失時。

子化兄，是口嬌不食。財化兄，乃人之豢養失時，以致饑餓，非不食也。

子化父母，必勞心之太過。

子孫發動，其畜必良。若化父回頭來剋，又是人不愛惜，過勞力以致其傷。

福連官鬼，須防竊取之人。鬼化子孫，恐是盜來之畜。

子孫化鬼，其畜日後必然被人盜去，否則必主病死。若官化子，則主其畜是人盜來者。生世合世。必有利益。沖世剋世，必受其累。然必卦中原無子孫方可斷。

官兄交變，難逃口舌之相侵。

卦中兄動變鬼，鬼變兄，或二爻俱動，必因此畜而有是非口舌。若文書亦動，必然成訟。世爻入墓，恐有牢獄拘禁之禍。

日月並刑，豈免死亡於不測。

月建、日辰、動爻帶殺，俱來刑剋子孫，而無救者，必死。要知何故而死，以刑剋子孫者斷。如金為蹼脾死，木為草膨死，水為寒凍死，土為瘟病死。如鵝鴨等，則丑為牛踏，寅為鷹搏，申為狐竊，戌為犬咬死類。若被世爻刑剋，則是人自傷之死也。

若占置買，亦宜福動生身。

凡占置買六畜，子孫發動，出產必多。要來生合世爻，必然好買易成。與世沖剋，定難置買。應爻空亡，則無主人。

應爻生合世爻，而子孫或空或伏者，牙人與我最相契，而無畜可買也。

兄鬼發動，不惟買之不利，且有禍患，不宜買之。

若問利時，最怕妻興化絕。

財爻出現不空，有氣持世生合，世不受傷剋，不變兄鬼，即為有利。若不出現，或落空亡，或化死墓絕空，或被兄剋弟劫，皆主不利。

或賭或鬥，皆宜世旺財興。

北人好鬥鵪鶉、雞羊，南人好鬥促織⑧、黃頭鳥。凡遇占此，要世爻有氣剋應，子孫發動，即是我勝。世雖不剋，得月建、日辰、動爻，刑剋應爻，亦勝。若世被應剋，子孫空伏，官鬼發動，日月動爻，反來刑剋，是他勝。

最怕父母帶殺旺動，則禽蟲有鬥死之患。財爻持世生合皆吉，兄鬼持世是我輸。

世應比和，六爻安靜，子孫空伏，賭鬥不成。世應俱空，亦賭不成。

或獵或漁，總怕應空福絕。

凡占漁獵，要應生世，世剋應，子孫生財，便主有得。若應爻空亡，子孫受剋，或臨死絕，必然空出空回，無所獲也。鬼爻旺動剋世，須防猛獸害人。兄弟發動，雖有不多。得子孫動，臨身世則吉。

乳抱者，宜胎福生旺而無傷。

凡占畜養母豬羊，及抱雞鴨鵝卵類，要胎福二爻生旺，不受刑剋，便無損失。若自空或帶鬼，必難生育。化空絕化鬼，則生後有損。旺空一半無事。福旺財空，雛出好而利輕。

醫治者，要父官衰絕而有制。

六畜有病，占醫治療，要子孫旺相有氣，不落空亡，不遭刑剋，而父母官鬼休囚墓絕，或雖動而有制伏不死。

若子孫無故自空，或化死墓空絕，或化官鬼，或父母帶殺，乘旺動剋，皆不能救。雖用醫治，亦必死。

應爻空亡，及被世剋者，醫必不來。

注釋

①車戽（hù）：謂用水車戽水。

②䶢（yà）鼻：缺鼻子。

③𡗗：此字上「夫」下「口」，漢典無此字，不知其音義。
④駒犢羔雛（jū dúgāochú）：小馬、小牛、小羊、小雞。
⑤斬齊：極其整齊。
⑥臀髀（túnbì）：屁股，大腿。
⑦芻豢（chú huàn）：牛羊犬豕之類的家畜。
⑧促織：蟋蟀的別名。

校勘記

㈠「疤」，原本作「肥」，疑誤，據《卜筮正宗・黃金策・六畜》原文改作。
㈡「官」，原本作「日」，疑誤，據「官加蛇雀」之意改作。

卜筮全書卷之十一

吳門逸叟　姚際隆　刪補
長邑諸生　王友　校正

黃金策　四

十六、求名

書讀五車，固欲致身於廊廟①。胸藏萬卷，肯甘遁跡於丘園②。要相國家，當詳易卦。

父爻旺相，文成擲地金聲。鬼位興隆，家報泥金③喜捷。

凡占功名，以父為文章，鬼為官職。二者一卦之主，缺一則不成。若父爻旺相，文章必佳。官鬼得地，功名有望。

士人及第，以泥金灼字④附家書以報，謂之喜信，故借引之。非以鬼為音信也。讀是篇者，勿以辭害義可也。

財若交重，休望青錢⑤之中選。福如發動，難期金榜之題名。

財福二爻，凡占皆喜見之，惟卜功名，反為惡殺。蓋財能剋父，子能剋鬼。故也。但宜休囚安靜則吉，當權發動，決無成望。

兄弟同經，乃奪標⑥之惡客。

五行同類者為兄弟。求名見之，乃是與我同經之人。若不上卦，或落空亡死絕，大象遇吉者，必中魁首。如發動，或月建日辰俱帶兄弟，則同經者多，必能奪我之標，不得中矣。縱大象可成，名亦落後。

日辰輔德，實勸駕⑦之良朋。

日辰為卜卦之主，能成事，亦能壞事。如父母官鬼無氣，事必難成。若得日辰扶起，剋制惡殺，仍舊有望，故曰輔德。

或世爻衰靜，得日辰生合；或世爻空亡，得日辰沖實；主其人必不上前求名，而有親友勸其進取，或資助盤費，輔其前往求名也。

兩用相沖，題目生疏而不熟。

求名卦，以官父為用爻，喜合而不喜沖。若見兩官兩父相沖，主出題生澀⑧不熟也。

六爻競發，功名恍惚以難成。

占官，六爻皆喜安靜。只要父母官鬼有氣不空，月建日辰，不來傷剋則吉。如有一爻發動，便不順利。

且如財動則傷父，子動則傷官，兄動則他人有所先，鬼動則事體有變，父動則文不純正。凡動則有變，變出之爻，又有死墓空絕刑剋等爻，皆為破敗。故凡亂動卦，不必仔細推究，其不吉大概可知矣。

月剋文書，程序背而不中。

父旺不空，動爻日辰又不沖剋，其文字字錦繡。

若遇兄弟刑沖，文章陳腐，無鮮麗之句。

妻財傷剋，必多破綻。

子孫刑害，乃是弄巧成拙。

不宜月建沖剋，其文自行已意，必不中試官之程序也。

凡帶父刑害敗病等爻，及化出者，其文皆有敗破，不能錄取。

世傷官鬼，仕路窒而不通。

世乃求名之人，大忌財福臨之，必難稱意。若持官鬼，或得官鬼生合，方有指望。若臨子孫剋制官鬼，是仕路未通，徒去求謀無濟也。

妻財助鬼父爻空，可圖僥倖。

父母空亡，名不可望。若得財爻發動生扶，鬼爻有氣，其事僥倖可成。然須子孫安靜，則可許。蓋財不嫌發動者，以文書在空故也。

虎易按：「若得財爻發動生扶，鬼爻有氣，其事僥倖可成。然須子孫安靜，則可許」，此說不符卦理。財爻發動，若有子孫同動，則子孫動生財，財動生官，接續相生，求名有望。供讀者參考。

福德變官身位合，亦忝⑨科名。

卦無官鬼，若得子孫發動，變出官鬼，生合世身，事亦有成。然須得文書有氣，無損則吉。

此二條，名雖有望，皆不可許其高中魁甲。蓋以卦象不出自然故也。

出現無情，難遂青雲之志⑩。

卦中官父俱全，固是吉兆。若不臨持身世，或不生合世身，或被世爻沖剋，或被月日破壞，或臨死墓空絕，皆謂無情。雖在卦中，與我無益。所以，難遂青雲之志也。

伏藏有用，終辭白屋之人⑪。

官父不全，功名難望。但看所伏者有用、無用斷之。如飛神不遇衝開，伏神不遇提起，謂之無用，決主不成。若飛神沖剋得開，伏神提挈得起，謂之有用，終是可成。

若得月建提起最吉，日辰次之，動爻又次之。更得伏上飛爻在空，尤妙。

月建剋身當被責，

月建為考試官，若在身爻發動，刑剋世爻，而官父失時者，必遭杖責。若化子孫，必遭斥逐。若化兄弟，廪膳生⑫最忌之，輕則革糧，重則追罰。

財如生世必幫糧。

卦中父母避空，而財爻發動，生合世爻者，必有幫糧之喜。月建帶財化財，或官化財生合世爻，皆吉。

大抵廪生小試，最不宜兄弟發動，或臨卦身世爻，或臨日辰月建，皆是革糧之兆。財爻無故自空，亦然。

若得財臨身世，或伏世下，雖不稱情，糧必如舊。

父官三合相逢，連科及第。

卦有可成之象，而又有三合爻動，會成官鬼局者，必主連科及第，大吉之兆。會成父局，亦吉。會成財福二局，不利。會成兄弟局者，惟廪生忌之，餘皆無損益。

龍虎二爻俱動，一舉成名。

青龍白虎，俱在卦中動來生合世爻，必中魁選⑬。若持官父，或持身世尤妙。此固非理，但借龍虎榜之象耳，然亦有驗。

殺化生身之鬼，恐發青衣⑭；

占官，以子孫為殺，乘旺發動，必遭斥退。若得本宮官鬼伏在世下，或卦身持鬼，或子孫自化鬼爻生世，終不脫白，無過降青衣而已。卦有財動合住子孫，可用資財謀幹，庶復舊職。

歲加有氣之官，終登黃甲⑮。

太歲乃天子之爻，凡占功名，最喜見之。若臨鬼爻，是人臣面君之象。更得生旺有氣，必然名姓高標。

病阻試期，無故空臨於世位。

動爻日辰不傷世爻，而世爻自落空亡者，謂無故自空。大凶之兆。試前占，去不成，強去終不利，輕則病，重則死。如在本宮內卦，在家即病。在三四爻，出門病。在五爻，途中病。在六爻，到考處病。在應爻，又屬他宮，則臨考有病，不得入試。

若試後占，其事必不成。大象吉，名成身喪。

喜添場屋，有情龍合於身爻。

青龍主喜慶事，若大象既吉，更得龍動來生合世身，必然別有喜事並臨，不但名成而已。若空動為虛喜。

財伏逢空，行糧必乏。

六爻無財，本宮伏財，又居空地，其人必乏路費。若世爻更在衰弱之鄉，則是貧窮之士。如逢月建日辰動爻生合扶助，必得親友資其費用。若得應爻動來生合，多是妻家看覷⑯周全。

身興變鬼，來試方成。

卦遇不成之兆，而得卦身或世爻，變出官鬼有氣，而本宮父母不壞者，今雖未成，下次必然中試也。

卦值六沖，此去難題雁塔⑰；爻逢六合，這回必占鼇頭⑱。

凡事遇合則聚，逢沖則散。故占功名，得六沖卦，必難求。六合卦，必易得也。然大體，須以衰旺動靜參之，不可執滯。

父旺官衰，可惜劉蕡⑲之下第⑳。父衰官旺，堪嗟張奭㉑之登科。

父母官鬼，皆要有氣無損，然後可成。若父雖旺相，官鬼空亡，或不上卦，是其人文字雖好，奈命無官星，亦不能中。如劉蕡之錦繡文章，竟不登第也。若父雖衰弱，得官爻旺動，扶起文書，是其人文字雖平常，而命中官星發現，可許有成。如張奭之文章，雖欠精美，反登高第也。若官旺父空，決至下第也。

應合日生，必資鶚薦㉒。動傷日剋，還守雞窗㉓。

父官死絕，名必不成。若應爻、動爻，或月建、日辰扶起官鬼，必須浼人推薦，或用財禮買求，方許有成。若遇月日，動變傷剋，縱然官爻有氣，亦是難求。

世動化空用旺，則豹變㉔翻成蝶夢㉕。

求名以官父用爻，若得旺相不遭刑剋，必中科第。如遇世爻發動，變入死墓空絕，恐名成後，不能享福。遊魂卦，死於途中。歸魂卦，到家而死。墓絕是太歲，逾年而死也。

身官化鬼月扶，則鵬程㉖連步蟾宮㉗。

卦身為萬事之體，功名尤宜看之。最怕臨財臨福，便不容易。如得官父臨之，必有成望。更若出現發動，又化官爻，而得月建生合者，大吉之兆，必主聯科及第，非特京省一捷而已。

更詳本主之爻神，方論其人之命運。

本主者，求名本人之主爻也。自占固以世爻論，若代占，則看是何人。如子侄求名，看子。朋友，看兄類。

此爻最怕化出忌殺，雖大吉象，未可易許。其餘世爻同看。如此搜索，吉凶自然應驗。

雖賦數言，總論窮通㊀之得失。再將八卦，重推致用之吉凶。

注釋

①廊廟：殿下屋和太廟。指朝廷。

②丘園：家園；鄉村。

③泥金：指泥金帖子。用泥金塗飾的箋帖。唐以來用於報新進士登科之喜。五代王仁裕《開元天寶遺事‧泥金帖子》曰：「新進士才及第，以泥金書帖子附家書中，用

報登科之喜，至文宗朝，遂寑削此儀也」。
④灼（zhuó）字：燒；炙字。
⑤青錢：喻優秀人才。南唐陳陶《贈江南從事張侍郎》詩：「姻聯紫府蕭窗貴，職稱青錢繡服豪」。
⑥奪標：奪取錦標。龍舟競渡時，優勝者奪得錦標之戲。亦以喻科舉考試中元。
⑦勸駕：《漢書·高帝紀下》：「賢士大夫有肯從我遊者，吾能尊顯之。佈告天下，使明知朕意……御使中執法下郡守，其有意稱明德者，必身勸，為之駕」。顏師古注引文穎曰：「有賢者，郡守身自往勸勉，令至京師，駕車遣之」。後以「勸駕」稱勸人任職或作某事。
⑧生澀（sè）：不流暢；不純熟。
⑨亦忝（tiǎn）：也愧對。
⑩青雲之志：遠大的抱負和志向。喻高官顯爵。
⑪白屋之人：指平民或寒士。
⑫廩膳（lǐn shàn）生：即廩生。明清兩代稱由公家給以膳食的生員。明初生員有定額，皆食廩。其後名額增多，因謂初設食廩者為廩膳生員，省稱「廩生」，增多者謂之「增廣生員」，省稱「增生」。又於額外增取，附於諸生之末，謂之「附學生員」，

省稱「附生」。後凡初入學者皆謂之附生，其歲、科兩試等第高者可補為增生、廩生。廩生中食廩年深者可充歲貢。清制略同。《明史·選舉志一》曰：「先以六等試諸生優劣，謂之歲考，一等前列者，視廩膳生有缺，依次充補，其次補增廣生」。《清史稿·選舉志一》曰：「生員色目，曰廩膳生、增廣生、附生」。

⑬魁選：科舉考試中的第一名。

⑭青衣：明清時生員名目之一。《明史·選舉志一》曰：「先以六等試諸生優劣，謂之歲考……。一二等皆給賞，三等如常，四等撻責，五等則廩、增遞降一等，附生降為青衣，六等黜革」。《清史稿·選舉志一》曰：「〔考列〕五等，廩停作缺。原停廩者降增，增降附，附降青衣，青衣發社，原發社者黜為民」。

⑮黃甲：科舉甲科進士及第者的名單。因用黃紙書寫，故名。

⑯看覷（qù）：看顧；照料。

⑰雁塔：塔名。在今陝西省西安市南慈恩寺中，亦稱大雁塔。唐新進士同榜，題名塔上，有行次之列。唐韋、杜、裴、柳之家，兄弟同登，亦有雁行之列。故名「雁塔」。後常用為中式高舉之典實。

⑱鼇（áo）頭：指皇宮大殿前石階上刻的鼇的頭，考上狀元的人可以踏上。後來用「獨佔鼇頭」比喻占首位或取得第一名。

⑲劉蕡（kuì）：太和二年，舉賢良方正能直言極諫，帝引諸儒百餘人於廷。劉蕡在答卷中因直詆宦官，切中時病，考官雖然贊服，然懼怕宦官勢力，不敢錄取。參閱《新唐書・卷一百七十八・列傳第一百三・劉蕡傳》。

⑳下第：科舉時代指殿試或鄉試沒考中。

㉑張奭（shì）：苗晉卿典選，御史中丞張倚男奭參選，晉卿以倚子思悅附之。考等第凡六十四人，奭在其首。蘇考蘊者為蓟令，乃以選事告祿山。祿山奏之，玄宗乃集登科人於花萼樓前重試，升第者十無一二。奭手持試紙，竟日不下一字。時人謂之拽白。上大怒，貶倚。敕曰：庭闈之間，不能訓子；選調之際，乃以託人天下為戲談。晉卿貶安康。（出《盧氏雜說》）參閱《太平廣記・卷第一百八十六・銓選二・張奭》。

㉒鶚薦（è jiàn）：漢孔融《薦禰衡表》：「鷙鳥累百，不如一鶚，使衡立朝，必有可觀」。後用「鶚薦」謂舉薦賢才。

㉓雞窗：《藝文類聚・卷九一》引《幽明錄》：「晉兗州刺史沛國宋處宗嘗買得一長鳴雞，愛養甚至，恒籠著窗間。雞遂作人語，與處宗談論，極有言智，終日不輟。處宗因此言巧大進」。後以「雞窗」指書齋。

㉔豹變：喻人的行為變好或勢位顯貴。

㉕蝶夢：指超然物外的玄想心境。

㉖鵬程：比喻前程遠大。
㉗蟾宮：唐以來稱科舉及第為蟾宮折桂，因以指科舉考試。

校勘記

㊀「總論窮通」，原本作「總論窮居」，疑誤，據《卜筮正宗・黃金策・求名》原文改作。

十七、仕宦

為國求賢，治國之本。致身輔相，祿養為先。

旺相妻財，必得千鍾之粟。

未仕求名，不要財爻。已仕貴人，要見財爻。蓋有爵必有祿，未有無俸而得官者。故凡占官員，得此爻旺相，俸祿必多，休囚定然微薄。卦中無財，或落空亡，未得俸祿。財動逢沖，任後因事減俸。或日辰、月建沖財，而刑害世爻及官爻者，恐有停俸罷職之患。

興隆官鬼，定居一品之尊。

鬼為官爵。旺相有氣，官高爵大；休囚死絕，官小職卑。發動生合世爻，或得月建、日辰生扶，必有升擢，遠播都下。安靜不動，而被月建、日辰剋害者，或世爻刑沖剋害者，必無聲名聞望。

子若交重，當慮剝官削職。

子孫乃傷官之殺，最喜空亡墓絕，尤宜安靜受制則吉。若在卦中發動，所謀必不遂意。未仕則不能除選，已仕則有奪官褫職①之禍。鬼爻更若無氣，必至除名落籍，非但貶責降罰而已也。

兄如發動，須防減俸除糧。

兄弟乃劫財之神，空亡不上卦，或臨死絕安靜則吉。若發動，未免費財，多招誹謗，俸祿亦不稱意。更與子孫同發，或就化子孫，必有除糧減俸之事也。持世臨身皆不利。

父母空亡，休望差除宣敕。

父母為印綬、文書、誥牒、宣敕、奏疏、表章，卦中不可無，宜旺不宜衰，扶世最吉。若持太歲有氣生合世爻，主有朝廷宣召。如加月建，多是敕制及上司獎勵之類。最怕沖空化空，則多不實。衰靜空亡，必無宣敕，亦無差除。卦無父母，休望遷選。

官爻隱伏，莫思爵位升遷。

官爻為占官之象，若得臨持身世，或來生合世爻，不受月建、日辰沖剋者，凡有謀望，必然稱意。

若不上卦，或落空亡，雖出現墓絕無氣，及受剋制，皆不如意。世身沖剋亦凶。

月建生身，當際風雲之會。歲君合世，必承雨露之恩。

太歲乃人君之象，月建是執政之官，若得生合世身爻，必有好處。惟怕沖剋世身，必遭貶謫。如月建扶出官爻世爻者，必是風憲②之職。太歲加父母扶出官鬼及世爻者，必有天恩。更得日下生旺之地，尤美。衰絕逢空無用。

世動逢空，官居不久。

未任，卦中世動，必無京官牧守。若是出巡之職，反為順利。已任，遇之，居官不久。更遇日辰動爻相沖，必不久任政事。

身空無救，命盡當危。

世爻無故自空，不拘已任未任，必有大難，甚至死亡。若欲求謀幹事，則主不成。

鬼化福沖當代職，

出巡官，宜鬼爻發動。牧守官，宜鬼爻安靜。若鬼動化子，必有別官代職。不然，亦被他人所先也。子動化鬼，則先難後易，或先凶後吉。官福皆動，亦主有官替代。

財臨虎動必丁憂③。

凡占官，不可無財，亦不可發動。若鬼爻有氣，而得財動扶起，必須用財謀幹，方得升遷。若父母衰弱，而遇此爻加臨白虎旺動者，必有丁憂之事。財化子，子化財，或財臨世動，或子動而父母無故自空者，皆主丁憂。

日辰沖剋，定然誹謗之多招。

日辰刑沖剋世，必招誹謗。依五類推之。如帶兄弟，因貪賄賂，或征科太急。帶財爻，因無調度，或財賦不起。帶子孫，嗜酒好遊，怠於政事。帶父母，因事繁劇，不能料理。帶官鬼，非酷刑，則同僚不和。

以上皆招誹謗，聲名必不能振。若得世臨月建，雖有誹謗，不能為害。

鬼殺傷身，因見災殃之不免。

官鬼發動，生合世爻為用神，傷剋世爻為鬼殺。用神扶世，必有進取；鬼殺傷身，必有凶禍。以化出六親斷之。如化子有貶謫之憂，化財有陰人之禍，化兄主失財，化父憂小口類。

以上不然，則自身決有災病，得世爻空避不妨。

兄爻化鬼無情，同僚不協。

兄弟為僚屬之官。卦中鬼動，化出兄弟，沖剋世爻，主同僚不和。或兄弟化鬼，刑沖剋害；或兄帶三刑六害傷世，皆然。世剋兄爻，是我欺他，而不和也。

太歲加刑不順，貶責難逃。

太歲出現，動傷世爻，必遭貶責。更加刑害虎蛇等殺，必有鎖扭擒拿之辱。世爻入墓，必受囚繫，得動爻日辰有救，庶幾無事。但怕化出子孫，罪終不免。月建同看。

卦靜世空，退休之兆。身空殺動，避禍之徵。

凡遇世爻空亡，未任未有選期。已任若六爻安靜，月日歲君無傷而遇之，乃是休官改政之象。

若鬼爻發動，月日歲君傷剋而遇之者，是避禍脫災之兆。卦靜日沖，欲歸而不放。殺動日合，欲避而不能。

身邊伏鬼若非空，頭上烏紗終不脫。

凡遇凶兆，或得鬼爻臨身持世，或本宮鬼伏世下，雖見責罰，官職猶在。

若不臨持身世，或不伏於世下，或雖伏仍遇空亡者，必革官帶為民，非止罪責。

財空鬼動，聲名振而囊篋④空虛。

凡得官鬼動來生合世爻，日月動變，又無沖剋者，為官必有聲名聞望。

更得財爻生扶合助，有氣不空，則既會做官，又會賺錢，內實貪賂，外不喪名。

若財爻或空或伏，或臨死絕，則主聲名雖有，賄賂卻無也。

官旺父衰，職任高而衙門冷落。

父母旺相，衙門必大；休囚，衙門必小。若官旺父衰，又非小去處，乃是冷落閒靜衙門。蓋官旺則職高故也。官衰父旺，則主職雖卑微，卻在大衙門中治政。官父俱衰，職卑銜小，必非風憲之地。

職居風憲，皆因月值官爻。

大抵官鬼旺相，不臨月建，定非風憲之職。若臨月建，又得扶出世爻，決是風憲之任，必非府縣官也。更在日下生旺之地，尤為風憲。如帶刑爻，多是鎮守邊陲之職，或掌兵權，或居刑部。在外，亦是司刑之職。

官在貳司，只為鬼臨旁位。

鬼在世應爻上，或帶月建、日辰者，必是掌印正官。若被世合，或在旁爻，則是佐貳之職。六爻無鬼，而動爻有化出者亦然。

虎易按：《卜筮正宗·黃金策·仕宦》曰：「官臨子午卯酉，是正印官也。官臨寅申巳亥，乃佐貳職官。臨辰戌丑未，乃雜職官」，供讀者參考。

撫綏⑤百姓，兄動則難化愚頑。

凡任牧民之職，要財爻旺而不動，父母扶而不空，必是豐地富方。

財爻空絕，父爻受制，則地瘠民貧⑥。

父母動臨世上，政必繁劇。

兄弟持世，財賦不起。日帶兄爻沖剋世爻，手下人必要侮文弄法，壞我政事。若兄在旁爻動來沖剋，則主頑民難治。

兄化子，子化兄，而刑剋世身，恐有下民訟我之兆。

更若世應沖剋，與鄉官⑦亦多不睦。

巡察四方，路空則多憂驚險。

欽差出巡，或封王采木，皆怕世應逢空。若路爻空之卦，主途中驚險。世在五爻自空，須防身死於外，有沖剋則不然。凡遇世在五爻動，及遊魂卦世動者，皆是出巡之職。

出征剿捕，福德興而寇賊殲亡。

凡任將帥之職，或征討之官，平居卜問，不宜子孫發動，主有降調貶責。亦不宜應動剋世，主有不測變故。若歲君月建衝動官鬼，或世爻，主有敕命征討之事。

如臨敵卜問，則喜子孫發動，必成剿捕之功，更得歲君月建生合，仍有升賞。官鬼不作爵位，當作賊寇論之。世剋應亦吉。

鎮守邊陲，卦爻靜而華夷安泰。

鎮守地方，不拘文官武職，皆宜六爻安靜。世應生合比和，日辰、月建，不相沖剋，則鼾睡⑧邊庭，安然無警，世應空亡亦吉。若遇官鬼發動，世應沖剋，必多侵擾，宜通變斷之。

奏陳諫諍⑨，那堪太歲刑沖。

凡欲奏對、陳疏，上章、諫諍，及赴召面君類，皆忌動爻沖剋太歲，亦忌刑剋世爻。

若太歲月建生合世爻，必見詳允⑩。一來沖剋，須防不測之禍。歲君衰靜，不帶刑害虎蛇，主則不見取用，非有大害。動空化空，亦是虛驚。或有制伏沖散合住，必得大臣申救。應動沖剋世爻，更防人奏劾。

僧道醫官，豈可文書發動。

僧道醫官，及陰陽官，皆要子孫出現，有氣不空為吉。父母發動，必有災悔。父帶太歲月建日辰，則非身有災病，乃外來禍也。子孫自空，亦有大難。然子孫只宜安靜，官鬼不宜空伏。雖兩全，仔細為妙。

但隨職分以推詳，可識仕途之否泰。

注釋

①奪官褫（chǐ）職：剝奪官職，革去官職。

②風憲：古代御史掌糾彈百官，正吏治之職，故以「風憲」稱御史。也泛指監察、法紀部門。

③丁憂：遭逢父母的喪事，也稱「丁艱」。舊制，父母死後，子女要守喪，三年內不做官，不婚娶，不赴宴，不應考。

④囊篋（náng qiè）：袋子與箱子。

⑤撫綏（fǔ suí）：安撫，安定。

⑥地瘠（jí）民貧：土地瘠薄，人民貧窮。

⑦鄉官：退休居住鄉里的官宦。
⑧鼾（hān）睡：熟睡而打呼嚕。
⑨諫諍（jiànzhèng）：直言規勸，使人改正過錯。
⑩詳允：報准；批准。

十八、求財

居貨曰賈①，行貨曰商，總為資生之計。蓍所以筮，龜所以卜，莫非就利之謀。

要問吉凶，但看財福。

財為利息，福為財源。二者占財用神。

財旺福興，不問公私皆稱意。財空福絕，不拘營運總違心。

凡遇財爻旺相，子孫發動，便是吉卦。不拘公私，財皆得稱意。二者若財空爻，或臨墓絕，即是凶卦。不拘作何買賣，皆違心願也。

有福無財，兄弟交重偏有望。

財為用神，而不上卦，必無可望。若得兄弟發動，無財可劫，則反生扶福德，財源有氣，仍舊有望，但主遲滯耳。兄動而財空，謂之避空。過旬生旺日，財亦可得。財若不空不伏，而遇兄劫，則為下卦。

有財無福，官爻發動亦堪求。

子孫藏伏，財無生氣，一遇兄弟，便被劫盡。須得卦有官動，或日辰是鬼剋制兄爻，則用神無損，亦可求謀。卦有子孫而官鬼動，則有阻節，反不易矣。此象鬼爻生旺日得財。

虎易按：「有財無福，官爻發動亦堪求」。《增刪卜易·求財章》改作：「兄與財振，官爻發動亦堪求」。其注釋曰：「兄爻與財爻同動，而官鬼亦動者，亦許得財。以官鬼剋制兄爻之故耳」。供讀者參考。

財福俱無，何異守株而待兔。

財福二爻，占財主象。有財無福，財必有限。有福無財，財必不實。財福俱無，焉能有望？守株待兔，喻妄想也，空亡亦然。

父兄皆動，無殊緣木以求魚。

父母為絕源殺，兄弟為劫財神。二者發動，財福俱傷。用神既損，求之必如緣木求魚，必不可得。父化兄，兄化父，亦然。

月帶財神，卦雖無而月中必有。

月建為提綱，若帶財爻得時有氣，縱遇兄弟，衰不敵旺，必主財利厚。雖卦中無財，月中必然有。得出現尤妙。

日傷妻位，財雖旺而當日應無。

財爻旺相，生合持世，乃是必得之象。若被日辰剋制其財，縱現，必然無有。須過此日，然後有得。

多財反覆，必須墓庫以收藏。

卦中財只一位，有氣不空，生合持世皆美。若三五重太過，其財反覆難求。必須卦中有財庫爻發動，謂財有庫藏，必得厚利。財化財，亦主反覆不定。

無鬼分爭，又怕交重而阻滯。

無鬼之卦，兄必專權，財雖有氣，亦多虛耗。兄更發動，必有爭奪買賣，分散財物之患。然雖不可無，官又不宜動，動則必有阻隔。若有剋制，或被沖散，或被合住，雖阻不妨。

兄如太過，反不剋財。

兄弟乃占財忌殺，若有一位旺動，最為不利。若月日動變，俱帶兄弟，重疊太過，則不專一，反不剋劫。至財爻生旺日可得。

身或兄臨，必難求望。

卦身一爻，占財體統，若持兄弟，不拘作何買賣，問何財物，皆無利益，持世亦然。惟臨財福，方為吉兆。臨父主勞祿，若占六畜血財，則有損失。臨官，大利公門求財，餘皆險阻不利。

財來就我終須易，我去尋財必是難。

凡遇財爻生合世爻，剋世持世，皆謂財來就我，必然易得。若雖動出財爻，而與世爻不相干者，謂我去尋財，必難望也。

虎易按：《增刪卜易》野鶴曰：「此說財不生合世爻，非我之財。即如前二卦，兄爻持世，何嘗財來生合？總要斷卦之人，靈機應變，參悟其理，自然觸類旁通，不可執之」。

身遇旺財，似取囊中之物。世持動弟，如撈水底之針。

世為求財之人。若臨財爻，雖或無氣，亦主易得，旺相更美。若臨兄弟，雖或安靜，亦主難得；發動尤甚。

福變財生，滾滾利源不竭。

占財，得子孫發動，利必久遠。更化財爻，生合身世，乃綿綿不絕之象，盡求則盡有也。財化子亦妙。

兄連鬼剋，紛紛口舌難逃。

兄弟變出官鬼，刑沖剋世，不惟無財，且有口舌。父爻更動，必訟於官。若有救制，庶幾無害。鬼化兄，或兄鬼，皆動亦然。朱雀臨兄鬼動變，有口舌。

虎易按：《卜筮正宗・黄金策・求財》曰：「大凡卦中兄弟動，剋世爻，化官鬼回頭剋制，則不能口舌損耗矣。予之屢驗者，卦中官鬼兄弟皆發動，固有口舌是非」。供讀者參考。

父化財，必辛勤而有得。

父化財，不自然而得，必勤勞後得。

兄化財，先散後聚，或利於後，不利於前。

官化財，最利公門謁貴，及九流藝術之人，求財十分有望。私財，則先驚後喜，或先阻後得。

財化鬼，防耗折而驚憂。

財化官最凶，主損折虛耗，自有驚險。更傷世爻，切恐因財致禍。

財化兄，主與人分利，或先聚後散，或利於前，不利於後。

財化父，主得後艱辛，或只許一度。

財化死墓空絕，是有虛名，無實利之象。

若得生合世爻，則上前有功，稍遲則無也。

財局合福神，萬倍利源可許。

卦有三合，會成財局，而子孫亦在合中動者，上吉之卦，主財利綿綿不竭。更得財旺，可許萬倍財利。

會成福局，而財爻又在合中，動來生合世爻者，亦然。

若會鬼局，則多阻隔。

會成兄局，則主分散。

會成父局，艱辛難得。

歲君逢劫殺，一年生意無聊。

凡占久遠買賣，最怕太歲臨持兄弟，主一年無利，出現變動，必然損耗。

歲持官鬼，一年驚憂。持父，一年艱辛。歲持財福，生意滔滔，一年順利也。

世應二爻空合，虛約難憑。

世空有財難得，應空難靠他人。世應俱空，艱辛無准實。空動帶合，謂之虛約。化入空亡，亦是心口不相應之象。

主人一位刑傷，往求不遇。

主人：如求貴人財，鬼為主；求婦人財，財為主類。若主人遇動爻日辰刑剋，或自空化空，皆主不遇，遇亦不利。須得生合世爻，財為契愛，求必易得。主人化出財爻，生合世爻，最吉。

不知主人，以應爻論之。

世持空鬼，多因自己遲疑。

鬼爻持世，財必相生，凡求必易。若遇空亡，乃是自不上前，遲疑退懶，故無成也。世持空財亦然。

辰合動財，卻被他人把住。

要財動來生合，固是易得之兆，若被動爻日辰合住，其財必有人把持主張，不能與我也。

要知何人把持，以合爻定之。如父母合住，為尊長把持類。卦若無財，看伏何爻下，亦可推之。如伏官下，為貴人把持之類。

要知何日得財，不離旺衰生合。

財爻有氣，合日得財，或本日得財。

太旺，墓庫日得。

休囚，生旺日得。

太過，收藏日得。

合住入墓，破合破墓日得。

旺空，過旬日得。

伏藏，提起日得。

財爻死絕，而得子孫動來扶起，即以子孫爻斷。

卦無財爻，而得兄弟生扶子孫財源者，即以兄弟爻斷。更宜通變。

欲決何時有利，但詳春夏秋冬。

凡占貨物何時得價，以財臨五行斷之。如木財，春月得價，一陽後亦好。土財，夏月有利，六月更美。餘倣此。

又如財臨辰土，二月不如三月。財臨酉金，七月不如八月。餘亦倣此。

又如財主日下長生之地，此貨一日得價一日。若坐帝旺，眼下正及時，稍遲則賤而無利。

合夥不嫌兄弟，

凡占合夥買賣，若世應俱財爻，必然稱意。兄臨卦身，世爻安靜不妨，蓋合必至分財故也，動則不宜。世應兩動，必合不久，空亡亦然。相沖相剋，後必不睦。化出兄官，必多私心。世應生合，而被動爻日辰刑沖剋害者，必有挑唆破說也。

公門何慮官爻。

占財皆忌官動，主有阻隔。惟求公門之財，必然倚託官府。若無鬼爻，或落空亡，則雖財爻有氣，亦難到手，必得旺相，生合世身則吉。刑剋世爻，主有杖責。死絕亦不濟事，須得財鬼兩全，方為大吉。

九流術士，偏宜鬼動生身。

百工九流求財，以鬼爻為主顧，無鬼最不利。出現發動，生合世爻，必然稱意。更化財爻，決得大利。

須忌刑剋世爻，或化兄，皆主惹是招非，不能遂意。應空尤不吉。

大抵空手求財，雖要官爻，然須財爻旺相，兄弟不動，方主有財。否則空好看，終無財利。

六畜血財，尤喜福興持世。

凡占販賣牲口，蓄養六畜，皆要子孫旺相不空，則吉，持世臨身尤好。

父母發動，則有傷損。化出土鬼，須防瘟死。福旺財空，六畜雖好而無利。

世應同人，放債必然連本失。

凡放私債，最忌世應值兄弟，必無討處。財爻更絕，連本俱失，世應值空亦然。須得應爻生合世爻，妻財有氣，子孫發動則吉。

間臨兄鬼動，恐放頭抽分財利。

卦中無財，而官爻變出者，必訟於官府而後可取。

日月相合，開行定主有人投。

開行牙人占財，世應要不空，財福要全備，官鬼要有氣，父兄要衰靜，斯為上吉卦。更得月建、日辰、動爻生合世爻，則近悅遠來，人皆投我，財利必順。

卦若無財，而世得月日動爻生合者，不過門頭鬧熱，無實利。鬼旺財空，亦然。動出兄官，常有是非口舌，或有惡人攪擾。世應空，開不成。

應落空亡，索借者失望。

求索假借，不宜應空，應動，動則更變，空則不遇。生合世爻，慨然不吝。必得物爻不空為妙，如衣服經史看父爻，六畜酒器看福爻，其餘財物看財爻。又如花果看木爻，磚瓦看土爻類，亦是。

世遭刑剋，賭博者必輸。

凡占賭博，要世旺應衰，世動應靜。世剋應我勝，應剋世他勝。

兄鬼動來刑剋世爻，或臨兄弟，或臨自空，皆主不勝。

世應靜空，賭博不成。世坐官爻，防他合謀騙我。間爻動出兄弟官鬼，多主爭鬥。內外俱無財，亦不能勝。

更遇世應空動，必是賭賒②。兄鬼化財，先敗後勝。財化兄鬼，先勝後敗。

坐方宜財福之地，世變財福，更宜易換賭色。大怕卦身臨兄弟，任換賭色，終是輸兆。

鬼剋身爻，商販者必遭盜賊。

販賣經商，要世應生合，鬼爻空伏，動爻日辰不傷乎我，則安然無事。更得財旺福興，大吉之兆。遇兄鬼發動，玄武交重，必遇劫竊之人。更剋世爻，決有大禍。世若空亡，庶可回避。鬼動五爻，途中仔細。

間興害世，置貨者當慮牙人。

買貨者，應要生合世爻，必然易成。刑剋世，必難置買。物爻太過，其貨必多；物爻不及，其貨必少；物爻空伏，其貨必無。物爻者，六畜看子孫，五穀看財爻，絲綿布帛看父母類。

最怕兄鬼交重，須防光棍誆騙。在間爻，則是牙人虛詐不實，或有口舌爭競；傷剋世爻，當慮牙人謀劫財物。

出路買貨，應空多不順利。

停塌③㈡者，喜財安而鬼靜。

積貨不宜財動，亦不宜空亡，又不宜動爻日辰剋劫。更得坐於胎養長生爻上，後必得利。若遇兄官交變，或俱發動，須防竊盜。兄弟獨發，則多耗折。水爻父母刑剋世爻，主被雨水淹腐。

財化死墓空絕，後必價賤。

脫貨者，宜財動而身興。

脫貨財動，則主易脫。應空，無人置買。世空，自賣不成。動變日辰，俱來生合，有人爭買。若遇刑沖，則主多破阻難成。

財在內動，宜在本處賣。在外動，宜向他處脫之。動而遇合，將成不成。動而逢空，欲賣不賣。卦無官鬼，亦是難成之象。

路上有官休出外，

五爻為路。臨官發動，途中必多驚險，出外求財大宜避之。要知有何災咎，以所臨六神斷。如白虎為風波，玄武為盜賊類。路爻空亡，亦不宜出外。惟臨財福則吉。

宅中有鬼勿居家。

二爻為宅。在家求財，鬼動此爻，必然不利。以所臨五行斷，如火鬼忌火燭，水鬼忌盜賊類。得子孫持世發動，庶幾無害。宅爻空亡，只宜出鋪。

內外無財伏又空，必然乏本。

六爻無財，本宮財爻又伏空地，其人雖欲經營，必無資本。勉強為之，亦無利息。若得動爻化出，主有小小財利。

父兄有氣財還絕，莫若安貧。

父兄二爻，占財大忌。有發動刑沖剋害，利必不多。財爻更弱，恐防折本。故不若安貧守分之為高也。

生計多端，占法不一。但宜誠敬以祈求，自可預知其得失。

注釋

①賈（gǔ）：古時特指囤積營利的坐商。古時候稱行商為「商」，坐商為「賈」。
②賖（shē）：賖欠。當時不付錢。
③停塌：屯積。

校勘記

㈠「牲」，原本作「生」，疑誤，據其文意改作。
㈡「塌」，原本作「榻」，疑誤，據《卜筮正宗・黃金策・求財》原文改作。

十九、家宅

創基立業，雖本人之經緯。關風斂氣①，每由宅以肇端②。故要知人宅之興衰，當察卦爻之內外。

內為宅，外為人，詳審爻中之真假。

內，內卦，初爻為宅基，二爻為宅舍，三爻為門。外，外卦，四爻為父母，五爻為兄弟，六爻為妻財。

內卦宅生人吉，外卦宅剋人凶。

虎易按：《卜筮正宗・黃金策・家宅》曰：「內者，內卦也，內卦第二爻為宅舍。外者，外卦也，外卦第五爻為人口」。供讀者參考。

合為門，沖為路，不論卦內之有無。

合為門，沖為路。卦爻內不必明見沖合。

且如《天風姤》卦：

二爻辛亥水為宅。寅與亥合，以寅為門。巳亥相沖，以巳為路。卦內本無寅巳二爻，不明見。

《姤》屬金，以寅木為財，巳火為鬼殺。如化財，此亦吉凶相半之兆。

虎易按：「合為門，沖為路」，《卜筮正宗・黃金策・家宅》曰：「合二爻為門，沖二爻為路」，此說更為清晰明白，供讀者參考。

龍德貴人乘旺，岳嶽③之侯門。官星父母長生，潭潭④之相府。

青龍、印綬、官星、貴人、太歲、天德、月德、月建、日辰、歲德，臨宅爻、身命爻上，生旺有氣，主有官職之家。宜以分別高下。

《卜筮全書》教例：041

乾宮：天風姤

本　　卦		
父母壬戌土	▅▅▅	
兄弟壬申金	▅▅▅	
官鬼壬午火	▅▅▅	應
兄弟辛酉金	▅▅▅	
子孫辛亥水	▅▅▅	
父母辛丑土	▅ ▅	世

貴人，即天乙貴人。官星，即甲見辛類是也。

虎易按：「官星，即甲見辛類是也」，此說是按「剋我者為官鬼」的體例解釋的，即以甲為我，剋甲者是辛，因此，辛即為甲之官鬼。供讀者參考。

門庭新氣象，重交得合青龍。

交重青龍，在日辰旬內，得長生帝旺，主鼎新創造生旺。在休囚之中，主修舊合新門之象。臨財，新修舊廚灶。臨父，新修舊堂。臨兄，新修門戶。臨子，新修房舍。臨官，新修廳堂屋宇。

堂宇舊規模，宅舍重侵白虎。

白虎交重，在日辰旬外，休囚絕無生旺，主遠年還造，破舊不整。休囚在生旺之中，亦主拆舊換新。

若臨兄，舊門戶。臨子，舊牆壁。臨官，皆除破損。臨父，舊堂宇。臨財，舊廚灶，或破古戶牖，低土地。

化空，移高就低。水爻，池塘填也。

土金發動，開闢之基。

土化金，金化土，為開闢之基。土化土，為墳之基。土化空，移高就低。餘倣此。

父母空亡㊀，租賃⑤之宅。

父母為文書，逢空為無氣。更逢應爻為得日辰、動爻化文書，與宅相生相合，主是租賃之地。

門庭熱鬧，財官臨帝旺之鄉。

財鬼龍德貴人乘旺，長生之位，臨宅生命、世爻，主家門熱鬧。

家道興隆，福祿在長生之地。

福即福德，祿即祿元。同龍貴在生旺之位，臨宅、人生、身命、世爻，主家宅興隆。財鬼龍旺，臨宅身命世爻，主一家熱鬧。交重發旺亦美。

交重生剋，重新更換廳堂。

生為父，父為堂。剋為官，官為廳。且如《乾》金，土為父，為堂，火鬼為廳。帶日辰交重，主更改再換。

世應比和，一合兩般門扇。

比和，乃兄弟。世應化兄弟，俱臨宅爻，或世應為兄弟爻，俱合宅爻，主一合兩般門扇。

門路與日辰隔斷，偏曲往來。宅基與世應交臨，互相換易。

且如《巽》卦：

辛亥水為宅，以寅合為門，以巳沖為路。日辰與動爻臨

《卜筮全書》教例：042

巽宮：巽為風（六沖）

本　　卦		
兄弟辛卯木	▅▅▅▅▅	世
子孫辛巳火	▅▅▅▅▅	
妻財辛未土	▅▅　▅▅	
官鬼辛酉金	▅▅▅▅▅	應
父母辛亥水	▅▅▅▅▅	
妻財辛丑土	▅▅　▅▅	

卯辰二位，隔斷寅巳二位，主偏門戶，曲折還魂路也。
宅臨之爻在世，世臨之爻在宅，且並日辰動爻，主換易宗族之家基地。
應臨之爻在宅，宅臨之爻在應，並日辰動爻，易換外人基地。

世與日辰剋宅，破祖不寧。
世爻與日辰同去剋宅爻，主破祖不寧。

宅臨月破剋身，生災不已。
月建相沖為月破，若動剋世爻，及係占人身命爻，主生災未已。若臨宅臨用破，即當破家。

應飛入宅，合招異姓同居。
應爻外飛入宅爻，主有異姓人同居合住。

宅動生身，決主近年遷住。
宅爻動，日辰之位在旬中主世身，必主近年遷住。

門逢三破，朽敗崩頹⑥。
三破，為年月日衝破也。並動爻臨宅，或剋宅，主破舊崩頹。臨官，主廳破。臨父，主堂屋破，或蓋覆傾頹。臨兄，主門戶破，牆壁毀。臨子財，主房舍、廂廊、煙廚破壞也。

宅遇兩空，荒閑虛廢。

卦體宅爻，在日辰旬之空，更在命旬之空亡。主荒閑虛廢，或是逃亡死絕之屋。白虎刑刃，劫殺耗神，喪門、弔客、大殺，主大凶。

世臨外宅，離祖分居。

宅爻與正卦世臨之爻相同，或與變卦世臨之爻相同。

如《明夷》之《豐》卦㈡：二爻己丑為宅，世臨四爻發，為世臨外宅。

又如《離》之㈢《姤》卦：己丑為宅，外卦世在己巳㈣，亦為世臨外宅。

以上二卦為例，餘倣此。

《卜筮全書》教例：043

坎宮：地火明夷（遊魂）				坎宮：雷火豐		
本卦				**變卦**		
父母癸酉金	▅▅ ▅▅			官鬼庚戌土	▅▅ ▅▅	
兄弟癸亥水	▅▅ ▅▅			父母庚申金	▅▅ ▅▅	世
官鬼癸丑土	▅▅ ▅▅	世	╳→	妻財庚午火	▅▅▅▅▅	
兄弟己亥水	▅▅▅▅▅			兄弟己亥水	▅▅▅▅▅	
官鬼己丑土	▅▅ ▅▅			官鬼己丑土	▅▅ ▅▅	應
子孫己卯木	▅▅▅▅▅	應		子孫己卯木	▅▅▅▅▅	

《卜筮全書》教例：044

離宮：離為火（六沖）				乾宮：天風姤		
本卦				**變卦**		
兄弟己巳火	▅▅▅▅▅	世		子孫壬戌土	▅▅▅▅▅	
子孫己未土	▅▅ ▅▅		╳→	妻財壬申金	▅▅▅▅▅	
妻財己酉金	▅▅▅▅▅			兄弟壬午火	▅▅▅▅▅	應
官鬼己亥水	▅▅▅▅▅	應		妻財辛酉金	▅▅▅▅▅	
子孫己丑土	▅▅ ▅▅		╳→	官鬼辛亥水	▅▅▅▅▅	
父母己卯木	▅▅▅▅▅		○→	子孫辛丑土	▅▅ ▅▅	世

動則離祖分居，不動則主偏宅。

應入中庭，外人同住。

應爻為宅爻，或宅爻為應臨之爻相同。

且如《巽》卦變《離》卦：

內卦辛亥水為宅，之㈤卦應居己亥水，故為應入中庭。

應臨宅爻，為應爻相同。

如《剝》卦：

內《坤》，應㈥臨二爻乙巳火。

《卜筮全書》教例：046

乾宮：山地剝

本卦		
妻財丙寅木	▅▅▅▅▅	
子孫丙子水	▅▅　▅▅	世
父母丙戌土	▅▅　▅▅	
妻財乙卯木	▅▅　▅▅	
官鬼乙巳火	▅▅　▅▅	應
父母乙未土	▅▅　▅▅	

《卜筮全書》教例：045

巽宮：巽為風（六沖）　離宮：離為火（六沖）

本卦				變卦		
兄弟辛卯木	▅▅▅▅▅	世		子孫己巳火	▅▅▅▅▅	世
子孫辛巳火	▅▅▅▅▅		○→	妻財己未土	▅▅　▅▅	
妻財辛未土	▅▅　▅▅		╳→	官鬼己酉金	▅▅▅▅▅	
官鬼辛酉金	▅▅▅▅▅	應		父母己亥水	▅▅▅▅▅	應
父母辛亥水	▅▅▅▅▅		○→	妻財己丑土	▅▅　▅▅	
妻財辛丑土	▅▅　▅▅		╳→	兄弟己卯木	▅▅▅▅▅	

又如《鼎》之《離》卦㊆：

辛亥臨宅，之卦內《離》，己亥臨應㊇，應為應入中庭，主外人同居。日辰同臨，為寄居也。

宅合有情之玄武，門庭柳陌花街⑦。木臨無氣之騰蛇，宅舍茅簷蓬戶。

宅爻鴛鴦合玄武，門庭桃花動爻，主女人淫欲，如花街柳陌人也。寅午戌，兔從卯裡出之類是。

騰蛇木爻，死氣臨宅，主甕牖繩樞⑧之地。

虎易按：「寅午戌，兔從卯裡出之類是」，此是指「桃花」，也就是「咸池殺」的體例。讀者可參閱本書卷十四「神殺歌例」。

鬼有助而無制，鬼旺人衰。

且如木命人占《乾》《兌》卦，以火為官。木能生火，為鬼有助。若卦體無水生命，為鬼無制，主人衰弱。卦無子孫，財爻兩動，亦為鬼有助，而無制也。

若金命人，助《離》宮水鬼。水命人，助《坤》宮木鬼。火命人，助《坎》宮土鬼類。

《卜筮全書》教例：047

離宮：火風鼎				離宮：離為火（六沖）		
本　卦				**變　卦**		
兄弟己巳火	▅▅▅▅▅			兄弟己巳火	▅▅▅▅▅	世
子孫己未土	▅▅　▅▅	應		子孫己未土	▅▅　▅▅	
妻財己酉金	▅▅▅▅▅			妻財己酉金	▅▅▅▅▅	
妻財辛酉金	▅▅▅▅▅			官鬼己亥水	▅▅▅▅▅	應
官鬼辛亥水	▅▅▅▅▅	世	○→	子孫己丑土	▅▅　▅▅	
子孫辛丑土	▅▅　▅▅		╳→	父母己卯木	▅▅▅▅▅	

宅無破而逢生，宅興財旺。

歲月日三破，不臨宅爻，更逢三件動爻生宅爻，與財爻旺相有氣，為宅興財旺。

有財無鬼，耗散多端。

有財則生鬼，無鬼不聚財。若無鬼爻，為宅無氣，必主家中財物耗散。

有鬼無財，災生不已。

鬼不宜動，財不可無。若鬼動，無財爻，更剋世身，剋宅爻，主連生災咎。

有人制鬼，鬼動無妨。

且如木命人，占得《坎》卦，以土為鬼，木命人剋土鬼殺。如或化木鬼，雖重而無害。金命人則制《坤》《艮》宮木鬼。但以本命剋鬼為制，乃無害也。

助鬼傷身，財多何益。

以金命人，占得《乾》卦，以火為鬼，以木為財。木能生火，火能剋金，有財為助鬼傷身，縱然財多何益。況鬼動財興，金在何益。

忌鬼爻交重臨白虎，須防人眷刑傷。

忌鬼爻變，乃剋身之鬼。並白虎交重發動，值喪門、弔客，主人眷災殃。

催屍殺身命入黃泉，大忌墓門開合。

鬼動剋身命，為催屍殺。動逢死氣，為黃泉路。鬼剋身命逢死氣，忌身命爻衝開墓門。

一沖一合，日辰動爻合墓，為墓門開合。凡卦中必見墓爻，若暗墓一沖一合，便是。如甲子生人，甲子日卜是也。

虎易按：「如甲子生人，甲子日卜是也」，此句不知何意。甲子生人，以辰為水墓，能沖辰者為戌，能合辰者為酉。甲子日卜，則甲子生人臨日，應是旺。請讀者注意分辨為宜。

木金年命，最嫌《乾》《兑》卦之火爻。

木金年命人，占得《乾》《兑》卦，以火為鬼爻。木生火爻，為鬼能助火剋金，為殺傷身。但本命生鬼為助，本命受鬼剋為傷身。金年木命皆然。木命人忌《震》《巽》宮鬼，水命忌《坎》宮鬼是也。

水火命人，不怕《震》《巽》宮之金鬼。

水火命人，占得《震》《巽》卦，以金為鬼。金能生水，火能剋金。故水火命人，不怕二宮之鬼也。

官星佩印居玉堂，乃食祿之人。

玉堂乃天乙貴人，官星乃甲用辛為官，印乃三傳之印綬，應爻之數。若有官，有貴人，有祿有印綬，並太歲生身命，登金門而步玉堂之人。身命受制，主先寵後辱。

親月建，外郡官。親日辰，縣宰官。有印無祿，有官無俸。有官無印，有祿無任人。日辰並子孫動，主官有剝削之失。日辰並財爻動，主遷擢升職之變也。

貴刃加刑控寶馬，必提兵之將。

貴，貴人。刃，羊刃、飛刃。刑，三刑。

貴人同得吉星相輔，刃加三刑臨貴人之位，受太歲之生，旁爻有馬，乃提兵將帥也。

財化福爻，入公門多致淹留。

日辰三合無㈨財爻而無上選，子孫為元祿。蓋財生鬼，財為正選，無財則無正選。子孫制鬼，若財化子，不利仕官公門之人。

貴印加官，在仕途必然遷轉。

官帶印，貴人臨世，並日辰旬中發動，在仕途，必然遷轉之喜兆也。

子承父業，子有跨灶之風⑨。

子命爻臨五爻之位，臨父母之身，相生相合，主有跨灶之風。相剋相刑，主有悖逆不孝，或不肖。不能克紹箕裘⑩之業。父母之命爻臨子孫爻之身，主子承父蔭。生合刑剋，依此斷之，萬無一失。

妻奪夫權，妻有能家之兆。

妻命臨夫身五爻之上，與夫相生相合，得內助能家之兆。若妻剋夫爻，主妻淩夫，或破夫家也。

弟紾⑪乃兄之臂，身命相傷。

弟身爻起臨兄之命爻，或兄身爻起臨弟之命爻，若相刑相剋，主不友不恭。若相生相合，主兄弟怡怡⑫如也。

婦僭⑬姑嫜之爻，家聲可見。

二為媳婦之命爻，臨姑之身爻，相刑相沖，主淩尊上，悖逆不孝。相生相合，主順婦道也。

妻犯夫家之殺，妻破夫家。

夫家破耗二殺所臨之位，妻身命爻犯之，剋夫身命爻，主破夫家也。

夫臨妻祿之爻，夫食妻祿。

祿乃甲祿在寅，食乃甲食丙之類。如甲子生，妻祿在寅，夫身命爻臨之，遇食神，乃食祿順。食不逢空鬼破耗等殺，更值生旺有氣者，主夫食妻祿。若逢梟神⑭羊刃，空鬼耗破殺，雖食妻祿，亦無用矣。

交重兄弟剋妻身，再理絲弦。

妻身爻起臨兄弟之爻，發動傷身命，或夫臨兄弟爻，剋妻之身命，主琴弦再續也。

內外子孫生世位，多招財物。

內外子孫發動，並日辰生身世之財爻，無空破沖剋，多招財物。有氣必有不期而會也。

世為日辰飛入宅，鵲據鳩巢⑮。

如《乾》之《艮》卦：

內卦甲寅木爻為宅，之⑩卦丙寅爻持世。

發動，或並日辰與鬼飛入宅爻，主他人之屋，不是祖居，自創之屋，或租賃之宅。

假如《大過》之《井》⑪卦；內《巽》辛亥為宅，外《兌》丁亥持世發動，是也。

應臨父母動生身，龍生蛇腹。

應臨父母，居偏下之爻，占者身爻臨之，得本爻生之，或即動生子身命，主偏生庶出，或隔胎之子，前後父母生也。身

《卜筮全書》教例：048

占事：如占宅？

乾宮：乾為天（六沖）				艮宮：艮為山（六沖）		
本　　卦				**變　　卦**		
父母壬戌土	▅▅▅▅▅	世		妻財丙寅木	▅▅▅▅▅	世
兄弟壬申金	▅▅▅▅▅		○→	子孫丙子水	▅▅　▅▅	
官鬼壬午火	▅▅▅▅▅		○→	父母丙戌土	▅▅　▅▅	
父母甲辰土	▅▅▅▅▅	應		兄弟丙申金	▅▅▅▅▅	應
妻財甲寅木	▅▅▅▅▅		○→	官鬼丙午火	▅▅　▅▅	
子孫甲子水	▅▅▅▅▅		○→	父母丙辰土	▅▅　▅▅	

《卜筮全書》教例：049

占事：如占宅？

震宮：澤風大過（遊魂）				震宮：水風井		
本　　卦				**變　　卦**		
妻財丁未土	▅▅　▅▅			父母戊子水	▅▅　▅▅	
官鬼丁酉金	▅▅▅▅▅			妻財戊戌土	▅▅▅▅▅	世
父母丁亥水	▅▅▅▅▅	世	○→	官鬼戊申金	▅▅　▅▅	
官鬼辛酉金	▅▅▅▅▅			官鬼辛酉金	▅▅▅▅▅	
父母辛亥水	▅▅▅▅▅			父母辛亥水	▅▅▅▅▅	應
妻財辛丑土	▅▅　▅▅	應		妻財辛丑土	▅▅　▅▅	

命俱臨父母，重拜雙親。

世應隔異，兄弟多因兩姓。

如《晉》卦己酉金是世，假如乙未應隔申字之《遯》卦壬申金，應真兄弟。

假如《晉》卦之《遯》卦：外《離》為假弟⑪，何也？《離》己酉金，假弟。《遯》卦，外有《乾》卦壬申金持應⑫，是真兄弟。

虎易按：「外有《乾》卦壬申金持應」，不是指本卦的外卦；是指《晉》卦之《遯》卦的外卦，壬申金持應爻。

假又如《姤》之《明夷》卦：

《卜筮全書》教例：050

乾宮：火地晉（遊魂）				乾宮：天山遯		
本　　卦				**變　　卦**		
官鬼己巳火	▅▅▅▅			父母壬戌土	▅▅▅▅	
父母己未土	▅▅　▅▅		╳→	兄弟壬申金	▅▅▅▅	應
兄弟己酉金	▅▅▅▅	世		官鬼壬午火	▅▅▅▅	
妻財乙卯木	▅▅　▅▅		╳→	兄弟丙申金	▅▅▅▅	
官鬼乙巳火	▅▅　▅▅			官鬼丙午火	▅▅　▅▅	世
父母乙未土	▅▅　▅▅	應		父母丙辰土	▅▅　▅▅	

《卜筮全書》教例：051

乾宮：天風姤				坎宮：地火明夷（遊魂）		
本　　卦				**變　　卦**		
父母壬戌土	▅▅▅▅		○→	兄弟癸酉金	▅▅　▅▅	
兄弟壬申金	▅▅▅▅		○→	子孫癸亥水	▅▅　▅▅	
官鬼壬午火	▅▅▅▅	應	○→	父母癸丑土	▅▅　▅▅	世
兄弟辛酉金	▅▅▅▅			子孫己亥水	▅▅▅▅	
子孫辛亥水	▅▅▅▅		○→	父母己丑土	▅▅　▅▅	
父母辛丑土	▅▅　▅▅	世	╳→	妻財己卯木	▅▅▅▅	應

壬申金是真兄弟，《明夷》外卦有癸酉金㈣，是假。不合中間㈤，酉字亦為隔異之間。並日辰應有親兄弟，或日月建動爻隔斷，亦依此斷。《姤》卦應隔兄弟，《明夷》卦應隔兄弟是。餘皆倣此。

應爻就妻相合，外人入舍為夫。

應爻飛入宅，與妻身命相生相合，主招外人入舍為夫。

假宮有子飛來，異姓過房作嗣。

假如子孫帶占身命，或日辰是假宮飛來，伏在身命爻下，主為人異姓過房之子。帶日辰旬真宮飛來，主過人家之子。飛動應爻，過房與人也。

妻帶子臨夫位，引子嫁人。

妻命帶子孫，動臨夫位，並日辰，主妻引子嫁人是也。

夫身起合妻爻，將身就婦。

夫身爻起臨妻命爻，或夫命爻動臨妻身爻動，並日辰，為之將身嫁婦也。

本命就中空子，見子應遲。

子孫同我生之爻，在日辰命旬之空，主見子遲。若胎絕，主孤害刑剋也。

身爻合處逢妻，娶婚必早。

夫身爻起處合妻之命爻，見妻必早。妻身爻起合夫之命爻，婦嫁必早。

夫婦合爻見鬼，婚配不明。

夫合之爻，妻合之爻，見鬼，主婚姻不明。但有合爻見鬼是也。

子孫絕處刑傷，兒多不育。

子孫逢死絕爻，更受傷刑剋害，主子多不育難招。

夫妻反目，互見刑沖。兄弟無情，互相淩制。

夫身爻並日辰動刑妻命，主夫不和妻。妻身爻並日辰動刑夫命，主妻不和夫。或妻命沖夫身，夫命沖妻身，主夫妻反目。如《風天小畜》九三爻⑯是也。兄帶日辰剋弟身命爻，弟帶日辰剋兄身命爻，主兄弟不和，互相淩虐。

日將與世身相生，當主雙胎。身命與世應同爻，多應兩姓。

身世起合與日辰動爻同位，兩生命者，主雙胎，同年之子，或雙頂是也。身臨世、命臨應，或命臨世、身臨應是。身命兩臨世應，主有兩姓。

妻財發動，不堪父值喪門。父母交重，最忌子臨死絕。

上有父母，不堪財爻發動，更兼父母值喪門、弔客爻，主有剋害之患。

妻剋世身重合應，妻必重婚。

妻爻動剋夫命，主剋夫。並日辰又與應相合，主妻再嫁。若帶咸池與應爻相合，並日辰動爻，帶亡劫刑刃等殺，剋夫身命爻，主妻與外人謀殺夫主。臨交爻，主未來之事。

夫刑妻命兩逢財，夫當再娶。

妻身命臨夫家刑殺之爻，更逢剋處兩財，主夫剋兩妻。並日辰合傍爻之財，主再娶。夫並日辰動爻，帶劫刃刑等殺，傷妻命爻，主遭夫毒手也。

妻與應爻相合，外有私通。

妻身命爻與應相合咸池、玄武、桃花，主妻有外情。夫並日辰剋妻與應爻，主獲妻奸。夫並世應在三合之爻，主從良為娼。日辰臨交爻，主心意未絕。妻帶財生應爻，妻以財誘外人。應帶財生妻爻，外人以財誘妻。應自外宮來，主遠方人。應自內來，近親之人。世爻動帶鬼隔斷，為家人間阻。應爻動帶鬼隔斷，為外人間阻其情。

男臨女子互爻，內多淫欲。

男身爻起臨女命爻，女身爻起臨男命爻，謂互，尊卑失序，主有淫亂事。若夫妻互相合，主先奸後娶。據理而詳可也。

青龍水木臨妻位，多獲奩財。

如財臨青龍，水木有氣，夫命臨之，更有氣，主得妻財多。命帶玄武財爻，有暗來妻財。

如辛丑日，卜得《恒》、《觀》卦是：

虎易按：以上《恒》卦例，似乎與其所論不符，請讀者注意分辨。

玄武桃花犯命中，荒淫酒色。

身命帶玄武桃花，主貪酒色。男則粘紅綴綠，女則葉人牽惹。

世應妻爻三合，當招偏正之夫。

為世應財爻三合妻爻，更逢兩鬼合身命，主有偏正之夫。

財爻㊅世應六沖，必是生離之婦。

妻身命爻值鬼爻，與世應並日辰動破合，重重相沖，與財兩合，或妻身命爻，與世應動爻相沖，或日辰相沖，主是生離之婦也。

世應為妻爻相隔逢沖，必招外郡之人。

世應在日辰旬中隔斷妻爻，或與夫爻相隔，在日辰旬外逢沖，主是外郡之人。夫隔妻爻，妻動在遊魂世應之外，主他州人也。

夫妻與福德相逢帶合，必近親鄰之女。

《卜筮全書》教例：053			
時間：辛丑日（旬空：辰巳）			
	乾宮：風地觀		
六神	本　　卦		
騰蛇	妻財辛卯木	▅▅▅▅▅	
勾陳	官鬼辛巳火	▅▅▅▅▅	
朱雀	父母辛未土	▅▅　▅▅	世
青龍	妻財乙卯木	▅▅　▅▅	
玄武	官鬼乙巳火	▅▅　▅▅	
白虎	父母乙未土	▅▅　▅▅	應

《卜筮全書》教例：052			
時間：辛丑日（旬空：辰巳）			
	震宮：雷風恒		
六神	本　　卦		
騰蛇	妻財庚戌土	▅▅　▅▅	應
勾陳	官鬼庚申金	▅▅　▅▅	
朱雀	子孫庚午火	▅▅▅▅▅	
青龍	官鬼辛酉金	▅▅▅▅▅	世
玄武	父母辛亥水	▅▅▅▅▅	
白虎	妻財辛丑土	▅▅　▅▅	

男與財爻相近，俱在本宮，或卦中，主婚姻近處。就中合見子孫，主因親致親，或故親為媒。

命逢死氣，最嫌殺忌當頭。

身臨命家日家逢死氣，若日辰動爻並殺，倘剋身命，主有死亡之禍。

鬼入墓鄉，尤忌身爻濺血。

命爻帶鬼入墓，怕身爻帶殺或受制，最不吉之兆。

惡莫惡於三刑迭刃。

刑無刃不能傷人，刃無刑禍亦不大。

若刑刃兩全，帶殺剋身，臨官主犯官符刑憲事。

玄武傷財，劫賊圖財致命之事。

世並日辰動爻，剋應帶殺，主我傷他人。

應並日辰動爻，帶殺剋世，主他人殺我。

為官掌生死之權，名揚夷夏。若漁獵技藝之人，禍當滅沒，否則疲癃殘疾⑰之人。若龍德發動，凶中則有吉之象。

凶莫凶於四虎交加。

日家應家白虎，即胎神。月破白虎，六神白虎，太歲白虎，命家白虎，即日神。

白虎化白虎，重重臨宅剋身，主刑剋伏制之事。

若帶鬼殺重重，並喪弔凶神，舉家遭禍死亡，庶十幾八九。

若卦中龍德動，主喜事至，則稍輕，是悲喜相半之兆。

四鬼貼身，防生災咎。

貼身鬼帶破碎殺，主有破相之疾。《乾》主頭面小腸，喘急咳嗽之疾。《坎》主兩耳，腎間之疾。《艮》主背肋，手指之疾。《震》主下部，腰足痛之疾。《巽》主兩股兩腿，頭髮血氣之疾。《離》主眼目，心經之疾。《坤》主腸間，脾胃之疾。《兑》主口齒，及唇之疾。餘倣此。

三傳剋世，易惹災危。

三傳：太歲、月建、日辰。帶殺帶鬼，剋世身命，主宅丁人眷災危。太歲連年之禍，月建主累月之災殃也。

劫亡兩賊傷身，青草墳頭之鬼。身命兩空遇殺，黄泉路上之人。

身命逢絕在旬中空亡，亡神劫殺帶鬼傷身剋命，主有死亡之患。

勾陳傷玄武之身財，女多凶禍。白虎損青龍之官鬼，男忌死亡。

注釋

①關風斂（liǎn）氣：藏風聚氣。

②肇（zhào）端：發端；開端。

③岳嶽：挺立貌；聳立貌。喻人位尊氣盛。

④譚譚：深廣貌。

⑤租賃（zū lìn）：租借；租用。

⑥崩頹（bēng tuí）：倒塌毀壞。

⑦柳陌（mò）花街：舊指妓院或妓院聚集之處。

⑧甕牖繩樞（wèng yǒu shéng shū）：用破甕口作窗戶，用繩子縛著門樞。指房屋簡陋，家境貧窮。

⑨跨灶之風：比喻兒子勝過父親。

⑩克紹箕裘(jī qiú)：《禮記•學記》曰：「良冶之子，必學為裘；良弓之子，必學為箕」。後因以「克紹箕裘」謂能繼承祖業。

⑪紾（zhěn）：扭；擰。

⑫怡怡：特指兄弟和睦的樣子。

⑬僭（jiàn）：超出本分行事。

⑭梟（xiāo）神：四柱八字學名詞，指偏印。

⑮鵲據鳩巢（quèjūjiūcháo）：本喻女子出嫁，住在夫家。後比喻強佔別人的房屋、土地、妻室等。

⑯如《風天小畜》九三爻：《風天小畜》九三爻辭曰「輿說輻，夫妻反目」。爻象曰：「夫妻反目，不能正室也」。

⑰疲癃（lóng）殘疾：曲腰高背之疾。泛指年老多病或年老多病之人。古代以成年男子高不滿六尺二寸者為疲癃。

校勘記

㈠「亡」，原本作「房」，疑誤，據《卜筮正宗・黃金策・家宅》原文改作。

㈡「如《明夷》之《豐》卦」，原本作「如《明夷》卦」，疑誤，據「世臨四爻發」改作。

㈢「之」，原本脫漏，據其文意補入。

㈣「已巳」，原本作「辛丑」，疑誤，據其文意改作

㈤㈩「之」，原本作「外」，疑誤，據其卦理改作。

㈥㈧「應」，原本作「印」，疑誤，據其名詞改作。

㈦「《鼎》之《離》卦」，原本作「《離》正卦內巽」，疑誤，據「之卦內離」改作。

㊈「無」，原本作「得」，疑誤，據其文意改作。

㊉「假如《大過》之《井》卦」，原本作「假如《大過》卦」，疑誤，據「外《兑》丁亥持世發動」改作。

⑬「弟」，原本作「子」，疑誤，據其文意改作。

⑬「應」，原本作「世」，疑誤，據其卦理改作。

⑭「癸酉金」，原本作「癸亥水」，疑誤，據其文意改作。

⑮「間」，原本作「旬」，疑誤，據其文意改作。

⑯「爻」，原本作「交」，疑誤，據《卜筮正宗・黄金策・家宅》原文改作。

二十、墳墓

葬埋之禮，乃先王之所設。雖為送死，而然風水之因。特後世之所興，禍福吉凶攸係。

故墳占三代，穴有定爻。一世二世，子孫出王侯將相之英。世四世三，後嗣主富貴繁華之茂。絕嗣無人，端為世居五六。為商出外，只因世在遊魂。八純凶兆，歸魂亦作凶推。吉兆相生，相合亦將吉斷。

初子孫，二母，三兄弟，四妻妾，五父㊀，六祖宗。以前穴爻㊁從定為正。

如遇日辰長生之神，持金，不必有石。或休囚死氣，更無別物。為穴有定爻，穴葬之處為墓。卦各有其名，而無其位。如金穴取金墓在丑便是，不必明見丑。餘倣此。

又占墳，飛得之傳屬木，亡命屬土㊂，不宜應上命，子孫不利。

六太婆，五太公，四婆，三公，二母，一父。

又云：六太婆，五太公，四公，三父，二婆，一母。

穴騎龍，龍入穴，穴正龍真。

穴帶龍來入穴，更遇世臨穴爻，相生相合，龍虎抱衛，有情，為龍真穴旺。

又例：若龍起穴，在五黃中宮，亦是。若逢衝動，則又非。若得龍起於穴爻，則為吉地是也。

山帶水，水連山，山環水抱。

山帶水為朝帶，來山與穴相合是。山環水抱，重合生氣，帶財福貴，乃為吉地。

交重逢旺氣，聞雞鳴犬吠之聲。

動逢生氣旺相，水火爻見廚，確聞雞鳴犬吠之聲。

黃金策分爻			
六爻	祖宗	太婆	太婆
五爻	父	太公	太公
四爻	妻妾	婆	公
三爻	兄弟	公	父
二爻	母	母	婆
初爻	子孫	父	母

世應拱穴爻，有虎踞龍蟠之勢。

世應帶龍虎穴，居世應之間，生合有情，主龍蟠虎踞之勢。

三合更兼六合，聚氣藏風。

賓主山與龍虎日辰動爻，逢三合六合穴爻，若合，主藏風聚氣之勢。

虎易按：世為主山，應為賓山。供讀者參考。

來山番作朝山，回頭顧祖。

應在朝山帶來山，有回頭顧祖之勢。

虎易按：《卜筮正宗・黃金策・墳墓》曰：「來山者，內卦之世爻也。朝山者，外卦之應爻也」。供讀者參考。

死絕之鬼，邊有荒墳。長生之爻，中有壽穴。

戊己鬼，死絕無氣之鬼。主邊近有荒古之墳。穴中有長生旺氣，主有壽穴。內卦有生墓之穴法也。

合處與應爻隔斷，內外之向不同。

內為穴，外為墓，合為向。假如已未土為穴，合午為向。庚辰土為墓，合酉為向。若午酉之間應爻並日辰爻隔斷，主金井①陽門向背不同。

穴中為世日衝開，左右之穴相反。

穴臨巳未二爻，世並日辰臨午爻，分開左右之穴。主穴道相反也。

穴道得山形之正，重逢本象之生。

龍山龍形，虎山虎穴。重逢本宮卦象之生，及動爻之生，為穴得山形之正。

世應把山水之關，宜見有情之合。

世應臨水口之關爻，若帶合，主有關鎖。有情之勢，如寅為龍，見亥則生頭角，坐見火為洩氣，為擺尾。

虎易按：第六爻為水口之爻。供讀者參考。

坐山有氣，怕穴逢空廢之爻。

且如《坎》山，所得申爻臨穴，為《坎》居水，生申有氣。最怕爻臨廢神空亡之位。若然逢此，主棄毀不用也。

本命逢生，忌運入刑傷之地。

凡占生墓，要本生年，得穴之生旺氣，山所有生旺之氣。忌山運與卦爻相沖相剋，尤忌傷刑本命爻。若山運與本命爻相生有氣為吉，若遇空亡，卻不怕空，反為吉地。

青龍擺尾，就中逢洩氣子孫。白虎昂頭，落處逢生身父母。

若青龍臨子孫重重有氣，有擺尾之勢，與白虎同。若白虎爻，遇父母爻重重生身者，必有昂頭之勢，與青龍同。

後來龍餘氣未盡，有玄武吐舌之形。

來龍並日辰入穴，明堂兼脫氣，為玄武吐舌之形，或來龍㊃不住。

前朝案動爻逢沖，為朱雀開口之象。

朝山主爻發動，並日辰逢沖刑害，主有朱雀開口之象。

虎易按：六神方位，左青龍，右白虎，前朱雀，後玄武，騰蛇、勾陳居中。「後來龍餘氣未盡，有玄武吐舌之形」，即後為玄武。「前朝案動爻逢沖，為朱雀開口之象」，即前為朱雀。

世坐勾陳之土局，破坎田園。

世坐穴，若勾陳之爻，或臨土局，必是破坎田園。

應臨玄武之水爻，溝坑池井。

若應臨玄武之爻，或並水爻，主有泉源溝坑之水。

白虎在破耗之位，古墓墳塋。

若臨月破白虎之位，主是古舊墳塋。在歸魂卦，或鬼飛入穴，為還魂葬地。

騰蛇臨父母之爻，交加產業。

騰蛇為索帶交加之象，父母為文書契字，主重重疊買，交加產業。

勾陳土鬼，塚墓累累。

勾陳戊己土鬼，逢死絕之爻，為古墓。遊魂鬼動逢沖空，傍有改葬之地。日辰剋白虎穴爻，有崩頹之墓。青龍爻動，主有新墳。若歸魂飛入穴爻，主有還魂改葬之地。

玄武金神，岩泉滴滴。

金為石，玄武為水，主有滴瀝自出之泉。乘旺，主穴中有水，官有他井。白虎臨亥子水爻，亦主有水，或近泉岩。

青龍發動臨子孫，決主新遷。

若青龍臨交爻動，或值子孫，必是新遷未遷之象。如飛起在穴，亦依此斷。

朱雀飛來帶官鬼，必然爭訟。

朱雀鬼並動爻日辰，或臨官符，主有爭訟事。剋應得理，剋世失理。穴爻之內見朱雀、官符、官鬼等殺，日辰飛入穴，亦依此斷之。

應爻加木臨玄武，前有溪橋。

若應爻並木爻臨玄武，逢沖剋，主墓前有溪橋。

日辰沖土鎮螣蛇，邊通道路。

螣蛇為路。並日辰，辰戌丑未之爻，與日辰動爻沖剋，主近道路。

又云：動爻帶來山，日辰沖，日辰帶來山，動爻沖，為應庫龍路。子午為來山，日辰帶殺，與卯酉沖，卯酉為來山，子午沖，為腰路。子卯見午酉沖，午酉見子卯沖，為曲尺路。破穴為掃肋路。子為穴，丑亥見巳未沖，午為穴，巳未見丑亥沖，為扭械路。辰酉見卯戌沖，卯戌見辰酉沖，為交叉路。沖穴為當胸路，沖馬為驛路。横直沖為十字路，為四沖路。交為新路，重為舊路。震為大路，艮為邊路。沖剋穴爻，為白虎帶索之類也。又如子為穴爻，巳動亥為日辰沖，亦為扭械路。辰為穴爻，卯日酉動為交叉路。

朱雀火爻發動，廚庭炊爨②之傍。青龍財庫相生，店肆庫倉之畔。

朱雀火爻發動臨財，或朱雀空，為廚庭煙灶之所。青龍為四墓，逢財相生有氣，為瓦鋪酒肆。若遇庚申癸酉金，丁酉金，為倉庫之畔。

玄武世飛入穴，暗地偷埋。勾陳土動落空，依山淺葬。

玄武世爻，並日辰動飛入穴，主偷埋盜葬。或者暗地瞞人出殯。勾陳土動，或空，或發動，必是依山淺葬也。

日合鬼爻有氣，近神廟社壇之傍。

鬼旺有氣，或臨青龍貴人，與日辰相合，主近神廟，或古跡靈壇之所。

動臨華蓋逢空，傍佛塔琳宮③之所。

華蓋穴爻，鬼動逢空，乘旺有氣，主近寺觀。若華蓋帶劫殺刃，為匠藝人家，有響應之聲。

世應逼左右之山欺穴，龍虎磕頭。

世應在重龍重虎之位，逢白虎寅爻為龍虎磕頭。

交重並旬內之水傷身，溝河插腳。

水爻動在日辰旬中，居穴之前，或日辰旬中之水，並動爻居穴之前，主有溝河插腳之水。

生生福合三傳上，百子千孫。

福德逢穴爻之生，更在三傳之位，相合有氣，主有百子千孫。

重重墓在一爻中，三墳四穴。

六親世應，日辰動爻，重重墓在一爻之內，主有三墳四穴。

鬼父同墓，主始祖與父同，太祖祖父同葬。財鬼同墓，始祖與祖同葬。財父同墓，主始祖與父同葬，或公姑媳婦同葬。陰為女，陽為男。

財為太始祖妣，又為子孫妻兒曾孫。

鬼世同墓爻，主家人同葬。應鬼同墓爻，主外人同葬。

中間未能盡述，臨應可詳斷。

神不入墓，遊魂之鬼逢空。

亡命作鬼，逢空穴爻化鬼爻，墓處逢空，及臨遊魂，主鬼不入墓。

遊魂鬼乃在外卦，應爻動空，主客外死，或葬他鄉。空穴空墓，主無埋葬之地。若帶凶殺剋身，必主惡死。

鬼已歸山，本命之爻逢合。

亡命穴爻，相生相合，並鬼爻逢墓，為鬼已歸山。主魂安埋葬畢也。

外卦遊魂鬼動，穴爻逢空，墓在外卦世爻，主招魂安葬。若在內卦應爻，亦主附葬也。

日帶應爻劫殺入穴，劫塚開棺。

日辰並玄武應爻，帶殺飛入穴，或動爻破穴破墓，主劫塚開棺。沖剋亡命，主暴棄屍骸。

世應並日辰之殺，動破穴爻，主自家起墓開棺，盜財移葬。若剋亡命，必主暴露不葬。

用並世象動爻剋應，侵人作穴。

用為世爻並日辰動爻剋應，主侵人墳地作穴。動與應爻並日辰剋世剋穴，主他人侵自己墳地而埋葬。

客土動而墓爻合，擔土為墳。

客土者，外卦土，應土是也。與穴爻墓爻發動，相合相生，主是擔土為墳，或傍土為左右臂。

朝山尊而穴法空，貪峰失穴。

朝山在貪狼貴人位，主前有貴峰聳秀。若穴空，主有貪峰失穴之象。苟或不空，卻朝山聳秀之美乎。然貪狼，乃是長生也。

子孫空在日辰之後，穴在平洋。

子孫在日辰之後逢空，或勾陳親戊己土爻，或爻在明堂寬大之地，多主平地作穴。

兄弟爻落世應之間，墳遷兩界。

世應同臨穴爻，更有兄弟之爻，或在世應之間，主墳遷兩界。或在日辰前後，兩旬之爻，依此斷。

日辰與動爻破穴破墓，定合重埋。世應並穴道沖屍沖棺，當行改葬。

日辰發動衝破墓爻，世應相剋，沖屍沖棺；或父化父，兄化兄，鬼化鬼，財化財，皆主重埋改葬。

又云：金為屍首木為棺，土為墓兮仔細看。

重交生穴經營，非一日之功。

交重生穴，兩重爻發動，皆生穴爻，並日辰，主加工用事，非一日之可成。

龍德臨財遷造，為萬年之計。

青龍臨財爻子孫，生旺有氣，與穴相合相生，主遷造之墳，美麗悠久。若逢四廢神臨穴，必然措而無用也。

應飛入穴，必葬他人。

如應爻飛入穴爻，主外人同葬，或是他人之地。不然，是他人舊墳邊。

殺動臨爻，凶逢小鬼。

凶殺犯亡人死絕之位，更帶鬼剋之命，主遲小鬼。

火土鬼帶日旬，主瘟疫死。金帶刃，主刀兵死。水鬼帶浮沉殺，主水鬼。木鬼並騰蛇勾絞殺，主縊死。金鬼白虎帶殺，主虎口死。旺金主勞死。土鬼，主咽喉脾胃，黃腫死。若沖，主魘鬼死。火鬼燒死，熱症死，或化葬。木鬼沖刑，主被物打死，及跌蹼死。白虎持世鬼，騰蛇鬼，應爻剋身穴，主被人打死。金未鬼帶三刑羊刃，年月朱雀鬼符剋身，主刑杖死。金刃並專刃，主自刎死。可以逐類詳斷。如胎生為稚子，旺為中年人，衰為老者。然卯前為勾，酉後為絞是殺。

犯天地四大空亡之殺，骸骨不明。穴遇三傳刑刃之空，屍首有損。

甲午乙丑，甲申乙亥，甲戌乙酉，壬子癸卯㊄，壬寅癸未，壬辰癸巳，以上乃天地空亡。

子午旬無水，寅申㊅不見金。四位，如四大空亡。

虎易按：易卦以《乾》為天，《坤》為地，合稱為天地。《乾》卦納天干甲壬，《坤》卦納天干乙癸。《乾》內卦納干支甲子、甲寅、甲辰，《乾》外卦納干支壬午、壬申、壬戌。但《乾》內外卦中，沒有納入甲午、甲申、甲戌、壬子、壬寅、壬辰六組干支。《坤》內卦干支納乙未、乙巳、乙卯，《坤》外卦納干支癸丑、癸亥、癸酉，但《坤》內外卦中，納入沒有乙丑、乙亥、乙酉、癸未、癸巳、癸卯六組干支。因此，將《乾》、《坤》兩卦沒有納入的十二組干支，稱為「天地空亡」。

「子午旬無水，寅申不見金」。指六甲旬中，只有甲辰、甲戌二旬之中，納音金、木、水、火、土五行俱全。而甲子，甲午旬中，沒有納音水。甲寅，甲申旬中，沒有納音金。「四位，如四大空亡」，指逢此四旬，稱為「四大空亡」。

三傳，乃太歲、月建、日辰也。

三刑、羊刃：且如己卯日，占得《坤》卦：

甲子亡命，穴臨上六，癸酉金乃甲戌旬中空金。乃甲寅旬之空子丑㊆。

甲子天干日從《乾》上起，順飛至《乾》，《乾》遇得癸。地支子從《坎》上類起，順飛至《坎》，遇金住。天干乃遇《乾》，地支遇《坎》，乃《乾》中有壬，《坎》中有子，壬子乃天地空亡。又類至《乾》卦有甲，《坎》卦有申，乃甲申為空亡。

三傳帶刑刃，凶殺傷剋本命六爻，或又在日辰旬之空亡，主骸骨不明，屍首有損。

《乾》宮卦無甲午，只有壬午，壬申。甲申，甲午，為天地空亡。

甲子旬中見水，為四大空亡。

命見乙酉，穴見乙丑，亦是天地空亡也。

《卜筮全書》教例：054			
時間：己卯日（旬空：申酉）			
坤宮：坤為地（六沖）			
六神	本　　卦		
勾陳	子孫癸酉金	▅▅　▅▅	世
朱雀	妻財癸亥水	▅▅　▅▅	
青龍	兄弟癸丑土	▅▅　▅▅	
玄武	官鬼乙卯木	▅▅　▅▅	應
白虎	父母乙巳火	▅▅　▅▅	
騰蛇	兄弟乙未土	▅▅　▅▅	

虎易按：「乾宮卦無甲午，只有壬午，壬申。甲申，甲午，為天地空亡」。《乾》卦納天干甲壬，《乾》內卦納干支甲子、甲寅、甲辰，《乾》外卦納干支壬午、壬申、壬戌。《乾》內外卦中，沒有納入甲午、甲申、所以稱為「天地空亡」。「甲子旬中見水，為四大空亡」。指甲子旬中見水，就稱為犯「四大空亡」。

五空：《乾》：壬申，戌亥。《兌》：丁酉。《艮》：丙寅，丑。《離》：巳午。《坎》：戊子。《坤》：乙未，申。《震》：寅卯。《巽》：辰巳。

虎易按：五空的內容，不知何意，提請讀者注意研究。

逢沖逢剋，怕犯凶神。

用爻為凶神，逢剋逢沖，或逢刑，為凶惡之兆。

相合相生，真為吉兆。

青龍福德為吉神，相生相合，或扶或拱，為吉慶之兆。

爻生之子孫逢官逢貴，臨三傳必作官人。

穴生之爻，臨子孫、逢官星貴人，臨三傳生本命，作印綬，主官職之榮。

穴中之象數合祿合財，若兩全當為財主。

穴臨旺氣，有子孫財官爻在五爻下，若子孫相生相合，若財祿兩

五空							
乾	兌	艮	離	坎	坤	震	巽
壬申	丁酉	丙寅		戊子	乙未		
戌亥		丑	巳午		申	寅卯	辰巳

全，當積金寶之人，乃富家之子。

遊魂福德空沖，主流蕩逃移。

子孫逢空沖並，日辰一沖在遊魂卦，主逃離之人。空亡主流蕩不歸鄉，若生旺見財貴吉神，亦主廢離逃亡之人也。

惡鬼凶神變動，見死亡凶横。

白虎騰蛇凶神，並鬼剋身世，為鬼神。發動臨爻，主凶横死亡之横禍。用爻帶凶神動變，亦不為吉兆。

損父母子孫之財鬼，鰥寡孤獨。

卦内父受損，兼不上卦，出孤兒。子孫受傷，兼不上卦，出傷絶。財爻受傷，兼不上卦，出鰥夫。鬼爻受傷，兼不上卦，出寡婦。要指引明白，不可概論。

疊刃刑鬼破之劫亡，疲癃殘疾。

鬼臨破碎殺，兼三刑六害，疊刃亡劫，同剋用爻。

或《乾》㈧宮，主頭面、喘急，咳嗽、小腸之疾。

《坎》宮主臂、面、兩耳，小便、氣血、腰痛、肋心之疾。

《艮》宮主鼻瘡、手指、腿足之疾。

《震》宮主骨、足、肝、腿，三焦、笑言之疾。

《巽》宮主頟、鬢、膝、血氣、風邪之疾。

《離》宮主脾胃、癰疽、眼目痛，心驚、心懼㊈、熱症，陽火氣疾。

《坤》宮主肚腹、嘔吐，輿血、瀉痢，黃腫之疾。

《兑》宮主口齒缺，唇揿，皮膚之疾。

金鬼乘旺，勞漱。木鬼風邪，火鬼熱症，水鬼吐瀉，土鬼黃浮腫之疾。

中間不可盡述，依理推詳。

玄武遇咸池之劫殺，既盜且娼。青龍臨華蓋之空亡，非僧則道。

玄武無頭並劫殺，拱位臨世爻在《坎》，出奸盜，或因盜至死。玄武並咸池帶合，主女墮風塵，或淫奔。世爻並胎神受剋，主有墮胎產難之厄。

青龍華蓋孤神，值空亡有氣，是為僧道類。

月卦勾陳之土鬼，瘟疫相侵。

月卦是月將勾陳，土鬼臨世身爻，主時災瘟疫相侵。

陽宮朱雀之凶神，火災頻數。

朱雀怕臨火，更在火位，或臨燭火殺，主生火災之患。

父母臨子孫之絕氣，嗣後伶仃。

父母以為孤殺，且加子孫爻屬火，火絕在亥，若父母臨亥爻動，主後嗣伶仃斷。

福德臨兄弟之旺宮，假枝興旺。

若子孫爻臨命，或在兄弟爻臨旺相，自假宮來，主假枝興也。

動並旬中之凶殺，立見災危。

劫亡、刑刃、傷弔、月破等殺，在日辰旬中發動，若占者被沖刑傷剋身命，主見災危，劫殺之事。餘倣此。

穴臨日下之進神，當臻吉慶。

進神者，甲子甲午，己卯己酉為進神。逢財福德，主人有財之興進，當得康寧。且如戊寅日占得己卯，逢龍德財福是也。

看已形之既往，察過去之未來。

觀可往可見之形，察吉凶過去未來之兆，無不驗。

事與世應互同，可見卦中之體用。

世為體，應為用。看體用發動，係於事體如何，方可詳斷。

動與日辰相應，方知爻內之吉凶。

動爻與日辰互相副應，則吉凶悔吝之事可見，不可拘執而斷。古聖人之意，未可發明，此係進君子之賢，更宜斟酌，則無差無誤矣。

注釋

①金井：借指墓穴或骨甕。
②炊爨（cuàn）：燒火煮飯。
③佛塔琳宮：佛塔：佛教建築形式。簡稱塔。俗稱寶塔，亦稱浮屠。琳宮：亦為道觀、殿堂之美稱。

校勘記

㈠「父」，原本作「墳」，疑誤，據《新鍥斷易天機·占地理》原文改作。
㈡「爻」，原本作「女」，疑誤，據其文意改作。
㈢「土」，原本作「主」，疑誤，據其文意改作。
㈣「龍」，原本作「脤」，疑誤，據其文意改作。
㈤「卯」，原本作「丑」，疑誤，據其理及文意改作。
㈥「申」，原本作「甲」，疑誤，據其理及文意改作。
㈦「子丑」，原本脫漏，據句空體例補入。
㈧「《乾》」，原本作「《乾坤》」，疑誤，據其文意改作。
㈨「懼」，原本作「俱」，疑誤，據其文意改作。

卜筮全書卷之十二

吳門逸叟　姚際隆　刪補
長邑諸生　王友　校正

黃金策 五

二十一、求師

捐金饌食①，教養雖賴乎嚴君。明善復初，啟發全資於先覺。

凡求師傅，須究文書。

文書即卦中父母，此爻為師道，為書籍，為學館，而又有尊長之意，故為主象。

如居弱地，必範不範而模不模。若在旺鄉，則矜②可矜而式可式。

父母休囚，其師必然畏懼局促，不能為人之模範。旺相有氣，則魁梧雄偉，堪為學者矜式。

臨刑臨害，好施檟楚③之威。

檟楚，儆④頑之杖。父帶刑害白虎，其師性暴少慈，必好笞撻⑤，旺動尤甚。臨青龍，則是警戒弟子，非妄撻。

逢歲逢身，業擅束修⑥之養。

父母卦身或持太歲，其師專以嚴訓為業，務得束修以為養家者。

《兌》金《震》《巽》，雜學堪推。《離》火《乾》《坤》，專經可斷。

凡推師之專經雜學，不可依《金鎖玄關》以本宮他宮言之。當以父母在《震》、《巽》、《艮》、《坎》、《兌》五卦為雜學，《乾》、《坤》、《離》三宮為專經。蓋《巽》、《兌》二卦屬陰，而陽爻反多；《震》、《艮》、《坎》三卦屬陽，而陰爻反多；雜而不純，所以為雜學之師。《離》雖不純，而有文書之象。《乾》、《坤》則不雜，而有資生資始之功，所以為專經。

若父母在《乾》、《坤》、《離》卦之中，縱或雜學，亦是良師。不在《乾》、《坤》、《離》卦之內，縱是專經，亦非才士。

虎易按：現代分科為文科和理科，我認為，一般父母爻臨木、火，主文科；父母爻臨金、水、土，主理科。供讀者參考。

本象同鄉在內，則離家不遠。本宮異地在外，則隔屬須遙。

本宮父母，本鄉人氏。外宮父母，外郡人。在本宮而居外卦，雖是本鄉，離家必遠。在他宮而居內卦，雖是外郡，必不遙遠，亦是鄰邦。他倣此。

與世相生，非親則友。

與世父爻相生相合，其師必與求師之家有親。若係他宮外卦，或與世爻不同宮者，相識朋友。父爻持世，亦是非親則友。

與官交變，不貴亦榮。

父化官爻，其師異日必貴。卦無父母，而鬼帶貴人化出，多是生員。不帶貴人，或臨衰絕，必是吏人。加白虎或帶刑害，則是有病之人。父持月建，更加青龍，必有前程在身。父臨生旺，又得月建、日辰生扶者，今雖未貴，後必榮達。若化空亡，雖貴不顯。

靜合福爻，喜遇循循之善誘。動加龍德，怕逢凜凜之威嚴。

父母與子孫作合最吉。必能博文約禮，循循善誘，甚得為師之道。必主師徒契合。惟怕發動，則剋子孫。更加白虎刑害，必然難為子弟。若不旺相，而得青龍輔之，雖動不妨。但主其師嚴毅方正，凜然不可少犯。

父入墓中，邊孝先⑦愛眠懶讀。

父爻入墓，其師惟愛安逸，懶於教訓，逢空化墓，皆然。得日辰衝破墓爻，又主聰察。

財臨身上，李老聃⑧博古通今。

凡求師，以財為師之才學。六爻無財，必欠學問。若得財臨卦身，或居生旺之地，其師必多才學。更得父爻有氣，乃非常之師。

虎易按：「凡求師，以財為師之才學。六爻無財，必欠學問」，此說不符合卦理。《卜筮正宗・黃金策・求師》曰：「凡求師以文為師之才學，六爻無父，必欠學問」我的看法，當以父母為文書，才學為宜。或者以官鬼轉換為父母爻之父母，供讀者參考。

母化子孫，必主能詩能賦。

父化福爻，其師善作雜文。帶刑害敗病等爻，雖能作文，必多破綻。子帶月建，又加青龍，必然出口成章。子孫休囚，得月建日辰生扶，其文必得改削潤色，而後可觀。若子孫胎養爻上與父作合，其師必有小兒帶來。

鬼連兄殺，定然多詐多奸。

凡遇兄動化鬼，鬼動化兄，皆主其師奸詐。刑剋世爻，必有是非口舌。卦中兄鬼皆動，或父化兄鬼傷世者，俱不可用。若不傷世，則主奸詐，非凶也。

口是心非㈠，臨空亡而發動。

父母一爻，宜靜不宜動，宜旺不宜空。動空不誠實，靜空懶教訓。化空，始嚴終怠。旺空，羊質虎皮⑨。外有餘，內不足。避空則不然。

彼延此請，持世應而興隆。

世應俱持父母，主有兩家爭延之象。世動應靜，我先請。應動世靜，彼先請。兩爻俱動，重爻先請。一旺一空，可知那一邊可成。兩爻俱空，皆不成。

若只有一爻父母，而世應俱動生合，亦主兩家爭請。或一爻父母，而世應比和、同合者，是兩家合延一師也。父母與世同宮，設帳於此；與應同宮，設帳於彼。

應值母而生世，須知假館⑩。

父臨應上，而世爻動來生合者，必館於他家，而欲附學也。

父在外而福合，必是擔囊⑪。

凡卜求師，若子弟自占，以世為生徒，不看福爻。父兄來占，以子孫為生徒，不看世爻。

若父在外卦，又係他宮安靜，而子孫動來相合，必遊學他方，擔囊負笈⑫以從師也。

若父爻發動，或子孫逢合住，皆不然也。

鬼化文書剋世，則訟由乎學。

鬼動固凶，若又化出父母，刑剋世爻，異日必至爭訟。父化鬼爻，或官父皆動，有傷世者，懼是爭訟之象。

若有沖散，或得合住，或遇制伏，或化空亡，則雖欲興詞，終有和釋，必不成訟。

月扶福德日生，則青出於藍⑬。

大抵求師，不可專看父爻。須得子孫有氣不空，又遇月建、日辰動爻生合，則學有進益。

若父爻反衰，弟子反勝於師，如青出於藍，而青可藍也。

父旺子衰，徒學而已，必不長進。子孫自空，當有大難。

刑剋同傷父子，必罹其害。合生為助官鬼，莫受其扶。

父為師，子為徒，受傷皆不利。如鬼爻來傷，因學成病。父爻來傷，因師有禍。福爻來傷，因徒惹災。兄爻來傷，則有是非口舌，或多費財物，不然則學無進益。惟遇生扶則吉。然兄鬼有扶，又為不利，助桀為虐故也。異日賓主不投，師徒不合，或有口舌官訟，皆由乎此。縱不傷世，亦非吉兆。

若世與父爻生合，則賓主自投，乃閒人鬥喋⑭間阻而已。

或擊或沖父母，逢之不久。

父母雖要有氣，然不宜動變，動則必不久。若在本宮內卦，或臨世上，而有此象，乃見師無坐性，非不永也。值遊魂卦，或化入遊魂者，尤甚。遊魂化遊魂，則一年遷一館。

或空或陷世身，見之不成。

世身空亡，延師不成。父母無故自空，亦難成。或父與世爻相沖相剋，或應爻自空，皆見難成之象。

財化父爻，妻族薦之於不日。

凡占求師，以他宮外卦之財爻，為師之學問。以本宮內卦之財爻，為酬師之束修，及主人之妻妾。

若卦有父母，遇本宮財爻又化一重父母者，不日間妻家又薦一師來也。兄弟化出，則朋友薦來。

動爻是重，已薦過矣。動爻是交，將薦來也。生旺日斷之。

卦無父母，而遇動爻有化出者，不可言又有先生薦來。

本宮，其師即是其人薦者。如子孫化出，為僧道薦之類。他倣此。

母藏福德，僧家設帳於先年。

卦無父母，當看伏神，可知消息。如父爻伏在子爻下，其師前年必設帳於僧房道觀。如伏在官下，必曾在職役人家教授之類。若與世爻同宮，必與其家相近。與世比和，則與其主人相識。或生或合，非親則友。父伏世下，必是舊師。

搜索六爻，無過求理。思量萬事，莫貴讀書。

凡求師，不可專指道學之師。如欲投學，百工技藝，及拜僧道為師類，皆是。但師之主象不異父母，而學者主象，則不可專取子孫一爻，當以世爻看之。

如隔手來占，須問是何人。如是來占者之朋友兄弟，則以兄爻為主類。皆要師弟二主，相生相合則吉，相沖相剋則凶。父母要旺相不空有助，而月建、日辰、動爻無傷者，不拘是何藝業，必是高手。臨月建，則是聞名者。衰則不濟，空則難成。

世應宜生合，卦身宜旺相，二主不可傷，兄鬼不可動，如此則吉兆無疑矣。若父母不臨本藝之人，必非專門名家。如學拳光棍及木匠類，不臨本爻，或《震》宮是也。父化兄，或兄持世，必先盡謝禮而後可成。間動生合，必須用變，化出文書，須立契券。

注釋

①饌（zhuàn）食：飲食。

②矜（jīn）：尊敬而效法。

③檟（jiǎ）楚：用檟木荊條製成的刑具，用以笞打。《陳書・新安王伯固傳》：「為政嚴苛，國學有墮遊不修習者，重加檟楚。」

④儆（jǐng）：告誡，警告。

⑤笞撻（tà）：拷打。

⑥束修：古代入學敬師的禮物。借指薪俸。

⑦邊孝先：《後漢書・邊韶傳》：「邊韶字孝先，以文章知名，教授數百人，韶口辨，曾晝日假臥，第子私嘲之曰：『邊孝先，腹便便，懶讀書，但欲眠』」。

⑧李老聃（dān）：即老子。姓李名耳，春秋末年思想家，道家創始人。

⑨羊質虎皮：羊披上虎皮，本性仍是怯弱。比喻空有壯麗的外表，而缺乏實力。

⑩假館：借用館舍。《孟子・告子下》：「交（曹交）得見於鄒君，可以假館，願留

而受業於門」。趙岐注：「假館舍，備門徒也」。

⑪擔囊（jī）：挑著行李財物。指遊學外地。

⑫負笈（jí）：背著書箱。指遊學外地。

⑬青出於藍：藍：蓼藍草，可作染料。謂從蓼藍草中提煉出的靛青，顏色比蓼藍草更深。比喻學生勝過老師，後人勝過前人。

⑭門喋（dié）：挑撥，搬弄是非。

校勘記

㈠「口是心非」，原本作「心是口非」，疑誤，據《卜筮正宗・黃金策・求師》原文改作。

二十二、求館　附束修

學得明師，可繼程風于滿座。師非良館，難期買粟之盈倉。故欲筆耕，先須蓍筮。世為西席①，如逢父母必明經。

凡占書館，以世爻為西席之位。如臨父，其先生必是明經之人，世在《乾》、《坤》、《離》三宮亦然。臨官帶貴，或本宮官伏世下，多是秀才。

應乃東家，若遇官爻須作吏。

應爻為占館東家主人，若臨官，必是官吏戶役人家。加白虎，則是病人。在三爻現，病在床。休囚受制，則有孝服在身。加玄武，必與盜賊往來。

應臨父母加勾陳，種田人家。加朱雀，讀書人家。加白虎，宰殺人家。加騰蛇，工藝人家。

應臨子屬金，僧道作主。加朱雀玄武，是打獵人家。不然，則後生輩也。

應臨財爻，更在陰宮，又臨陰爻，而卦無官鬼者，必是婦人作主。有官則是富貴人家。財化財，財化子，做買賣人家。若被月建、日辰、動爻制伏，乃是奴僕為主。

應臨兄弟，平常人家。加朱雀，賭博人家。係本宮，弟兄姊妹家。係他宮，朋友鄰里家。

若論住宅，依「家宅章」斷。

臨官兮少壯，休囚則貧乏之家。墓庫兮高年，旺相則富豪之主。

應爻在臨官帝旺爻，主人必然強壯。如臨墓庫，必是高年。五行無氣，其家貧乏。五行旺相，其家富厚。重加財福，必然巨富。德性以五類六神參斷。

值土火空無父母，逢金水絕少兒孫。

卦中六親，即人六親。然有兩人係於一卦者，則彼此六親宜不同矣。又當何以定之？不過生之理而已。

且如占館，以應為東家。

應爻屬土，火能生土，不拘卦中有無，亦不拘是財官父子，皆作父母斷，生我者故也。應爻屬金，金能生水，不拘卦中有無，亦不拘財官父兄，皆作子孫斷，我生故也。如火爻旺空、沖空、動空，主父母不全，衰空必無父母。火化火，兩重父母。帶官鬼旺，以貴斷，衰以病言。帶兄弟，其父好賭博，無廉恥，欠學問。帶財爻，其父不富厚，則業貿易。帶子孫，其父則甚慈善，慷慨有為。餘皆倣此。

但不可以六爻總看，當以在應宮者為彼六親，在世宮者皆我六親也。一宮三爻，只餘二爻，此宮不現者，不可遂斷為有無，惟空亡乃是真無也。其貴賤壽夭，性情容貌，依常例推之。他如兄弟妻妾子息，亦倣此推之。

不拱不和，決定主賓不協。相生相合，必然情意相投。

世應二爻刑沖剋害，異日賓主不合。加以兄官發動，大凶之兆。若得生合比和，情意必然相投。

生而化剋，始和終不和。沖而化合，始疏而後密。

世與子亦宜生合，則師弟間恩義兼盡。若見沖剋，亦多不睦也。

財作束修，不宜化弟。

占館以妻財為束修，旺相多，休囚少。要知斤兩，以生成數推之，生旺倍加，絕死減半。在陽宮以生數斷，在陰宮以成數斷。今人但言水一、火二、木三、金四、土五，而不言六、七、八、九、十，是舉其生數，而遺其成數也。
獨怕兄弟發動，或財化兄，主束修不皆入己，必有人抽分費用。不然，則有名無實，亦不能盡取之也。財爻無氣，而遇月建、日辰、動爻生扶者，束修雖不多，四季節禮反周備也。
易云：天一地二，天三地四，天五地六，天七地八，天九地十，生也。

父為書館，豈可逢空。
占館，不可以父母為師，當作書館論之。旺相有氣，則有好書館。卦無父或落空，必無書館，事亦難成。
若占其年書館有無，全要此爻出現，有氣不空，必然有得。更得應來生合世爻，自有人來延請。世爻生合應爻，及父爻，必須自去訪求，無人相請。
卦無父，而動爻有化出者，不意中有人推薦也。若父化父，必有兩處書館，卦有兩爻亦然。館有定期，而遇父化父，館必兩處。本宮化入他宮，由近及遠。他宮化入本宮，自外以入內也。

鬼動合身，須得貴人推薦。
官鬼發動，當有間阻，然來生合世身，又主其館必得貴人推薦，而後可成。應如剋世，父或落空，雖薦不成。

兄興臨應，決多同類侵謀。

凡占學館，應持兄動，必有同道之人爭謀其館，兄臨卦身亦然。若在間爻動，沖剋世，則主有破說，其事難成。

官如藏伏，應無督集之人。

鬼能生扶父母，故占館以此爻為糾率子弟之人。若不出現，或落空，必主無人聚集生徒，以成學館，其事難成，又主無人推薦。若空而逢沖，伏而提起，必須央浼其人，方許出來糾集。

應若空亡，未有招延之主。

應爻空亡，無人延請。更若父不出現，或落空，必難成就。應爻動空化空，是假言作主也。不然，亦主不終其事。

凡遇父母臨身，或遇動來生合世身，大吉之兆，主其館易成。有此象而應空鬼動，雖有糾集之人，而無招延之主，宜自開館。若鬼爻空伏，而應來生合，雖有延請之家，而無糾集之人，宜有招致。

動象臨財難稱意，

文書為占館用神，若遇財動，則被剋壞。未成者，不能成；已成者，不遂意；世身日月皆忌臨之。若得父持月建，或臨生旺，庶亦可成。

空爻持世豈如心。

卦中父母出現，應來生合，而世爻空亡者，非館不成，乃是自不上前，或雖成不去也。應不生合，父母重疊，而世爻空亡者，為有別館，故不成此事。無故自空，必不可成，雖成終不如意。

身位受傷，雖成不利。

世身被月建、日辰、動爻刑剋，雖有可成之象，日後亦不稱意。如鬼爻刑剋，有官非疾病類。

間爻有動，縱吉難成。

間爻動，事多阻隔，故難成。

鬼或化兄，備禮先酬乎薦館。

凡遇鬼爻動出兄弟，必得禮物先酬薦館之人，則可成。兄臨世身，亦主先費財物。兄臨應上，則是東家好利，必得禮儀饋送，而後可成也。

世如變鬼，央人轉薦于東家。

鬼爻出現，而世又化出者，必須再得推薦，乃可成。卦無官，而動爻有化出者，初未有人推薦，亦必待央人薦之，則可成。若鬼化鬼，父化父，又主反覆難成。

世無生合，謾看白眼②之紛紛。

凡遇應不剋世，父母不空，兄鬼不動，而月建、日辰、動爻，並不生合世爻者，其事可成，但主人不欽敬③，皆以白眼待之也。

福或興隆，會見青矜④之濟濟。

占館以福爻為門生，旺相多，休囚少。

空亡不上卦，雖是其人作主，未必其家子弟也。

子化子，生徒必多。

帶殺動來剋世，日後恐有操戈入室者。

衰逢扶起，日加鼓篋⑤之徒。

子孫旺相，卻被日辰、動爻刑剋，主生徒始雖多集在館，日後漸自減少。子孫休囚，卻係日辰、動爻生合扶起，則主始雖不多，開館後日漸增進也。

動遇衝開，時減執經之子。

子孫爻動，固是吉兆，若被日辰、動爻沖散，其徒必有背師而去者。如被世沖散，是先生叱退⑥其徒，非弟子自背其師也。子孫動變空亡，則弟子中有半途而廢者，是歇學，非叛去。

逢龍則俊秀聰明，遇虎則剛強頑劣。

子臨青龍，其徒必然聰明俊秀。更逢月建日辰生合，而又臨金水爻者，必有穎悟⑦非常之子。

若臨白虎，則多頑劣不馴。發動，其性必野，難以教訓。

凡遇青龍，必有禮貌。遇白虎，必不盡禮。

陽卦陽爻居養位，座前有劉恕⑧之神童。陰宮陰象化財爻，帳後列馬融之女樂⑨。

子孫在陽宮陽爻，而臨胎養及金水二爻，旺相不空，有扶者，其徒必有出類拔萃，如劉恕之神童在門。

若在陰宮陰爻，而又化財者，必有女兒受學。不化財爻而在《兑》宮者，亦有女徒。

兩福自沖，鬼谷值孫臏⑩龐涓⑪之弟子。子孫皆合，伊川⑫遇楊時遊酢⑬之門生。

卦有兩爻子孫，俱動相沖，弟子中，必多不合。更加白虎騰蛇，數有爭鬥。若來傷世，必然責及先生。

如遇二爻俱來生合世爻，則門生自盡弟子之禮，尊師重傳，必不輕背其師也。

世動妻爻，決主親操井臼⑭。

世臨財動，是自炊爨，非供膳也。若占供膳，又主供得膳成。

惟怕兄動，或雖不動，而持身世者，皆主供不成。

大凡占館，遇財爻持世，又主西席家眷同至。

應生財值，定然供膳饔餐⑮。

財爻臨應生合世身，定主供膳，財為飲食故也。

若月建、日辰、動爻，俱帶妻財，必非一家東道供膳，乃諸生輪流供也。

財爻旺相，款待必厚。休囚，款待必薄。財化子，必豐潔。財化鬼，無美味。財化父，必淡薄。財化兄，常食而已。

如索束修，可把妻財推究。若居伏地，還求朋友維持。

凡占取索束修，以財爻為主。若不出現，不拘伏在何爻下，皆主費力難索。必須浼求朋友、同行取討，則或可得。

蓋凡伏藏，須得月建、日辰、動爻，提起伏神，如同飛神，然後得出為用故也。

出現不傷，旺相生身名曰吉。入空無救，休囚化絕號為凶。

凡占束修，得財爻出現，旺相不空，而月建、日辰、動爻，不帶兄弟傷剋，則不缺欠。更得財爻生世合世，大吉之兆。

若財雖出現，卻被剋劫，或居絕地，或空亡，或變出死墓絕爻，皆不遂意。

世持兄剋，尤難取討。得子孫旺動，亦好。

變出父爻，書債必然償貨物。

財動化父，或父動化財，主束修必無金銀寶物，多是貨物准折，乃有名無實之象。卦中兄弟更動，雜貨物亦不盡得。

化成兄弟，硯田⑯定主欠收成。

兄弟乃劫財之神，若發動或持世，皆難入手。財化兄，有名無實，或得一半。卦若無財，遇兄化出，則主有人抽分。

身空應空財福空，必成虛度。

凡占束修，遇卦身、應爻，及子孫妻財，或空或不上卦，主束修無得。蓋財為用神，身為事主，應為諸生父兄，而子孫又生財之神，今皆空休，其能取乎？故成虛度。

日剋月剋動變剋，恐受刑傷。

月建、日辰、動變諸爻，皆來刑剋世爻者，占館必不可成。占束修，恐被諸生父兄呵責，宜慎之。

鬼化財生，非訟則學金休矣。

卦中無財，而遇兄鬼文書亂動，有化出財爻，生合世爻者，必須訟訴公庭，然後可得束修。官爻獨發生世合世，亦然。

子連父合，因學而才思加焉。

凡占學館，世若衰絕無氣，而遇子孫動化，父母生扶，合起世爻者，主先生才學本不克贍⑰，因教訓子弟，而其才思日加進益。卦有財動則不然。

注釋

①西席：古人席次尚右，右為賓師之位，居西而面東。後尊稱受業之師或幕友為「西席」。

②謾看白眼：被人輕慢，鄙視，不尊重，輕蔑或厭惡。

③欽（qīn）敬：欽佩敬重。

④青矜：是周代讀書人的服裝，此處指代讀書的學生。

⑤鼓篋：謂擊鼓開篋，古時入學的一種儀式。借指負篋求學的人。

⑥叱退：大聲呵斥的讓對方退下。

⑦穎（yǐng）悟：聰明；理解力強。

⑧劉恕：（公元1032—1078），字道原，筠州（即今江西宜春）人。生於宋仁宗明元年，卒於神宗元豐年，年47歲。《資治通鑒》副主編之一。其父劉渙，精研史學。劉恕亦以史學擅名。

⑨帳後列馬融之女樂：馬融（79年—166年），字季長，右扶風茂陵（今陝西興平東北）人。東漢經學家。曾任校書郎、郎中、議郎、武都及南郡太守等職。他精通經籍，尤長於古文經學。設帳授徒，門人常有千人之多。他不拘於儒者的禮節，「居宇器服，多存侈飾。嘗坐高堂，施絳紗帳，前授生徒，後列女樂」。人稱「絳帳教授」。盧植、鄭玄等都是其門徒。

⑩孫臏：孫臏，生卒年不詳，孫臏出生於阿、鄄之間（今山東省陽穀縣阿城鎮、菏澤市鄄城縣北一帶），是孫武的後代。孫臏曾與龐涓為同窗，因受龐涓迫害遭受臏刑，身體殘疾，後在齊國使者的幫助下投奔齊國，被齊威王任命為軍師，輔佐齊國大將田忌兩次擊敗龐涓，取得了桂陵之戰和馬陵之戰的勝利，奠定了齊國的霸業。

⑪龐涓：（？—前341年），戰國初期魏國名將。相傳與孫臏同拜於隱士鬼谷子門下，

因嫉妒孫臏的才能，恐其賢於己，因而設計把他的膝蓋骨刮去。魏惠王二十八年（前342年），魏國進攻韓國，次年齊救韓，採用孫臏策略，直趨魏都大梁，旋即退兵，誘使龐涓兼程追擊，在馬陵（今河南范縣西南）中伏大敗，涓智窮，大歎「遂叫豎子成名」，自刎而死（一說被亂箭射死），史稱馬陵之戰。

⑫伊川：程頤（1033—1107年），字正叔，洛陽伊川（今河南洛陽伊川縣）人，世稱伊川先生，為程顥之胞弟。曆官汝州團練推官、西京國子監教授。元祐元年（1086）除秘書省校書郎，授崇政殿說書。與其胞兄程顥共創「洛學」，為理學奠定了基礎。

⑬楊時、遊酢：楊時（1053—1135年），字中立，南劍州將樂縣（屬今明溪縣龍湖）人。遊酢（1053—1123年6月18日），字定夫，號廣平，又號廌山，建陽長坪人。師從北宋理學家和教育家，人稱伊川先生的程頤學習過。他們與伊焞、謝良佐四人，被並稱為「程門高弟」。成語「程門立雪」，就是他們二人的故事。《宋史·楊時傳》：「一日見頤，頤偶瞑坐，時與遊酢侍立不雲。頤既覺，則門外雪深一尺矣。」

⑭井臼（jiù）：原指水井和石臼。借指汲水舂米，泛指操持家務。

⑮供膳饔餐（yōng cān）：供給膳食。

⑯硯（yàn）田：以硯喻田。謂靠筆墨維持生計。

⑰贍（shàn）：充足，足夠。

二十三、詞訟

小忿不懲，必至爭長競短。大虧既負，寧不訴枉申冤？欲定輸贏，須詳世應。

卦中世應，即狀中原被告人，須看此，則兩邊勝負可知。

應乃對頭，要見休囚死絕。世為原告，宜臨帝旺長生。

占訟，以世為原告，應為被告。若被告占，以世為自己，應為對頭。

應旺世衰，他強我弱。世旺應衰，我強他弱。

逢兄遇鬼，雖強理短。臨財持福，雖弱理長。

虎易按：「臨財持福，雖弱理長」，此說不太合理，請讀者注意分辨。

相剋相沖，乃是欺淩之象。

世爻刑剋應爻，未必我勝，乃是欺他之象。必得鬼剋應爻，方為我勝。

應爻刑剋世爻，未必他勝，乃是欺我之象，必須鬼剋世爻，方為他勝。

世應遇三刑、六害、六沖，兩爻俱動者，是鷸蚌相持①之勢，兩不相讓之象。

相生相合，終成和好之情。

世應生合，原被有和釋之意。世生應，我欲求和。應生世，他欲求和。

世應雖生合，而變爻刑沖者，口和心不和也。世應雖沖剋而變爻相合者，始不和，而終和也。生中帶刑，合中帶剋，而動空化空者，俱是假意言和，未嘗信任之也。

世應比和官鬼動，恐公家捉打官司。

世應比和，亦是和解之象。卦無財，或落空，是財用不給，而欲和也。但得子動，月建、日辰不相刑剋，必成和好。

若世應生合比和，而官鬼卻動者，主官府捉打官司，不依和議。鬼爻休囚，是主詞人刁蹬②。若有制，終成和議。

卦爻安靜子孫興，喜親友勸和公事。

世應生合比和，而六爻安靜者，不勸自和。世應雖不生合，而子孫發動者，必有勸和之人，和釋兩邊也。與世同宮，及世爻化出，是我親友；與應同宮，及應爻化出，是彼親友；在間爻，則是中證人也。

若被世應動剋，或鬼旺福衰，雖或勸和，不能依允。卦無子孫，及落空亡，必然無人兜留。

世空則我欲息爭，

世空我欲息爭，應空他欲息爭。世應俱空，兩願消散，未成訟。世空告不成，應空事無頭緒。初告狀，世空，必有悔心，或遇變故，官司不理。應空，到頭走閃，不成訟。

世空恐無主意，不能取勝。應空人不能齊，或對頭躲閃，不能結訟。

應動則他多機變。

世動我必使心用謀，若化鬼，或化兄，回頭刑剋，反為失計。

應動他有謀略，加月建，必有貴人倚靠。反傷世，必致大禍，宜世空避之則吉。

間傷世位，須防硬證同謀。鬼剋間爻，且喜有司③明見。

間爻為中證人，生世合世，必然向我。生應合應，則必向他。與世沖剋，與我有仇。與應沖剋，與彼有隙。

若旺爻生應，衰爻合世，是助彼者有力，助我者無功。

或靜生應，動剋世，是向彼者雖不上前，怪我者偏來出頭也。

若沖剋之爻反去生應合應，或與應爻比和，須防彼與中證人同謀陷害。若得鬼爻剋制，或被日辰沖散合住，是官府不聽其言，我得無事。

間爻若受三刑、六害，沖剋，中證必遭杖責。

身乃根因事體，空則情虛。

卦身一爻，乃詞訟根由，旺則事大，衰則事小，動則事急，靜則事緩。空亡不出現，皆是虛捏事故。飛伏俱無。毫釐不實。旺相空亡，一半真假。

要知為何起訟，以所臨六親斷之。

如臨父母，是田房樹木，或為尊長起訟。

臨兄，爭財鬥毆，門戶役事，或為兄弟朋友起訟。

臨子，是漁獵六畜，僧道醫藥，卑幼起訟。

臨財，是婚姻財物，妻妾奴僕起訟。

臨官，是撇青放火，人命賊盜官災，或功名傜役起訟。婦人占，必為夫事。若臨騰蛇，則是被人牽連之事。持世切己事，臨應他人事。

父為案卷文書，伏須未就。

卦無父，案卷未成。父母旺空，文書未就。休囚空亡，其事不成。如帶刑爻，或臨敗病，必多破綻，化財亦然，化兄還欠筆削。死墓衰絕，皆不濟事。若被月建、太歲沖剋，上司必要駁。太歲、月建作合，上司必弔卷。有沖散，或剋破，皆不依允。

鬼作問官，剋應則他遭杖責。

官為聽訟官，剋世我遭責，訟必他勝；剋應他遭責，訟必我勝。世應俱被傷，原被皆受責。若鬼爻雖刑剋，而文書卻有情，杖責須有，罪名則無。

日為書吏，傷身則我受刑名。

日辰能救事，能壞事，原被皆要此爻有情，則必有人看顧。若臨庭爭訟，則當以此爻為吏書。生合世爻，於我有益；生合應爻，於彼有益。沖剋應，沖壞彼事；沖剋世，沖壞我事。

又如鬼動剋世，而得日辰剋制，沖散合住者，是官府有怒於我，卻得傍人一言解之，而得寬宥也。

逢財則理直氣壯，

占訟，以財為理，臨世我有理，臨應他有理。臨世而休囚死絕，我雖懦怯有濟。臨應而鬼來刑害，彼雖有理，而官府不聽。若遇兄，則主不能分辨。

如占下狀，則財為忌爻。或發動，或持世，或值日辰，或帶月建，皆主不成。

虎易按：「逢財，則理直氣壯」，「占訟，以財為理」之說，似乎不當。《火珠林・占詞訟》曰：「財動折理，亦不可訟」。「又問：如何財動折理？答曰：財折理，財動便主理虧。蓋財能傷文書，文書既被傷，安得有理」？

「逢財則理直氣壯」，「以財為理」之說，從卦理的角度去推演，是不能成立的，並不能表示是真正的有理。只能以另一種解釋，臨財的一方財大氣粗，可以用財去收買法官，讓其作出對自己有利的判決。這樣的司法腐敗，在中國的各個歷史階段，都是屢見不鮮的。

遇兄則財散人離。

兄弟，破敗耗散之神，若在身世爻上，事必干眾，動則廣費資財。更化兄，或加白虎，必主傾家蕩產，財散人離。臨應爻，則以彼斷之。

世入墓爻，難免獄囚之繫。

世爻入墓、化墓，或臨鬼墓，卦象凶者，必有牢獄之禍。墓爻衰弱，是箍④禁籠中。臨白虎，在獄有病。自空化空，死於獄中。

官逢太歲，必非州縣之詞。

鬼在本宮內卦，本州本縣詞。本宮外卦，事在本府。第五爻，撫按三司。六爻，事幹省部。外宮外卦，必發於外縣他州官問。官逢太歲，必干朝廷。逢月建，必涉台憲。

內外有官，事涉一司終不了。

官不上卦，無官主張。內外有官，權不歸一，主事體反覆，必經兩司，然後了事。不然，則有舊事再發，或被他人又告。官化官亦然。空則勿斷。

上下有父，詞與兩度始能成。

官父二爻不宜重見，主有轉變不定之象，其事必主纏綿，卒難了結。如占告狀，遇有此象，再告方成。若月日動變，諸爻俱帶文書，重疊太過者，雖告數次，亦不能成。

官父兩強，詞狀表章皆准理。妻財一動，申呈訴告總徒勞。

凡欲上表申奏，申呈告訴等事，皆要官父兩全，有氣不空，則准理，缺一便不成。最怕財動則傷父，必不可成。若父雖旺相，財爻持世，或父動化財，皆主詞理未善，宜更改可成。

卦無財爻，月建日辰帶財，亦不能成。

父旺官衰，雀角鼠牙⑤之訟。

父旺相，官休囚，詞狀幞頭⑥雖大，事實細故，乃鼠牙雀角之訟。父旺官空，或有父無官，主詞狀雖善，官府卻不放告⑦受詞。

變衰動旺，虎頭蛇尾之人。

凡世應旺動，是有併吞六國之勢。若變入死墓空絕，乃先強後弱，虎頭蛇尾之象。應以彼言，世以己言斷之。

世若逢生，當有貴人倚靠。應衰無助，必無奸惡刁唆⑧。

世爻衰弱，遇月建、日辰、動爻生合，必有貴人扶持，彼亦無可奈何。應爻遇之，是彼有人扶持，我亦不能制勝於彼也。間爻生合，可得中證人力。鬼生合，得官府中人力也。

無合無生，縱旺何殊獨腳虎。有刑有剋，逢空當效縮頭龜。

應爻旺動，若無一點生合者，彼雖剛強有謀，乃是獨腳之虎，不足畏也。世無生合，是我勢孤無助。

若遇月日動變，刑剋世爻，其象最凶。得世在空爻，謂空避。如訟未成，不告為上；若已成訟，當效縮頭之龜，勿與對理可也，否則必遭罪責。應逢刑剋而避空者，是彼有躲避之計，我亦不能施其謀也。

兄在間中，事必干眾。

兄弟在間爻，詞內干犯牽連眾多。動則中證人貪索賄賂，沖剋應爻，索彼之財物也。兄弟逢空，事雖干眾，到官者少。化官傷世，若不用財買囑他人，必被其害。

父臨應上，彼欲興詞。

父母為文書。臨世，我欲告理。臨應，他欲申訴。動則事已行矣，化入死墓空絕，必不成事。若逢合住剋制，必有阻留者。

父動而官化福爻，事將成而偶逢兜勸。父空而身臨刑殺，詞未准而先被笞刑。

凡占告訴，遇官父兩動，其事可成。若父化子傷剋官，或官化子刑沖父，必主身到公門，將投詞而有人兜勸。

若父化空亡墓絕，官鬼刑剋世爻，或帶自刑，或被日辰沖剋，告狀且不准，先遭杖責也。

若官父皆旺，而有此象，雖被杖責，事必可成。

妻動生官，須用資財囑託。

父母有氣，不帶刑害，不臨敗病，不被沖剋，則詞理中式，事必可成。若鬼休囚死絕，亦難准理。遇有財動生扶，可用資財謀幹，然後有望。

若訟已成，卦有此象，必須用財囑託官吏，姑待鬼爻生旺月日，方能成事。更遇子孫發動，仍復無氣，雖費資財，亦無所益。

世興變鬼，必因官訟亡身。

世持鬼，我失理。應持官，他失理。世變鬼，恐因官事而喪命。應變鬼，以彼斷之。無故自空，亦有大難。

若世臨鬼爻剋應，或應臨鬼剋世，主兩邊俱有罪責。鬼在世，我做招頭。鬼在應，他做招頭也。

子在身邊，到底不能結證。官伏世下，訟根猶未芟除⑨。

卦身臨福德，其事必不見底，出現發動，隨即消散。若占散事，得子動，或世空，皆吉。惟怕本宮鬼伏世下，則訟根常在，目下雖不成訟，至官旺相月日，仍舊舉發也。

墓逢日德刑沖，目下即當出獄。歲挈福神生合，獄中必遇天恩。

世墓、鬼墓爻動，皆是入獄之象。若得日辰刑沖剋破，目下即當出獄，不久禁錮也。在獄占卜，最喜太歲生合世爻，主有天恩赦宥。月建生合，上司審出。日辰生合，有司饒恕。父母生合，必須申訴而後獲免也。

若問罪名，須詳官鬼。

凡卜罪名輕重，以鬼爻定之，旺則罪重，衰則罪輕。

帶刑加白虎旺動剋世，金㈠受極刑，火主充軍，木主笞杖，水土徒罪。

須以衰旺有制無制斷之，不可執滯。

虎易按：我國古代有「五刑」，即五種輕重不等的刑法。(1) 秦以前為：墨、劓、剕(刖)、宮、大辟(殺)。(2) 秦漢時為：黥、劓、斬左右趾、梟首、菹其骨肉。(3) 隋唐以後為：笞、杖、徒、流、死五刑，明代沿用。《明史・志第六十九・刑法一》曰：「為五刑之圖凡二。首圖五：曰笞，曰杖，曰徒，曰流，曰死」。「死刑二，絞、斬」。「二死之外，有淩遲，以處大逆不道諸罪者」。「充軍、淩遲，非五刑之正，故圖不列」。「極刑」即死刑，死刑有「絞、斬、淩遲」三種方式。「絞」，即對被判死刑的人用繩勒死或用絞架絞死。「斬」，即斬首或腰斬。「淩遲」俗稱剮刑。是最殘酷的一種死刑。始於五代，清末始廢。《宋史・刑法志一》：「淩遲者，先斷其支體，乃抉其吭，當時之極法也」。其中「斬、淩遲」都是用刀行刑，故據其「極刑」之意，將原本「火受極刑」修改作「金受極刑」。

要知消散，當看子孫。

要知消散日期，若福動鬼靜，以子孫生旺月日斷。鬼動福靜，以官墓月日斷。
二爻俱靜，若鬼旺福衰，以鬼爻墓絕日斷。福旺鬼衰，以衝動福爻日斷。
二爻俱動，若福有制伏，則看鬼爻。鬼有制伏，則看制伏之爻。
見官日則專看鬼爻。
出獄日期則看破墓月日，或生合世爻月日。
卦象既成，勝負了然明白。訟庭一剖，是非判若昭彰。

注釋

①鷸蚌（yù bàng ）相持：「鷸蚌相持，漁人得利」的省語。《戰國策·燕策二》記載：蚌張開殼曬太陽，鷸去啄它，嘴被蚌殼夾住，兩方都不相讓。漁翁來後把兩個都捉住。比喻雙方爭執兩敗俱傷，便宜第三者。

②刁蹬（diāo dèng）：故意為難，捉弄。

③有司：官吏。古代設官分職，各有專司，故稱。

④箍（gū）：用竹篾或金屬條束緊，用帶子之類勒住。

⑤雀角鼠牙：本謂強逼女子成婚而興獄訟。後泛指獄訟，爭吵。

⑥幞頭：古代一種頭巾。

⑦放告：舊時官府每月定期坐衙受理案件叫「放告」。

⑧刁唆：教唆。

⑨芟除：消除。

校勘記

㈠「金」，原本作「火」，疑誤，據其文意改作。

二十四、避亂　附避役

人有窮通，世有否泰。自嗟薄命，適當離亂之秋。每歎窮途，聊演變通之易。因錄已驗之卦爻，為決當今之倭寇。

承平日久①，莫識亂離之苦，不幸海倭竊發，橫行吳越之間，剽掠②村落，縱肆淫殺，不忍見聞。數年以來，人情洶湧，避亂不暇。有在家而遭其燒劫者，有在途而被其擄掠者。或死非命，或致傷殘，或夫妻之不顧，或父子而相離。割恩捨愛，惟命是逃。然則伯道之棄兒③，豈虛語乎。予賴卜筮，未嘗遭遇，此因不幸中之萬幸也。因以平日所驗者，錄述此篇，以為卜倭張本。而凡以患難之欲避者，亦仿其占云，須憑五類，勿論六神。世之占者，皆以玄武為倭賊，予則以官論。玄武倘臨福德，亦作倭斷耶？故憑五類，勿論六神。

鬼位興隆，賊勢必然猖獗。官爻墓絕，人心始得安康。

以鬼為倭者，鬼能與災致禍，倭亦傷人害物故也。旺相發動，勢必猖獗，縱橫出入，莫能禦止。若得休囚安靜，日辰、動爻又不沖並，則安枕而臥，必無驚恐。

路上若逢休出外，宅中如遇勿歸家。

凡占，以卦中二爻為宅，五爻為路。鬼在路上動，出外必遇，不如避於家中。在宅上動，必然在家撞見，不如出外避之。

動來刑害，縱㈠教智慧也難逃。變入空亡，縱㈡被拘留猶可脫。

卦中鬼動，若不傷世，任彼猖獗，不遭其禍。如被刑沖剋害，必難逃避。若變入死墓空絕，則是虎頭蛇尾，雖凶无咎之兆，虛驚則不免焉。若變生旺，妻財等爻，則為可畏。

日辰制伏，何妨卦裡刑傷。月建臨持，勿謂爻中隱伏。

官鬼動來刑剋世爻，固是凶兆，若得動爻、日辰剋制之，或沖散合住之，皆謂有救，雖見凶惡，必不為害。惟怕月建、日辰帶鬼刑剋世爻，則雖卦中無鬼，亦必遭其毒手。月建為甚，日辰次之，出現則不可當也。

所惡者提起之神，所賴者死亡之地。

鬼爻伏藏，固是吉兆，若被動爻、日辰衝開飛神，提起伏神，仍被其害。必得鬼伏死墓絕，或臨空亡，則雖提之，亦不能起，方無事也。

且如甲申日卜得《渙》卦：

《卜筮全書》教例：055

時間：甲申日（旬空：午未）

離宮：風水渙

六神	伏神	本	卦	
玄武		父母辛卯木	▅▅▅▅▅	
白虎		兄弟辛巳火	▅▅▅▅▅	世
騰蛇	妻財己酉金	子孫辛未土	▅▅　▅▅	
勾陳	官鬼己亥水	兄弟戊午火	▅▅　▅▅	
朱雀		子孫戊辰土	▅▅▅▅▅	應
青龍		父母戊寅木	▅▅　▅▅	

六爻安靜，又無官鬼，豈非吉兆？殊不知本宮已亥鬼，伏於六三空亡爻下，既已透出，又遇申日提起，且又沖剋世爻，所謂變吉為凶，果被婦人引禍及己。蓋申金乃《離》宮妻財故也。

自持鬼墓，墳中不可潛藏。或值水神，舟內猶當仔細。

官父自持鬼墓者，如水土墓在辰，鬼在辰爻動是也。凡遇此象，不可避在墳墓中，土鬼皆然，雖宇宙之內，亦不宜也。木鬼不可避在草木叢中，水鬼不可避在舟中，金鬼不可避在寺觀中，火鬼不可避在窯冶中。

水化水，不可避在舟㊂內。《乾》宮鬼化父，不可避在樓閣中，否則必然遇見。餘當倣此推。

子爻福德北宜行，午象官爻南勿往。

官鬼所臨地，倭寇出入之所，宜避之。如臨午爻，勿往南方類。

子孫所臨地，倭寇不到之處，宜往之。如臨子爻，宜往北方類。餘倣此。

鬼逢沖散，何須剋制之鄉。福遇空亡，莫若生扶之地。

取子孫之地為吉者，以其剋制官爻也，若發動則取之。

若福靜官動，而卦有沖散合住官爻者，即以沖合之方為吉，以其為得用之神故也。

若卦無子孫，或落空亡，或衰靜受制，不得其力，而鬼爻又無沖散合住之類者，則取生合世爻之方為吉，但不宜在鬼爻刑剋沖害之地耳。

旺興內卦，終來本境橫行。

凡占倭夷到此地否，若官在本宮內卦發動，必到此地。在他宮外卦，則不入我境。內卦持世，值到宅邊。內卦應臨，雖來不入我室。卦身臨之，彼此俱遭其禍。

動化退神，必往他鄉摽掠④。

官鬼發動，其勢必來，若化退神，乃是往於他處劫掠也。如化進神，倭必速到，宜早避之。

官連旺福合生身，反凶為吉。

官爻發動剋世，必遭毒手。若得化出子孫，或化子財，反來生合世身者，必然因禍致福。或得財物，或得子女。

陽化陰財刑剋世，弄假成真。

官爻發動，不傷世爻，而化妻財，反傷世爻者，必因貪得財物，而惹禍也。

若陽鬼化陰財，陰鬼化陽財，須防倭賊假裝婦人，哄誘鄉民，因而遇之，不能避也。得世在空避之，庶幾可脫。

賊興三合爻中，必投陷井。

卦有三合爻動，最怕鬼動其中，或會成鬼局，必主倭夷四邊合來。雖欲避之，前遭後遇，左沖右撞，不能脫離。卦有兩鬼俱動剋世，亦然。

三合兄局，身雖無事，財物失散。

三合父局，小兒仔細。

三合財局，生合世爻，反主得財。刑剋世爻，則主父母失散。

三合子局，則傷鬼最吉也。

身在六旬空處，終脫樊籠⑤。

身世空亡，雖見刑剋，不能為害，避空故也。

如癸亥日卜得《損》之《臨》卦：

日辰扶助官鬼，動剋世爻，並無救制，豈非凶兆？然而世坐空亡，果應無事。

虎易按：本例官鬼寅木動化子孫酉金回頭剋，官鬼也無力剋制世爻。供讀者參考。

官鬼臨身，任爾潛蹤猶撞見。

官爻持世，乃是倭賊臨身，如何可避？如被捉去而

《卜筮全書》教例：056							
時間：癸亥日（旬空：子丑）							
	艮宮：山澤損				坤宮：地澤臨		
六神	本　　卦				變　　卦		
白虎	官鬼丙寅木	▅▅▅	應	○→	子孫癸酉金	▅ ▅	
螣蛇	妻財丙子水	▅ ▅			妻財癸亥水	▅ ▅	應
勾陳	兄弟丙戌土	▅ ▅			兄弟癸丑土	▅ ▅	
朱雀	兄弟丁丑土	▅ ▅	世		兄弟丁丑土	▅ ▅	
青龍	官鬼丁卯木	▅▅▅			官鬼丁卯木	▅▅▅	世
玄武	父母丁巳火	▅▅▅			父母丁巳火	▅▅▅	

占，亦不能脫彼而回。

子孫持世，縱然對面不相逢。

子孫持世，不動亦吉，發動尤妙。若臨月建，或帶日辰，或在旁爻旺動，皆吉。卦中雖有鬼動，亦不足畏。大怕空亡，則不幹事。

兄變官爻，切恐鄉人劫掠。

卦中無鬼，或落空亡，而遇兄動變出者，須防鄰人乘機劫盜財物，非真倭賊也。兄在內卦，近鄰人。在外卦，遠方人也。

財連鬼殺，須防臧獲私藏。

卦中無鬼，財變官爻者，恐是家中奴婢，假妝倭子，劫掠財物，或在亂中被其藏匿也。在外卦，乃鄰里婦人。

日辰沖尅財爻，妻奴失散。動象刑傷福德，兒女拋離。

官鬼動，必有驚險。不拘日辰動爻，被其傷處，即不太平。如沖尅財爻，主妻奴失散。沖尅子孫，主兒女拋離之象。

火動尅身，恐有燎毛之苦。水興傷世，必成滅首之凶。

卦中火加凶殺，動來尅世，主有火燒之禍。火帶財爻，或化妻財，或卦無父母，或父落空亡，房屋必成灰燼。

若水加凶殺剋世，主有溺水之患。更遇世衰無救，必至溺死。水帶父母動於外卦，則受風雨淋漓之苦。

父若空亡，包裹須防失脫。妻如落陷，財物當慮遺亡。

父爻空亡，包裹必然亡失；不然，則父母有不測之禍。財空，財物恐有失散；不然，則妻妾有不測之禍。子孫空亡，憂小口。兄弟空亡，憂手足。以上避空則勿斷，惟官鬼空亡為大吉。

五位交重，兩處身家無下落。

凡遇五世及遊魂卦，世爻發動，脫身在外，東奔西走，避亂不暇。身宅兩處，不顧財業。更遇日辰、動爻沖散世爻，必無安身下落之處。空動尤甚。

六沖亂動，一家骨肉各東西。

八純六沖卦，六爻亂動者，主父子夫妻，兄弟骨肉，各自逃命，不能聚於一處。

六合卦，雖離，一家骨肉，必不分散。

以上五條，必須卦有官動，方有此象。不動，不可亂言。

福臨鬼位刑沖，帶殺則官兵不道。

子動固吉兆，若帶刑害虎蛇等殺，沖剋世爻，而又變出官鬼者，乃是官兵乘亂擄掠，非關倭寇事也。子孫雖不傷世，化鬼卻來刑剋者，亦然。

且如五月戊寅日，有卜倭？得《明夷》之《謙》卦。二鬼俱靜，子孫獨發，皆欣喜，予獨戒其慎之。蓋子孫雖動，被日辰扶起剋世，則非吉兆。況變官爻，係是世墓。世臨病爻，謂之帶病入墓，其凶可知。但官從子化出，必非倭夷之禍，乃㊃官兵之禍也。已而果然。

官變兄爻剋合，傷財則妻妾遭淫。

官爻發動，刑剋世爻，合住財爻，則身被擒獲，妻遭淫污。如不傷世，而但合住財爻者，身雖無事，妻必被辱也。

更化兄爻，既奸而又不放回也。若鬼雖不合妻財，而化兄帶合剋制者，亦然。

子化官合財，恐受官兵之辱也。財化子，必不順從。

妻去生扶，只為貪財翻作禍。

鬼爻發動，最喜休囚死絕，決無深傷。若有財動生扶，必為貪彼財物，而惹成禍患也。世以己言，

《卜筮全書》卦例：

時間：午月　庚寅日（旬空：申酉）

占事：卜倭？

六神	坎宮：地火明夷（遊魂）本卦				兌宮：地山謙 變卦		
朱雀	父母癸酉金	▅▅　▅▅			父母癸酉金	▅▅　▅▅	
青龍	兄弟癸亥水	▅▅　▅▅			兄弟癸亥水	▅▅　▅▅	世
玄武	官鬼癸丑土	▅▅　▅▅	世		官鬼癸丑土	▅▅　▅▅	
白虎	兄弟己亥水	▅▅▅▅▅			父母丙申金	▅▅▅▅▅	
螣蛇	官鬼己丑土	▅▅　▅▅			妻財丙午火	▅▅　▅▅	應
勾陳	子孫己卯木	▅▅▅▅▅	應	○→	官鬼丙辰土	▅▅　▅▅	

應以人言。若在旁爻，及日辰帶財者，又是婦人引惹禍來，非為財物也。在內卦，自家妻妾。在外卦，是他家婦人。

子來衝動，皆因兒哭惹成災。

官鬼安靜，幸也。若被子孫衝動，必有小兒啼哭，因而知覺，乃被其害。

世爻衝動，自身惹災。應爻衝動，他人惹禍。兄爻衝動，同伴惹禍。日辰衝動，亦然。

得值六親生旺，雖險何妨。如臨四絕刑傷，逢屯即死。

凡動爻、日辰傷剋，必有災咎。若受傷之爻生旺而有氣，縱有驚險，不致傷命。

惟怕臨於四絕之地，或在月令衰弱之爻，一剋即倒，必然喪命。

如五月庚寅日，卜得《大壯》之《小過》卦。

日辰臨鬼㊄，妻動㊅生扶動鬼刑衝子孫，又剋兄弟，果

《卜筮全書》卦例：

時間：午月　庚寅日（旬空：午未）

	坤宮：雷天大壯（六沖）				兌宮：雷山小過（遊魂）		
六神	本　　卦				變　　卦		
騰蛇	兄弟庚戌土	▅▅　▅▅			兄弟庚戌土	▅▅　▅▅	
勾陳	子孫庚申金	▅▅　▅▅			子孫庚申金	▅▅　▅▅	
朱雀	父母庚午火	▅▅▅▅▅	世		父母庚午火	▅▅▅▅▅	世
青龍	兄弟甲辰土	▅▅▅▅▅			子孫丙申金	▅▅▅▅▅	
玄武	官鬼甲寅木	▅▅▅▅▅		○→	父母丙午火	▅▅　▅▅	
白虎	妻財甲子水	▅▅▅▅▅	應	○→	兄弟丙辰土	▅▅　▅▅	應

被獲去一弟一子。然子坐絕地，而夏月庚金正弱，兄臨土爻正旺，所以子死非命，而弟得回來也。世爻亦被動爻沖剋而無事者，世得避空故也。

虎易按：「生扶動鬼刑衝子孫」，動鬼寅木衝子孫，但沒有巳火，不能構成刑。所以，其述「刑衝子孫」，是不當的，提醒讀者注意分辨。

世遇亂離，既已逐爻而決矣。時遭患難，亦當隨象以推之。

平居無事，何暇占卜？倘或刑戮所加，戶役所累，或官府擒拿，仇家報復，或禍起於無辜，殃生於不測。苟不避之，終為所害，是以不能無避難之占也。然大概與避亂相似，故並附於此。

最怕官爻剋世，則必難回避。

不拘脫役避禍，若遇官鬼動來刑沖剋世，皆不可避，持世亦難。必須鬼爻空亡，或不上卦，或衰絕不動，然後為吉。

若鬼雖空絕安靜，卻遇本宮官鬼伏於世下者，目下無事，日後必然舉發。

大宜福德臨身，則終可逃生。

子為解神，若臨身世，或在旁爻發動，或值月建、日辰，則雖遇官鬼，亦不妨事。大怕空亡墓絕，或被父動剋制，則為無用。

官化父沖，必有文書挨捕。

父母旺動，名字已入憲冊，必有官批在外。鬼爻亦動，事體正急，宜速避之。父化官、官化父，刑剋世爻者，必著公差挨捕，宜慎防之。世爻空亡，雖捕不獲。

日沖官散，必多親友維持。

卦中官動，固難逃避。若得日辰動爻沖散之，或剋制合住之，必有心腹親友，與我周旋幹事，或解釋、或阻擋，不使之累我也。要知何人，以沖合制鬼之爻定之。鬼帶月建，雖阻無益。

鬼伏而兄弟沖提，禍由骨肉。

鬼爻動，要見沖合。鬼爻靜，怕見沖合。如兄弟衝動鬼來刑剋世爻，是自家骨肉，搜蹤捕跡，恐難逃避。

若鬼伏藏，而遇動爻、日辰衝開提起者，亦以六親，定其害我之人。

世爻自去提起者，必是自不小心，撞見之也。

官靜而旁爻刑剋，事出吏書。

鬼動，其事必由官府。鬼靜，而卦中動爻日辰刑剋世爻者，乃是下司本局，自作主張，或是仇家陷害也。若化兄爻，或卦中兄兼動者，是欲索詐財物也。

應若遭傷當累眾，

官鬼傷剋應爻，必然累及親友。日辰刑剋應爻，亦然。

妻如受剋定傷財。

妻財如遇兄弟動，必主破費財物。財爻合住官爻，或沖散官鬼，或化子剋制官鬼，皆宜用財買求，方得無事。

偏喜六爻安靜，

六爻不動，鬼爻無沖並者，患難可避，戶役可脫，大吉之兆。

又宜一卦無官。

無鬼，則無官主張，事必平安。空亡亦吉。

或身世之逢空，

世爻空亡，百事消散，縱有鬼動，亦不妨事。《海底眼》之「世空世動其憂脫」，正謂此。

或用神之得地。

卦中得用之神旺相有氣，不逢刑剋沖害，不化死墓空絕，皆為得地，必得此人之力。如占避居何處，亦以此方為吉。

如鬼爻發動，得父爻合住，則父爻為用神也。餘倣此。

天來大事也無防，海樣深仇何足慮。

此二句，總結上四條。卦中有一象。決然無事也。

事有百端，理無二致，潛心玩索，若能融會貫通，據理推占，自得圓神不滯。

注釋

①承平日久：治平相承，持久太平。
②剽掠（piāo lüè）：搶劫掠奪。
③伯道之棄兒：晉鄧攸，字伯道。歷任河東吳郡和會稽太守，官至尚書右僕射。永嘉末，因避石勒兵亂，攜子侄逃難，途中屢遇險，恐難兩全，乃棄去己子，保全侄兒。後終無子。參閱《晉書・良吏傳・鄧攸》。
④摽掠：搶劫、擄掠。
⑤樊籠：關鳥獸的籠子。比喻受束縛不自由的境地。

校勘記

㈠「縱」，原本作「從」，疑誤，據其文意改作。
㈡「縱」，原本作「總」，疑誤，據其文意改作。
㈢「舟」，原本作「夾」，疑誤，據其文意改作。
㈣「乃」，原本作「及」，疑誤，據其文意改作。
㈤「臨鬼」，原本脫漏，為疏通文意補入。
㈥「動」，原本作「財」，疑誤，據其卦理改作。

二十五、逃亡

寬以御眾，侮慢斯加。嚴以治人，逃亡遂起。故雖大聖之有容，尚謂小人之難養。

須察用爻，方知實跡。

用爻者，妻妾奴婢逃亡，看財爻類是也。

若臨午地，必往南方。或化寅爻，轉移東北。

凡占逃亡，用爻安靜，以所臨之地為逃亡去向，如《坎》北方，午南方類。

用爻發動，以變爻定其方向。

如臨午動變出寅，可言初去在南方，今移於東北方也。

獨發之爻，亦可定方。六爻安靜，卦無主象，則以應爻定之。

木屬《震》宮，都邑京城之內。金居《兌》象，庵院寺觀之中。

用爻在《乾》宮，尊長家，或在父族，或隱於樓閣上。

《坎》宮，兄弟家，或在船上，或水亭中。

《艮》宮，少男家，或在山間，或在高崗煙去處，或石匠人家。

《震》宮，竹木林中，或髫鬌人處，或城市間。

《離》官，姊妹妯娌家，或窯冶所在。金爻，銅鐵匠家。
《巽》宮，花園蔬圃之內，死絕柴草之中，或在賣履織席之家。
《坤》宮，老陰人家，或在母族，或在曠野墳墓去處。
《兑》宮，在女人家，旺相寺觀中，休囚庵院內。
更宜通變，不可執滯。

鬼墓交重，廟宇中間隱匿。休囚死絕，墳陵左右潛藏。

用持鬼墓，其人必在聖堂神廟中。死絕無氣，則在墳墓左右。用爻入墓化墓，乃在人家牆圈內住；不然，亦主深居不出而難尋。

如逢四庫，當究五行。

四庫，辰戌丑未是。如用爻屬木，卦有未動類。
凡遇墓庫，不可一例推。如辰為水土庫，必在水邊墓側人家。戌為火庫，乃在寺廟香火去處。丑為金庫，是在銅鐵銀匠家，或在冶坊內。未為木庫，則在園林柴草間，或木工蔑匠之家。以上用臨土爻，亦依此斷。
凡占逃亡盜賊，若遇墓爻，決難尋覓，直待衝破墓爻月日方可覓。

倘伏五鄉，豈宜一類。

卦無主象，須看伏在何爻下，便知其人在於何處。

如伏鬼下，在管倉庫家中。旺加月建，官戶人家。休囚無氣，公吏人家。
伏父下，叔伯父母尊長家，不然在手藝人家。
伏兄下，兄弟姊妹，相識朋友家。
伏財下，奴婢妻妾陰人處，或富戶人家。
伏子下，在寺觀中，卑幼處也。
又如伏於鬼墓下，不在廟宇中，則在寺庵內。
又如伏於財庫爻下，不在倉庫中，則在富豪家也。

木興水象，定乘舟揖而逃。

用爻屬木，在《坎》宮動者，必乘舟逃去。木化水，水化木，或木在水宮動，或水動木宮者，皆然。
用爻若臨火土，乃是陸地潛行。用爻衝動水爻，涉水逃去；衝動火爻，踰牆越籬而去；
水爻刑剋用爻，必曾溺水。
動合伏財，必拐婦人而去。
用爻動來與本宮財爻作合，其人必拐婦人逃去。財若伏於世下，必是妻妾；應爻下，鄰家婦人；在旁爻，使令女子。主象變出之爻，與卦中財合者，亦然。若婦人逃亡，遇財官相合，亦是暗約情人而去也。

內近外遠，生世則終有歸期。

用爻在本宮內卦，人在本地，或在宗族之中。初爻在鄰里，二爻在鄉黨。本宮外卦，本府別縣去。他宮內卦，外縣交界處。他宮外卦，別府州縣。更在六爻，遠方逃去。若臨世上，其人未曾出窟。最喜生世合世，其人雖去，常思故里。日後當自歸，尋亦易見也。

靜易動難，坐空則必無尋路。

用爻不動，其人易尋。動則遷徙無常，指東言西，或更名改姓，必難尋獲。若落空亡，杳無蹤跡；動入空亡，逃後必死，亦有大難。有故空亡，恐人察識，遂深避之。無故空亡，必有歸日。

合起合住，若非容隱①即相留。

靜爻逢合則合起，動爻逢合則合住。若日辰動爻合起主象，必有窩藏容隱在家者，卒難尋覓。如被合住，則有人相留在家，不致放竄也。要知相留容隱之人，以合爻定之。如子孫為僧道，官鬼為巡捕類。合爻與世沖剋，決不來報。

衝動衝開，不是使令當敗露。

靜爻逢沖為衝動，動爻逢沖為衝開。

用爻遇動爻日辰衝動，家中必有人使令逃亡者。如父是尊長，財是妻妾類。若被衝開，有人喝破，去後必當敗露。沖爻是兄，或化兄，必被索詐財物。更帶刑爻，或加蛇虎，仍被鞭撻。動空化空，終必釋放。

動爻刑剋，有人阻彼登程。日建生扶，有伴糾他同去。

用爻遇動爻，日辰相剋，必被他人責打。逢沖，被人喝破。遇剋，被人捉住。有扶有並，有人同去。有生有合，有人糾他同去。

以上刑剋等爻，與世有情，必來報我。與世無緣，雖阻何益？若在五爻，宜路上候之。

間爻作合，原中必定知情。

間爻為原保人，無保以鄰里斷之。如與用爻相合，必知其情。更與世爻沖剋，必是此人誘去。空合或化空亡，始雖知情，今卻不知其去也。

世應相沖，路上須當撞見。

世應俱動相沖，途中必然撞見，用爻與世動沖，亦然。世爻動剋用爻，或世旺應衰，必然擒拿。應旺世衰，或用爻剋世，雖能遇見，不能捕之。

無沖無破，居六位則一去不回。有剋有生，在五爻則半途仍走。

用爻不受刑沖剋害，又不生合世爻，而世爻不剋應者，是逃者不思歸，尋者不得見，乃一去不回之象。

若動爻日辰剋制用爻，是可擒之象。若遇變出之爻，反生合用爻者，主捕後仍被逃走。在五爻，途中斷。在內卦，到家斷。持世爻，則捕歸而復逃也。

主象化出主象，歸亦難留。

卦有用爻，不宜再化出來，謂化去，必難捕獲。若被世爻、動爻、日辰剋制，庶可尋覓。但捉歸之後，亦不久留。

本宮化入本宮，去應不遠。

本宮仍化本宮卦，其人逃在本處地方，必不遠出別境。若用爻在他宮動，而又化入他宮者，遠去他方，不在本鄉也。

歸魂卦用仍生合，不捕而自回。遊魂卦應又交重，能潛而會遁。

凡遇歸魂卦，其人有還鄉意。若世應比和生合，或主象生合世爻者，必自歸，尋之亦易見。

惟遇遊魂卦，其人必無存心，決不思歸。更若應爻發動，必能東還西徙，隱諱實跡。能潛會遁，尋之必難見面。

若得世爻旺動剋應，日辰、動爻制伏主象，庶可尋獲，亦不費力。

世剋應爻，任爾潛身終見獲。應傷世位，縱然對面不相逢。

世剋應，是我制住他，去不甚遠，尋之易見。應剋世，是他得志，去有自由之象，尋之難見。

父母空亡，杳無音信。

父母必有信，動空化空，皆是虛信。旺相空亡，半真半假；休囚空亡，杳無音信。

父化父，或兩父動，必有兩處人來報信。若遇日辰合住，必被人阻，不能來報。用爻化父，或卦無用爻，而遇父母化出，當出招子②候緝，然後有信。

子孫發動，當有維持。

子孫臨身世，則好去好回，自然順利。如在旁爻動，或係日辰生合世爻，必有維持調護之人。縱有逆事，不能為害。

衆殺傷身，切恐反遭刑辱。

動變月日，刑沖剋害世爻者，衆殺傷身也，須防反遭刑辱。得世爻空避，庶可脫免其禍。

動兄持世，必然廣費資財。

兄弟持世，費財可尋。旺相發動，必然廣費資財。若加玄武乘旺動剋，須防有人劫騙。

世化兄，自家失脫。世臨無故自空，亦有遺亡之患。

父動變官，必得公人捕捉。

卦中父化官，官化父，或官父俱動，必須興詞，告官差捕，然後可獲也。

世投入墓，須防窩主拘留。

凡遇凶卦，而世入墓者，必有反被拘留之辱。卦吉而遇此象，則尋見之後，身有災病。

世應比和不空，必潛於此。

凡卜逃人在此處否，須得世應生合、比和，用爻出現不空，必在此處。若用爻或空或伏，或被日辰、動爻刑剋，其人決不敢往。兄弟獨發，亦不在此處。若用爻變出之爻，與應爻作合，或與日辰相合，必曾潛住於此，則轉移他處矣。

世應空亡獨發，徒費乎心。

逃亡世空，去尋不成。應空，尋亦不見。世應俱空，必主空回，決無尋處。兄弟獨發，虛詐不實，亦不見也。

但能索隱探幽，何慮深潛遠遁？

注釋

①容隱：包庇隱瞞。

②招子：公告，佈告等。

二十六、失脫　附盜賊、捕盜、捉賊

民苦饑寒，每有穿窬之輩。物忘檢束，亦多遺失之虞。要識其中之得失，須詳卦上之妻財。

財爻為所失之物，一卦之主。

自空化空，皆當置而勿問。日旺月旺，總未散而可尋。

財爻無故自空，或動化空，皆尋不見，固當置而勿問。若財爻得月令有氣，或在日下生旺之地者，其物未散，必然可尋。旺相空亡，可得一半。

內卦本宮，搜索家庭可見。他宮外卦，追求鄰里能知。

財在內卦，又屬本宮，其物未出家庭，尋之必見。

財在外卦，又屬他宮，物已出外，尋之便見難矣。

在間爻，鄰里人家可尋。

若財雖在內，不在本宮，其物在屋之外，不在屋之內。

財雖在外，卻屬本宮，其物在宅之內，不在宅之外。

更宜通變。

五路四門，六乃棟樑閣上。

財在六爻，係本宮，物在屋上。

屬金，在壁頭上。加騰蛇，在瓦楞下。

屬木，在樑上。加勾陳，在斗拱上。日辰作合，在閣板上。

屬水，在屋漏處。加玄武，在坑屋上。

屬火，在天窗邊，或在廚灶屋上。

屬土，在燕窩中。

六爻係外宮，物在遠方。

屬土，在牆邊。

屬木，在籬邊。

財臨五爻，物在路邊，動則去遠。係本宮，在家中衖裡，或人常走動處。

財臨四爻，物在門前。係他宮，則在牆門外也。

初井二竈，三為閨閫①房中。

財臨三爻，係本宮，物在房內。

屬金，鐵器中。

屬木，在床邊，有合在箱籠廚櫃中。

屬水，在槈子②下。

屬火，在香火堂中，或火爐內，燈架邊。
屬土，房中酥泥內。
外宮則以屋外事斷。如金為街砌類。
財臨二爻，物在廚竈邊。
屬金，碗盞缸甏③中。
屬木，五穀木器內。
屬水，盛汲漿水器中。
屬火，煙樓竈肚內。
屬土，灰堂泥土中。
財臨初爻，物必蓋地。
屬金，在磚石堆內。
屬水，在井中。父母作合，在陰溝內。
屬木，在地台下。
屬火，灰堆中，或灶基下。
屬土，埋藏土中。生旺方埋，墓絕埋久，胎養方欲起意埋藏，未曾下手。

水失於池，木乃柴薪之內。土埋在地，金為磚石之間。

財臨水爻，生旺，物在池沼中。墓絕，物在溝渠內。逢沖，長流中。合住，是汲盛死水中。
財臨木爻，生旺，竹木林中。死絕，柴薪內。又陽木竹條內，陰木草叢中。係本宮，則竹木器中，五穀囤內。
財臨金爻，內卦旺相，在銅鐵錫器中。休囚，缸甏瓶罐內。外卦旺相，磚石內。休囚，瓦礫中。
財臨火爻，必近香火，或在竈邊。
財臨土爻，丑臨金庫，必銅鐵器中，或蕭牆內，磚壁脚跟。辰為水庫，在陽溝內，溪畔埋藏。不然，亦是窳下④所在。未為木庫，必埋蔬果園中，或埋田野草中，或米麥囤底。戌為火庫，必埋灶底，或埋灰內，或埋高泥墩上。
此斷義理不能盡述，當各以類推之。

動入墓中，財深藏而不現。

大抵妻財所臨之爻，或在其中，或在其傍，未可必也。惟財爻入墓化墓，或伏墓下，必在器物中，不可以邊旁近側言。要知何物內，以前五爻四庫推之。

靜臨世上，物尚在而何妨。

凡占失脫，財爻不宜動，動則更變難尋。若得安靜，持世、生世、合世，其物皆主未散，必易尋，生旺不空尤妙。衰絕受制，亦不濟事。

鬼墓爻臨，必在墳邊墓側。

財臨鬼墓，其物必在神廟中。無氣則在墳墓內。如係本宮內卦，則在柩傍，或在坐席上。更加騰蛇，恐在神圖佛像之前。在三爻，香火堂中。

日辰合住，定然器掩遮藏。

財爻發動，遇日辰合住，必然有物遮掩。合而又沖，半露半遮。要知何物掩蓋，以合爻定之。如火爻父母作合，為衣服掩蓋類。旁爻動來作合者，亦然。

子爻福變妻財，須探鼠穴。酉地財連福德，當檢雞棲⑤。

凡占失脱，財化福，福化財，其物必在禽獸巢窟中。

如值子爻，是鼠銜去。更在初爻，在地穴中。寅是貓銜去，丑在牛欄內，午在馬廄中，未在羊牢，酉在雞棲，亥在豬圈類也。

有合則在內，無合則在傍。

鬼在空中，世動則自家所失。

卦無官，或落空，而世爻動者，自家遺失，非人偷。

要知何故失落，以世臨六神定之。

如臨青龍，酒醉失，或因喜事失。臨白虎，因病失，或因喪事，或因跌而失。臨勾陳，因起造失，因耕種失。臨騰蛇，與應沖剋，爭扭失；與應生合，嬉戲失。臨朱雀，口舌爭競失。臨玄武，或因竊盜失也。

財伏應下，世合則假貸於人。

官鬼或空或伏，或死絕不動，而財臨應上，或伏應下，其物非人偷，乃自借於人也。要知何人假借，以應臨六親定之。如臨子，為僧道巫醫，或卑幼小兒借去類。世應沖剋，則勿斷。

若官空伏，而財化官爻，是自遺失，被人拾去。

若伏子孫，當在僧房道院。如伏父母，必遺書笈衣箱。

財不上卦，須尋伏在何處。

若伏子爻下，物在寺院中。休囚在六畜門內，胎養小兒誤失。

如伏父下，物在正屋中，或在尊長處。無合，衣服書卷中。有合，書箱衣箱等內。

若伏兄下，本宮姊妹兄弟處，他宮相識朋友處。如三四爻在門戶邊，外卦則在牆籬下。

若伏財下，物在婦人處，或在妻妾家，或在五穀內，或在廚灶內。

若伏鬼下，物在職役人家，或在廳堂內，或在病人處。土鬼在墳墓廟堂中。

在內則家中失脫，在外則他處遺亡。

財在內卦，失於家中。財在外卦，失在他處。

在初爻井邊失，二爻灶邊失，三爻房內失，四爻門前失，五爻途中失，六爻遠方失。

又如初爻財動化子，或子動來作合，其物必先失在井邊，後被小兒拾去。餘倣此推。

財伏逢沖，必是人移物動。

財伏卦中，遇動爻日辰暗沖者，若鬼爻衰靜，其物被人移動他處，非人偷也。要知移動之人，以沖爻定之。沖爻逢空，或化空亡者，移物之人，必不在家。

鬼興出現，定為賊竊人偷。

凡占失脫，鬼不上卦，或落空，或衰絕不動，皆不是人偷。遊魂卦多是忘記。若鬼爻變動，方是人偷。或雖安靜，若乘旺相，或被日辰沖並，或被動爻合起，亦是人偷。

陰女陽男，內卦則家人可決。生壯墓老，他宮則外賊無疑。

鬼爻屬陽男子偷，屬陰女人偷。陰化陽，女偷與男。陽化陰，男偷寄女處。

生旺，壯年人偷。墓絕，老人偷。胎養，小兒偷。帶刑害，有病人偷。

本宮內卦，家中人偷。他宮內卦，宅上借居人偷，或家中異姓人偷。

本宮外卦，親戚人偷。與世沖剋，雖親不和。

他宮外卦，外人為賊。在間爻，鄰里賊。在六爻，遠方賊。持世，貼身賊。

《乾》宮鬼帶騰蛇，西北方瘦長男子。《巽》象官加白虎，東南上肥胖陰人。

八卦定賊之方隅，六神定賊之形狀。

如鬼㊀在《乾》宮，西北方人。在《巽》宮，東南方人。帶騰蛇，身長面瘦。帶白虎，身胖面白。旺相肥大，休囚瘦小。

餘見身命章。陰陽以爻象論，勿以卦宮推。

與世刑沖，乃是冤仇相聚。與福交變，必然僧道同謀。

鬼爻與世刑沖，其賊素與我有仇隙者。與世生合，乃是兼親帶故之人。

鬼化子，子化鬼，必有僧道雜在其中。子孫帶合，是還俗僧道。

鬼化父，父化鬼，是老年人，或手藝人。不然，則是祖父相承為賊者。父臨胎養，乃是書童。

鬼化財，財化鬼，是婦人，或人家奴婢。

鬼化兄，兄化鬼，在內是兄弟姨妹，在外是鄰里相識。

鬼化鬼，公門走動人，或曾被人告發。更加玄武，賊名已著，專以竊盜為計。若被父母三刑六害，必經刺字。

鬼遇生扶，慣得中間滋味。

鬼爻無氣，又臨死絕，而生扶合助者，其賊必為饑寒所迫，故至此也。

若遇動爻日辰扶起者，乃是此賊慣得其中滋味者。

帶月建，是強盜。加太歲，是世襲不良。動爻日辰無氣作合，必有人牽腳來偷。

官興上下，須防裡外勾連。

六爻上下有兩重官者，必非一人偷盜。兩爻俱動，是外勾裡連，二賊同謀。內動外靜，是家人偷與外人去。外動內靜，乃家中有人知情，非同偷也。

木剋六爻，窬牆而入。金傷三位，穿壁而來。

木鬼剋土，踰牆掘洞。金鬼剋木，割壁鑽籬。火鬼剋金，劈環開鎖。水鬼剋火，灌水滅燈。土鬼剋水，涉溪跳澗。木火交化，明燈執杖。更宜通變。

要知何處進入，以鬼剋處定之。如木鬼剋六爻，踰垣而入。剋初爻，是後門掘洞而進也。

世去沖官，失主必曾驚覺。

世沖鬼爻，家主知覺。應沖鬼爻，宅母知覺。旁爻沖鬼，家人知覺。

要知因何而覺，以鬼爻臨五行斷之。如木為門戶聲，金為銅鐵響，土為蹼跌，火為明亮，水為水聲。又如戌為犬吠，酉為雞叫類。宜分六爻斷之。

日來剋鬼，賊心亦自驚疑。

鬼被動爻日辰刑剋，偷時賊必驚疑。

如日辰動爻屬金，必觸缸甏響，而畏家主知覺。金空乃是人聲，胎養小兒啼，墓庫老人嗽，未敢下手。

屬木，是畏門戶牢閉，或聞開門而驚也。屬水，必有登廁小解飲水類，因而撞見。屬火，必見燈火而復退，或火光下穴窺見影響形跡。屬土，乃牆壁堅固，地道險阻，其賊疑懼也。若戌土刑剋，必被犬傷。

子動丑宮，問牧童必知消息。福興酉地，見酒客可探情由。

子動，其人有人撞見，詢之可知消息。

如在子爻，可問科頭男子，或捕魚人。

在丑爻，可問牧童，或築牆人。

在寅爻，是木客、木匠，或擔竹木器人。

在卯爻，問織席賣屨人，或挑柴、斫草人。

在辰爻，問開池、鑿井人，或傍河、鋤地人。

在巳爻，問穿紅女子，或弄蛇、乞丐人。

在午爻，問燒窯、乘馬人，或討火、提燈人。

在未爻，問挑灰、耕種人，或牧羊人。

在申爻，問銅鐵匠，或弄猴人。

在酉爻，問針工、酒客，或抱雞人。

在戌爻，問挑泥、鋤地者，或牽狗人。

在亥爻，或擔水、踏車人，或洗衣、沐浴人。

兄動劫財，若卜起贓無處覓。

卜起贓，占尋物，皆怕兄動，或傷世，或世帶日辰，或鬼化兄，或財化兄，皆主財物已散，卒難尋覓。蓋兄能劫財故也。

官興剋世，如占捕盜反傷身。

凡占捕盜，要世旺鬼衰，世動鬼靜，則易於捕獲。若鬼爻乘旺動，來刑剋世爻，須防反被其害。得世空避之，或子動解救，庶幾可免傷害。

世值子孫，任彼強梁何足慮。

子為捕賊人，當權旺動，或臨世，或帶月建、日辰，則鬼有制，賊必可獲，縱是凶惡強盜，不足畏也。若鬼旺福衰，鬼動福靜，則不能幹事也。

鬼臨墓庫，縱能巡捕亦難擒。

鬼爻入墓，或臨卦墓，或與鬼墓俱動，或化入墓，或伏墓下，皆主其賊深藏不出，卒難巡捕。得動爻日辰衝破墓爻，庶幾可獲。

日合賊爻，必有窩藏之主。

鬼為賊爻，捕盜遇合，賊必有人窩藏在家，不能得見。

合臨於世應月日，是地主窩藏。在旁爻，則隱在其家莊上。不然，亦非地方有名之家也。

要知窩主，以合爻定之。如財合，是富家，或婦人窩主之類。

動沖鬼殺，還逢指示之人。

鬼遇動爻日辰沖剋，必有人指示其賊隱處。

要知何人指示，以剋沖爻定之。如丑為牽牛人，亥為洗衣人，木在水上動，是舟人類。

鬼若旺動，不受沖剋，雖知其賊，不能捕獲。

卦若無官，理當論伏。財如發動，墓處推詳。

捕盜無官，賊必隱藏蹤跡，難以尋獲。須看伏在何爻，便知賊在何處。如伏財下，在妻家類。

若卦中無鬼，動爻有化出者，即以變爻論之，不須看伏。如子化出，在寺觀中類。

若卜起贓，見財爻發動，看其墓在何處，便知藏囥⑥何方。如財爻屬金，旁邊丑爻又動，金墓在丑，丑寅為艮，艮居東北，便斷在東北方。

伏若剋飛，終被他人隱匿。飛如剋伏，還為我輩擒拿。

此伏只論鬼爻，此飛只論世爻。伏剋飛，子孫雖動亦難尋獲。飛剋伏，子孫雖靜亦可擒拿。

或曰：飛神只論伏上之爻，亦通理。

若伏空爻，借賃屋居非護賊。

鬼伏空爻下，是借賃其家屋住，非為窩藏。不然，其賊雖或潛住他家，亦不與之容隱，後終敗露。

旺空是不知情，空動是不在家也。

如藏世下，提防竊盜要留心。

凡占防盜，最要鬼爻無氣不動，或落空，或日辰沖散，或動爻合住，或子孫剋制，或世空亡，皆為吉兆。

若鬼爻無制，動剋世爻，鬼爻生旺日，當受其害。

若卦無鬼，卻伏在世下，目下雖無事，至鬼爻生旺日，或衝動月日，宜防之，故要留心。伏又空亡，始無憂慮。

倘失舟車衣服，不宜妻位交重。或亡走獸飛禽，切忌父爻發動。

失脫，不可專以財為用爻。若失舟車、衣服、文書、券契，則以父母為用爻。財動便難尋。

若失飛禽走獸，及六畜之類，則以子孫為用爻。父動亦不見矣。

更宜通變為妙。

卦爻仔細搜求，盜賊難逃捉獲。

注釋

①閨閫（guī kǔn）：宮院或後宮；內室。亦特指婦女居住的地方。

②榪（mà）子：舊時木制馬桶。

③甏（bèng）：一種口小腹大的陶制盛器。甕一類的器皿。
④窳（yǔ）下：凹陷；低下。
⑤雞棲（qī）：雞窩。
⑥匟（kàng）：藏。

校勘記

㈠「鬼」，原本作「男」，疑誤，據《卜筮正宗·黃金策·失脫》原文改作。

卜筮全書卷之十三

吳門逸叟　姚際隆　刪補
長邑諸生　王友　校正

黃金策　六

二十七、出行

人非富貴，焉能坐享榮華。苟為利名，寧免奔馳道路。然或千里之迢遙，夫豈一朝之跋涉。途中休咎，若箇能知。就裡災祥，神靈有準。

父為行李，帶刑則破損不中。妻作盤纏，生旺則豐盈足用。

出行以父爻為行李，旺相多，休囚少，空亡無。旺空，雖有而不多。帶刑害，及被傷剋，破損舊物。父化兄，與人同睡。兄化父，與人合用。

若就他人借行李，不宜財爻持世，及動，必難假借，帶合終可得之。

妻財為財物本錢類，旺相充滿，休囚微少，空亡無有。卦若無財，兄弟化出，必是合本，或是借來，非己之物。

世如衰弱，那堪水宿風餐。

世為出行人，生旺有氣則吉，若休囚死絕，剋則易倒，傷則易損。所以，不堪勞碌奔波，不耐風霜早晚。

應若空亡，難望謀成事就。

應爻為所往之地，在《震》宮，城郭市鎮，熱鬧之地。《坤》宮，四野冷落所在。在《艮》宮，山上。《坎》宮，水鄉。餘倣此。

最怕空亡，主地頭寂寞，謀事難成，必不得意而回。

間爻安靜，往來一路平安。

間爻為往來經歷所在，動則途中必阻隔遲滯。若得安靜不空，則一路平安，往來無阻。

太歲剋沖，行止終年撓括。

太歲出現，發動沖剋世爻，其人出外終年不利。更加鬼殺，白虎凶神，尤非吉兆。

若為求官謀職而往，最宜此爻生合世身，必有成就之兆。

世傷應位，不拘遠近總宜行。應剋世爻，無問公私皆不利。

世剋應，是我制他，所向通達。更得間爻不動，鬼殺不興，去無阻節。

剋世，是我不得專志，所向梗塞。更遇動爻日辰，刑沖剋害，必不順利。

八純亂動，在處皆凶。

八純乃六沖之卦，內外爻不相和合。凡百謀望，皆主難成。且又六爻亂動，何吉之有？不拘所向，皆非宜也。遠行尤忌。

兩間齊空，獨行則吉。

間爻不宜空亡，主道路梗塞，行程必不快利。如金水空亡，水路不通。火土空亡，旱路不通。兩間俱空，多是半途而返。然間爻又是伴侶，若一身獨行，不挈伴侶，是為應象，反主吉兆。只慮世剋應位耳。

世動訂期，變鬼則自投羅網。官臨畏縮，化福則終脫樊籠。

世爻不動，行期未定，動則期已訂矣。世應俱動，宜速行。旁爻動，宜緩行。

若世動變出鬼爻，去後必遭禍患。或鬼持世，乃是逡巡①畏縮之象，欲行不行，必懷疑貳。休囚則難起身，生旺多是去不成，發動恐無伴而不去。更臨應爻，到彼不利。鬼化子孫，雖有災患不足患。

靜遇日沖，必為他人而去。動逢間合，又因同伴而留。

世爻安靜，遇日辰動爻暗沖者，是別人來浼他，非為自己謀也。日辰並起合起，皆然。要知何人央他，以沖並爻定之。如父母為長上類。

若世爻發動，遇動爻日辰合住者，是將行而有事羈絆，未能起程。要知何事絆住，以合爻定之。如鬼爻為官府中事類。又如勾陳動來合住，為田土事類。在間爻，多因同伴而阻。

世若逢空，最利九流出往。

世空去不成，強去終不得意而回。若本身占卜，最忌世空，雖經出行，陷本他鄉，徒勞奔走。若九流藝術，及公門勾當人占，反為吉利之兆，主空手拿財，鬧處得財。然亦不得積聚，逢沖則妙。

土如遇福，偏宜陸地行程。

卦中火土爻動，是陸行。水木爻動，是水行。若火土臨財福，則宜陸地。鬼殺臨水土，不宜舟行。土火化空，須防跌蹼。水土化空，須防沉溺。更宜通變。

鬼地墓鄉，豈堪踐履。財方父向，恰可登臨。

鬼地者，世屬金，南方是也。墓鄉者，世屬火，西北方是也。他倣此。若往此方，必有災咎。

若求財利，要行財方。如世屬土，北方是也。求官見貴，要行父向。如世屬水，西方是也。餘亦倣此。

凡鬼殺所臨之地，宜避之。財福所臨之地，宜往之。

官挈玄爻刑剋，盜賊驚憂。

凡占出行，最怕鬼爻出現，休囚安靜則吉。猶不可動，動則必有禍患。

如臨青龍，酒色中惹禍。臨朱雀，言語中招非。臨騰蛇，多驚恐。臨白虎，多疾病。臨玄武，主失脫。勾陳臨水動，途中必多風雨。

以上持世剋世最忌，旺相亦忌。休囚受制，不傷世身，終無大禍，不過伴侶有災耳。世空不受剋，亦主伴侶有災。

兄乘虎殺交重，風波險阻。

兄加白虎動，或鬼在木爻動，或木化鬼來刑沖，或鬼在《巽》宮動剋，皆有風波險阻。在三四爻，出門便見。在間爻，途中遇。在五爻，一路不安。在上爻，或應上，直至地頭見也。旁爻動，不傷世身，只是險阻。乘旺沖剋，須防沒溺。

鬼化兄，兄化鬼，不惟途中風浪驚憂，且有盜賊。

妻來剋世，莫貪無義之財。財合變官，勿戀有情之婦。

妻財動來刑剋世爻，因財致禍，勿貪可也。若世與財爻相合，而財爻變出鬼來刑剋者，因色招殃，勿戀可也。

父遭風雨之淋漓，舟行尤忌。

父為辛勤勞苦之神。動則跋涉程途，不能安利。刑剋世爻，必遭風雨阻節而然。

父為舟，剋世，行船又不順利。更加白虎木爻，或化官，必有風波之險。得子動來解救，庶可化凶為吉。

福遇和同之伴侶，謁貴反凶。

子孫持世，吉無不利，主吉去善轉。發動，必逢好侶。在三四爻，出門便逢。在五爻，途中遇。在六爻，地頭得好人扶持。

若為謁貴出行，則不宜子動，謂之傷主，反為不利之兆。

《艮》宮鬼坐寅爻，虎狼仔細。

官在《震》宮及《艮》宮，遇寅爻動，主有虎狼之患。若無氣有制伏，或不傷世，或世在避空者，終不傷命，但有虛驚耳。

《震》卦兄逢蛇殺，光棍宜防。

兄主劫財，若加騰蛇動，必有光棍劫拐財物。

在《震》宮，其光棍在市鎮上。在《坤》宮，鄉里中人。應臨，地頭主人。五爻，途中被騙。

化出官，則是盜賊。無氣，須防剪絡②。

鬼動間中，不諧同侶。

官在間爻動，伴侶不和，或伴中有病。兄空不受剋制，則主自己有災難，非伴中有事也。

兄興世上，多費盤纏。

兄爻持世，必費資財。臨蛇雀，恐有呼盧③虛費。青龍玄武，酒色費財。餘則盤纏多費耳。若為財利出行，最不吉。

休囚不動，猶可。乘旺發動，則且空費盤纏，徒勞奔走，必無所得。

一卦如無鬼殺，方得如心。

官鬼凶神，出行不宜見之。

在初爻，腳必痛。二爻，身有災。三爻，伴侶病。四爻，去後家有官事相擾。五爻，道路梗塞。六爻，地頭謀望不利。六爻無鬼，方為大吉之兆也。

六爻不見福神，焉能稱意。

子為福德，又為解神，若不上卦，或落空亡，則鬼殺專權，凡有災禍，必無救援。故《海底眼》云：「卦無子孫不喜悅」。

虎易按：考《海底眼》，無「卦無子孫不喜悅」句，讀者可參閱原著。

主人動遇空亡，半途而返。

隔手來占，須看何人出行。如僧道子侄，則看福是主人。餘倣此。

主人空動，行至半途，仍復回來。動化退神，亦然。動化空，則主去後不利。退神者：卯化寅，酉化申類。

財氣旺臨月建，滿載而回。

出行，若得財爻旺相，生合持世，不臨空亡，不受刑剋，異日必有生意。更加月建，定主滿載歸家。

但能趨吉避凶，何慮登高涉險。

注釋

①逡巡（qūn xún）：因為有所顧慮而徘徊不前。
②剪綹（jiǎn liǔ）：謂偷竊錢物。
③呼盧：謂賭博。

二十八、行人

人為利名，忘卻故鄉生處樂。家無音信，全憑周易卦中推。要決歸期，但尋主象。

官員公吏看官爻，僧道卑幼看福爻，妻妾奴婢看財爻，兄弟朋友看兄爻，尊長老人看父爻。不在六親之中者，看應爻。

主象交重身已動，用爻安靜未思歸。

用爻即主象，動則行人已行。看在何爻，便知人在何處。

如在初二爻，方發足。在三四爻，將到門。在五爻，在中途。在六爻，還在地頭，歸期尚遠。

用爻不動，日辰動爻又無沖並者，安居異鄉，未有歸念也。

剋速生遲，我若制他難見面。

用爻動，歸期可擬。日辰若剋世，人必速至。生世合世，人必歸遲。最怕世爻剋制用爻，乃未能歸。

三門四戶，應如合世即還家。

三爻為門，四爻為戶，臨用爻動，歸程已近。更得應爻動爻剋世生世，而用爻又無制伏者，人即到家，可立而待也。

動化退神，人既來而復返。

凡寅動化卯，巳動化午類，謂進神。酉動化申，子動化亥類，謂退神。

用爻若化進神，行人急急回來，不日可望。

化退神，行人雖來仍復返。空動亦然。看臨何爻，便知何處轉去。要知行幾里路去，以生成數斷之。如一六水數，二七火數，三八木數，四九金數，五十土數。陽爻以天數推，陰爻以地數推。生旺倍加，死絕減半。

靜生世位，身未動而懷歸。

六爻安靜，人必未歸。若應生世合世，或世應比和，用爻生合世爻者，身雖未動，已有歸意。但看衝動月日起程，生旺旬日必來。有氣主速到，無氣主遲滯。

若遇暗沖，睹物起傷情之客況。

卦爻不動，本無歸意。若得日辰衝動應爻或用爻者，必然睹物思鄉，方欲起意回家。日辰雖沖，而月建動爻剋制者，縱有客況，亦難起程也。

如逢合住，臨行有塵事之羈身。

用爻發動，固是歸兆。若遇動爻日辰作合，謂之合住。其人雖欲回家，因事絆住，不得歸來也。

如被父母合住，必因長上所留，或因文書阻滯。

財爻合住，必因婦人迷戀，或因財物淹留。

兄弟合住，多因朋友同伴，口舌所阻。

子孫合住，必因小口，六畜僧道所阻。

官鬼合住，帶吉，則貴人所留。加凶，是火盜官災絆住。

世剋應而俱動，轉往他方。

凡占行人，卦爻宜動不宜靜。世動歸心必切，應動身已登程。若動世剋動應，行人雖來，而往他處，非歸家也。用爻動而生合應爻者，同此推斷。

應比世而皆空，難歸故里。

應為客鄉，世為家鄉。應爻生世合世，是行人思家之象，可望其歸也。世應比和，本非歸兆，必得用爻動來剋世合世，乃能歸耳。

惟怕應爻空亡，雖來亦必遲緩。更與世爻皆空，則欲來不來，必無准實，難望其歸來也。

若應不空，而世獨空亡者，又主行人已離彼處，反主歸速也。用爻更動，可立而待也。

遠行最怕用爻傷，尤嫌入墓。

遠出行人，若得用爻出現，不臨空亡，不受傷剋，卦有財福，便主在外吉利，雖歸遲無妨。在死墓絕地，或日月動變刑剋，皆主不利。

若用爻無故自空，或變入死墓空絕，或忌爻乘旺帶殺發動，或卦無用爻，應又空者，皆當以死斷之。

近出何妨主象伏，偏利逢衝。

家內近出行人，用爻伏藏，必有事故不歸。若得日辰動爻沖之，則便歸。或無日辰動爻相沖，至衝動日時即到。用爻安靜，亦依此斷。不歸事，詳見下。

若伏空鄉，須究卦中之六合。

用爻空亡，必須中間剋破伏上飛神，方得露出伏神為用。否則終被把住，雖有提起之爻，亦何用哉！

若得伏於空亡爻下，一遇動爻日辰六合，即出為用，行人可望其歸。六沖尤妙。

更決歸期，亦以沖合月日定之。若伏神自遇空亡，恐作他鄉之鬼，必無歸日。

如藏官下，當參飛上之六神。

用爻伏官鬼爻下，必為凶事所羈。

如臨青龍，必因酒色成病不歸。

臨朱雀，必因官非口舌不歸。

臨勾陳，蹼跌損傷。

臨騰蛇，牽連驚恐。

臨白虎，臥病不起。

臨玄武，被盜失財不歸。

凡遇土鬼為病，火鬼為訟，勿論六神可也。卦無官鬼，亦依上斷。

兄弟遮藏，緣是非而不返。

用爻伏在兄爻下，必有是非口舌，爭鬥事不歸。加朱雀為賭博，化官鬼為失財，臨白虎為風波。

子孫把住，由樂酒以忘歸。

用爻伏於子孫下，必為遊樂、飲酒、田獵、串戲、走馬而不歸也。不然，亦為六畜之故，小兒之事，僧道之阻，所以不得歸家。

父為文書之阻滯。

用爻伏於父爻下，必為文書阻節，或為手藝不歸。不然，則是尊長所留。卦無父母，或落空亡，必無路引①。動化空，路引已失。父化父，兩人合一引。

財因買賣之牽連。

用爻伏於妻財下，必為經營買賣之故而不歸。財爻空亡，或遇兄劫，多因折本。財臨有氣，或遇生扶，必有利息，故忘家也。若臨青龍玄武，必是迷花不返。

用伏應財之下，身贅他家。

用爻伏於應上，妻財之下，必然身贅他家，不思歸也。財動生合世爻，挈婦歸家。財爻若與伏神不相生合，乃是與人掌財，或是倚靠他家，非婚婿也。

主投財庫之中，名留富室。

用爻伏於財庫下，其人必在富家掌財。伏神衰絕無氣，則是傍他度活耳。若得用爻出現，在財庫爻動，異日必然滿載而回。更加青龍月建，尤為稱意。

五爻有鬼，皆因途路之不通。

鬼在五爻動，必是途路梗塞不通，故不歸也。五爻若遇忌殺發動，亦然。五爻空亡，亦是道路不通之象也。

一卦無財，只為盤纏之缺乏。

卦中動變月日，皆無財爻者，為無路費，故不歸。有財無故自空者，亦然。行人原為財利者，必不遂意。

墓持墓動，必然臥病呻吟。

用爻入墓化墓，或持鬼墓，或卦有鬼墓爻動，或用伏於鬼墓爻下，皆主病臥他家，故不回也。若伏官爻下，亦然。帶朱雀，或化文書，必在獄中，非病也。

世合世沖，須用遣人尋覓。

用爻安靜，得世爻發動，沖起合起者，必須自去尋覓，方能歸。用爻伏藏，得世爻提起；用爻入墓，得世爻破墓；皆用尋覓方回。

合逢玄武，昏迷美色不思鄉。

六合卦，玄武財動，或用臨玄武，動而遇財爻合住；或用伏玄武財下，或卦有三合財局，而玄武亦動其中者，皆主行人在外貪花戀色，不思故鄉也。若得動爻日辰，衝破剋破合爻，庶有歸日。

若用臨玄武化鬼，或伏玄武鬼下，而財爻不相合者，其人在外，必為盜賊。不然，亦被盜攀害，故不歸也。

卦得遊魂，漂泊他方無定跡。

遊魂卦應爻發動，行人東遊西走，不在一方。用在五爻動，亦然。遊魂化遊魂，行跡不定。遊魂化歸魂，遊遍方歸。

日並忌興休望到，身臨用發必然歸。

剋制主象者，為忌爻。若在卦中發，或臨身世，或帶日辰，或被日辰沖並，皆主不歸。若得用臨卦身，出現發動，則必回來。若持世動，亦可望其歸。

父動卦中，當有魚書之寄。

凡占行人，卦有父動，必有音信寄來。生世合世，持世剋世，皆主來速。世生世剋，則來遲。化出喜爻，或化福爻，是喜信。或化忌爻，或化官爻，是凶信。動空化空，是虛信。加螣蛇化兄，亦恐未的。

父化父，兩次信來。若逢合住，音信被人沉匿，或帶書人有事，稽延在途，未能到也。若逢沖散，書信已失。重爻則已報過。

財興世上，應無雁信之來。

凡占望信，遇父爻衰靜，或空或伏，或有財動，或財爻旺臨身世，皆主無信。卦有動爻，化出父母生合世爻，即是其人傳信也。如兄化出，朋友寄來類。

欲決歸期之遠近，須詳主象之興衰。

用爻旺相歸必速，休囚歸必遲。生旺，墓日歸。休囚死絕，生旺日歸。

安靜，衝動日歸。發動，即以本爻定其月日。或入墓，或合住，以破墓破合日定之。靜而有沖者，以六合日斷之。動而剋制者，以三合日斷之。代占，以應爻論之。遠以年月斷，近以日時推。獨發之爻，亦可推之。如子爻動，即取子日為歸期。

動處靜中，含蓄許多凶吉象。天涯海角，羈留多少利名人。

注釋

①路引：古代的通行憑證。

二十九、舟船

凡卜買船，斷同船戶。

凡卜買船吉凶，與船戶人占一同推斷。若船戶自來占卜，要同家宅，斷之為是。

六親持世，可推新舊之由。

財福持世，是新船。父母持世，是舊船。兄弟持世，半新半舊。鬼爻持世，災驚不利。

諸鬼動臨，可識節病之處。

金鬼釘少，土鬼灰少，木鬼有縫，水鬼有漏孔處，火鬼有燥裂。

初二爻為前艙，要持財福。五六爻為後舵，怕見官兄。

以上皆要臨青龍、天喜、貴人、財福則吉。主有富貴之人上船，吉利。四爻三爻為中艙，亦要帶財福。

父作梢公，不宜傷剋。

父母為船，又作梢公。要生旺，不被日辰動爻傷剋為吉。占買船，要財靜，則船好，無損壞處。

龍為船尾，豈可空刑。

青龍為船尾。生旺動持生合世，皆主利益稱意。

騰蛇辨索纜之堅牢。

騰蛇為索纜，空則枯爛不好，旺則堅牢美利。

白虎為帆檣之順利。

白虎屬風，故取為風帆。若生旺帶財福吉神，動持生合世身，則船有好帆，使風順快。若白虎帶凶鬼惡殺，旺動剋害世身，大不利，主遭失風傾覆之患。勾陳為鐵錨。休囚空亡，船無鐵錨；帶鬼剋世，鐵錨為怪，化空絕有失。

六爻皆吉不傷身，四海遨遊無阻滯。

六爻生合，財福吉神又生旺，持世身，動爻又不來傷剋，則無往不利。雖遠遊於四海五湖，亦皆吉利。

若子水持世，其船損人丁。

每驗卦法，又看行船出入避忌爻。如鬼兄白虎臨太歲爻，動來刑沖剋害世身，必有風波險惡。更有凶神剋世，大凶。

三十、娼家

養身家於花柳之中，曰娼與妓。識禍福於幾微之際，惟蓍與龜。花街託跡，柳巷安身。門外紛紛，總是風流子弟。窗前濟濟，無非歌舞佳人。若要安寧，必得世無沖剋。欲求稱意，還須應去生扶。

凡遇娼家卜住居家宅生意類，皆以世為主娼之人，應為宿娼之客。若得月建、日辰、動爻，俱不刑沖剋世，必主家宅吉利，人口安寧。更遇應來生合，乃十全好卦，凡事稱心。

雖常人占宅，亦要應爻生合世爻，則主謀望有成，所求多遂。應空多不利。

卦見六沖，往來亦徒迎迓①。

六沖卦，來往人多，但主空來空往。更若兄動，恐有無籍棍徒攪擾。若遇六沖，而世應爻空，或財爻發動，必主住居不久，或不安。

爻當六合，晨昏幸爾盤桓②。

娼家得六合卦最吉，蓋合則情份相投，必主人多顧戀。內外和同，家門雍睦。得三合，六合太過者，尤利。

常人占宅，反忌之，必主家中淫亂。娼家則以此為主，所以，斷法不同也。

財若空亡，錢樹子慎防傾倒。

財為娼妓，無故自空，或衰絕受剋，主妓女喪亡。

財若重疊，妓女必多。旺相則顏色美麗，衰則容貌不妍，刑則有病。

月日動爻無生無合，人不眷戀。

胎養年少，若逢墓庫，老年娼妓。

凡遇火爻善歌，木爻善舞，水爻則體態輕盈，金則肌膚白淨，土則容儀渾厚。

動則善於奉承。

其餘詳見性情篇。

官如墓絕，探花郎那得棲遲③。

官為宿客，生意之主。若得動來生合世爻，必多宿客下顧。更得日辰來扶，必有貴人招接。

惟怕空亡墓絕，則宿客不多，縱有亦非富貴豪客。若得變出財爻生合，必是捨財大俠也。

妻財官鬼，二者不可相無。

無財，主無出色之故。無官，主無貴客招接。皆主錢財不聚，破耗多端。若財官俱無，或一空一伏，是時運不濟，定當守困。

財鬼父兄，子孫皆宜不動。

住居得安靜卦，必然人口平安，門庭清吉。若見交重，定多駁雜。

蓋六親中惟子孫為吉。常人占，雖喜發動，而娼家又非所宜，以其剋制宿客故也。

但得五類俱全，六爻不動，財鬼有氣，世身有助，便是上吉之卦。

鬼殺傷身，火盜官災多恐怖。

鬼爻生合世爻，是宿客顧戀之象，雖動亦吉。若沖刑剋害，則是鬼殺為禍。重則官災火盜，輕則是非口舌。

以五行六神參看，並見前篇。

日辰沖父，住居屋宅有更張。

父母為居處屋宅。若在卦中發動，或被日辰沖剋，或父母化出財爻，皆主所居屋宅，當有更變。

如占住居，必住不久。否則，所居屋宅，亦必破壞。

兄弟交重，罄囊④用度。

兄弟主生涯冷淡，破耗多端。更有生扶，則罄資用度，亦無了日。

變出鬼爻，常招是非口舌，所來之人，亦無好客。有制稍可。

大抵兄弟不動，財爻衰弱，或變死墓空絕，皆主生意不濟。兄弟發動則尤不濟。

子孫藏伏，蹙額⑤追陪。

子孫為福德喜悅之神，娼家雖不宜動，然不可空亡隱伏，主家宅不安，住居不穩，生涯不旺，虛度光陰，蹙額過日而已。若見刑殺剋世身，不嫌此爻發動。

財化福爻，家出從良之妓。

財不宜動，動則妓女走失。

若化父，妓必精曉彈唱，善能迎接。

化兄，不善奉侍，禮貌粗俗，言語多詐，彈唱亦低。

化鬼，須防妓女不測災禍。

化財，謂用化用，恐有逃亡走閃之事。若逢沖剋，或臨空動，皆然。

化子，有從良之志，雖在風塵，亦是強為也。

卦無財，而本宮財伏子下，或從子化出者亦然。

官居刑地，門招惡病之人。

鬼帶刑爻生合世身，多招帶病之人來往。與世生合，與財刑沖，須防妓亦沾染。

鬼化鬼，或化忌爻刑剋世身，恐因宿客致禍。有制不妨，有救可解。

忌動衰空，閑是閑非閑撓括。

忌則剋制世爻之神，凡事皆怕見之。若在卦中發動，必不吉利。如得休囚無氣，而又空亡，雖動不妨，但主閒事閑非，虛災虛禍而已，必無大害。

財興剋世，有財有利有驚疑。

凡遇財爻旺相，住宅必有生意，但不宜動來傷剋耳。蓋財乃生禍之端，所以，雖吉而有所忌也。如帶刑害虎蛇等殺，乘旺動剋身世，必然因財致禍。

以上十二條，非此一事為然。常人家宅同此推斷。

能將玄理以精詳，真乃黃金而不易。

注釋

①迎迓（yà）：猶迎接。

②盤桓：玩弄；逗弄。逗留住宿。

③棲遲：滯留。

④罄囊（qìng náng）：竭盡囊中所有。

⑤蹙額（cù é）：皺眉。愁苦貌。

附闡幽精要

一、觀人斷法

先天妙訣少人知，但看來人急與遲，喜笑一聲將吉斷，慌忙煩惱作凶推。
入門坐定寬容問，斷他災禍盡消除，若見著衣並束帶，出入功名事事宜。
若見並肩挽手過，合本求財利有餘，僧尼道姑如何斷，斷他離祖又刑妻。

虎易按：此篇描述，為外應斷法。讀者看卦斷事，還是應該以六親分析為主，結合外應，綜合分析判斷為宜，不致有失偏頗。

二、六神情性賦

青龍持世，為人愷悌，有仁有德。
朱雀持世，一生好訟，招是招非。
勾陳持世，為人穩重，行事遲鈍。
騰蛇持世，為人少信，有頭無尾。

白虎持世，一生剛強好勇，志短無謀。
玄武持世，為人慳吝奸雄，吝小失大。

虎易按：此篇描述六神持世，所表示的求測人之性情，為一般的描述原則。具體預測時，世爻所值日月的旺衰程度是不一樣的，因此，其性情也是不一樣的。讀者可根據其原理去推演，擴展，不要被此所局限。

三、身命章

既富且壽，世爻旺相更無傷。非夭則貧，身位休囚嫌受制。
卦宮衰弱根基淺，爻象興隆命運強。
世居空地，終身作事無成。身人墓鄉，到老求謀未遂。
若問成家，嫌六沖之為卦。要知創業，喜六合之成爻。
旺世助身，強自撐持。衰世有扶，因人創立。
日時合助，一生偏得小人心。歲月剋沖，半世未沾君子澤。
父母持世，辛勤勞碌。兄弟持世，疾病連綿。
遇兄興，則錢財莫聚。見子動，則身不犯刑。

子死妻亡，絕俗離塵之輩。貴臨祿到，出將入相之人。遇龍福而無氣，縱清高亦是寒儒。逢虎財而旺強，雖粗俗而還富客。朱雀與福德臨身，合作梨園子弟。白虎逢父爻持世，定為柳柏屠夫。世加玄武官爻，必梁上之君子。身持勾陳父母，是野外之農夫。財福司權，榮華有日。兄官秉政，破敗無常。運至中年，凶殺莫交折挫。時當晚景，惡星尤忌攻沖。妻水加龍，必是詩書顯達。土財月建，定知店業營生。若臨華蓋空亡，當知僧道。但逢青龍月德，定為郎官。

四、家宅說

財逢死絕之鄉，兒孫冷淡。世值空亡之兆，家計荒涼。騰蛇鬼動於子孫，家人自縊。玄武爻興於子息，婦女風流。咸池與白虎同居，呼盧好飲。天乙與青龍共位，足義多仁。火興為宅屋之傍，土動乃園林之側。宅臨巳午，非窯灶，則近於廚堂。木值空亡，因斧斤，遂敗於古墓。絕臨金位，師巫寺觀之傍。鬼在火鄉，社廟神壇之所。不見人多惡疾，須知女落風塵。虎伴交重，乃是重喪之殺。龍居金位，名為進寶之鄉。勾陳帶土，而進益於田園。青龍持世，乃新修之宅舍。

凡卦數推之陰陽，更加細看。世為宅，而言禍福。應為人，而定吉凶。青龍爻動，而近日新修。白虎爻興，而經年破漏。旺相者，則資財進益；休囚者，則倉庫空虛。宜視衰旺，以明吉凶。父母子孫俱旺，老者安，少者康。騰蛇白虎安靜，災不生，禍不作。午為馬，丑為牛，酉為雞，亥為豬，戌為犬，巳為蛇。吉神生旺，每歲增添。爻值空亡，連年退損。巳午為之湯火，申酉為之刀砧。水湯火災，子午爻動。雞鳴犬吠，酉戌鬼臨。天喜貴臨內卦，後堂新修。破碎空臨外象，正屋琅璫。竹木園林，寅卯同斷。池塘穴坎，亥子同推。玄武為後，左是青龍，朱雀為前，白虎居右。陰陽動靜，仔細推詳。禍福吉凶，分明察斷。

五、柳神經

凡占家宅，先觀鬼神之機，次辨六爻所用。父化父，人家兩姓。鬼化鬼，家宅多災。父為宅宇之基，財是灶廚之所。子孫為井，兄弟為門。父爻值墓，家多疾病之人。財位臨空，宅住貧窮之輩。子逢金旺，便知鏡子光明。子值木衰，可見秤無星兩。子是長流，須分前後。亥為塘浦，要辨方隅。丑為田園，寅為樹木，卯為蓬蒿，辰為平地，巳為焰煙，午為火意，未為山嶺，申為金銀，酉為銅鐵，戌為穴坑。交重詳察。重是曲圓，交是方直。陰土為坑，陽土為宅。父居《坎》位，四圍有水汪洋。父臨木爻，繞屋樹林森茂。財福吉神內象，必然先富而後貧。兄鬼殺虎內宮，以定先貧而後富。父入勾陳土位，豐稔田園。日刑木父休囚，損傷桌凳。父臨入墓，墳塚為殃。鬼生世象，家神作祟。騰蛇入木，家招縊死之人。玄武臨身，必出投河之鬼。火炎旺動人多，木位興隆樹茂。火爻伏鬼，定生目疾之人。水位隱官，必有盲聾之輩。

二姓同居，必有兩重兄弟。爹娘又見，宮中父母再逢。父入子宮，必主後娘來就。子臨父位，定主隨母嫁人。子見兩重，螟蛉亦有。兄爻單見，雁侶難同。兄化鬼以空亡，兄弟空房。父臨空以化鬼，父娘作故。陰兄化入陽兄，嫂贅晚夫同舍。陰子變入陽子，女招婿而同家。父化父，外娘晚位。財化財，當娶雙妻。

喪門殺動，本是災非孝服。天喜星臨，必然嫁娶添丁。披頭動，要出瘋癲。五鬼興，必生暗眼。羊刃臨財，定是屠酤之輩。咸池入酉，必然花酒生涯。財入咸池化鬼，女多獨守。子臨寡宿化官，男主孤虛。

驛馬值世，奔波不定。貴人生身，好享榮華。世應兩沖，家門括擾。爻逢六合，和氣相同。

子入鬼關，小口豈無傷損。財臨大殺，婦人必有產亡。

辛未持世，大路當門。戊戌五爻，竹木當路。蛇入屋來，四爻騰蛇土動。鵲巢當戶，六爻朱雀木興。

青龍六位《巽》宮，家有頭風之疾。玄武初爻鬼動，必生腳濕之人。騰蛇木鬼臨門，家出自縊。白虎土殺入戶，家有血光。

火燒家堂，子入火鄉化火。鼠來害物，鬼宮化出子爻。南上邪神，朱雀鬼臨火動。北方之鬼，玄武動而水興。金鬼西方之佛像，木鬼東嶽之至尊。福世當年獲慶，殺鬼每日閑災。兄動而奸人脫漏，福興而吉事頻來。鬼化亥未，願欠豬羊。子化申辰，佛前燈願。

衝開丙戌丁亥，牆倒壁穿。合扶己卯戊寅，城堅土厚。衝動丙寅，香爐破損。旺搖庚戌，首飾鮮明。戌化土金，犬多黃色。金鬼化子，鼠作妖聲。

初爻鬼武，雞鴨人偷。三位官空，養豬無畜。二爻鬼殺，犬必傷人。四位殺官，羊多猝死。五位休鬼，耕牛不興。六位虎鬼，馬無乘坐。

心氣病，火鬼動。脾胃災，土鬼搖。

初位殺空，小兒難養。六爻木鬼，老者中風。上透金爻，終年眼暗。五爻火鬼，癆瘵纏身。

青龍木鬼，必是觀音。玄武水鬼，恐其玄帝。寅為神，神帶虎行。午為神，神騎馬走。

太歲臨鬼剋世，一年非事即陰司。日辰福德扶身，四季開眉而興旺。

六、參玄賦

一卦能推吉凶，六爻可分禍福。

凡占家宅，先觀神鬼之機。欲問人煙，須究旺相之象。父為屋宇之基，財是灶廚之所。父爻入墓，家多疾病之人。財位臨空，宅有產亡之鬼。

旺相宅新，休囚宅舊。兄作為門，更怕日辰沖損。子孫為器，最憂月破加臨。子逢金旺，便言鏡必光明。福值木衰，可見秤無星兩。金鬼休囚，香爐破損。木官旺相，神像無傷。父母安靜，祖先神主安寧。官鬼爻興，家宅人丁不穩。父入土爻旺相，豐稔田園。日沖木父休囚，破損桌凳。父臨丘墓，家塚為殃。

木臨朱雀，匣藏契券為殃。木入青龍，家有船車往泛。官伏土中，磉①磚不利。鬼藏木下，棺槨為妖。

木動《坎》宮，橋樑作礙。

更將一例推占，須著六爻分究。

鬼臨初位暗興，宅有伏屍古殺。官遇六爻暗動，匠工作弊為殃。《巽》宮木動，當生縊頸之人。《坎》卦水興，必出投河之鬼。《離》宮水動，湯澆死。但遇火鬼，火湯傷。官臨土旺，斷言土府搶攘。鬼值木興，詳會樹神作礙。

鬼入《坤》來，定有墳塋之祟。官臨《艮》上，必逢獄禁之魂。鬼附騰蛇生怪夢，官臨朱雀惹閑非。

貴人官，當生拔萃之兒郎。劫殺鬼，須慮穿窬之盜賊。鬼剋兄，門當破損。官衰世，宅有多災。

財龍旺相，必是潤屋之家。妻虎休囚，定是枯茅之舍。財旺初爻，雞鵝作畜。妻衰外象，豕畜多虧。

天乙財爻，定出縉紳②之子。咸池妻位，應生娼妓之人。子臨二位，乃知犬吠生人。福值《坎》爻，定有貓銜耗鼠。

兄是門牆土壞，弟為口舌鄰房。交重土弟休囚，必定牆壁坍塌。發動木兄死廢，定還門戶歪斜。又兼月建剋沖，斷為破戶。喜見日辰生助，決是新門。

兄臨月建《坎》宮，曾支坑廁。弟在水爻浴位，必砌浴缸。間兄發動剋沖，鄰家嫉妒。兄弟扶持身世，朋友忻偕。兄剋金財妻有病，弟臨火應友多非。劫臨兄動，謹備賊徒。空值弟興，定分門戶。

六爻無水溝渠塞，一卦無金鼎鑊③傷。木位興隆多樹木，火爻旺相足人煙。日剋火爻，當生眼疾。日沖《坎》位，定主耳聾。日剋木財床榻損，日沖木弟柱槽④傷。

若問何方，須詳爻象。要知何處，定察墓爻。但值兩妻之火，兩處煙廚。或臨二父之離，二家屋宇。不然二姓更同居，須把六神分仔細。

注釋

①磉（sǎng）：柱子底下的石礅。

②縉紳（jìn shēn）：原意是插笏（古代朝會時官宦所執的手板，有事就寫在上面，以備遺忘）於紳帶間，舊時官宦的裝束。亦借指士大夫，官宦的代稱。

③鼎鑊（dǐng huò）：鼎和鑊。古代兩種烹飪器。

④柱櫍（zhì）：柱子下邊的墩子。

七、家宅秘訣

凡占家宅，細察五行。木合父爻變申酉，瓦簷草脊。金生母位逢福德，玉砌雕欄。間坐寅卯衰又剋，窗檻橫斜。應臨亥子木相逢，池橋出入。

主象無傷，且喜來占有慶。忌爻有制，須知見險無虞。
六爻安靜，則門庭清吉。五類俱全，則宅眷安寧。
鬼墓臨身，常有陰人伏枕。日辰生世，每多喜事臨門。
最怕歲君剋世身，一年不利。尤嫌鬼殺逢發動，合宅多災。
世受剋沖，家主終遭患難。財逢刑害，妻奴必見災危。
陰鬼主陰司之病症，陽鬼為戶役之官非。
金則凶傷，水須失脫。巳午憂火燭之虛驚，土木恐田桑之欠熟。
若出二爻湯火中，切宜仔細。如加六位棟樑下，須慎崩摧。
壁壓牆頃，卻被土沖兄剋。蛇傷虎咬，皆因巳害寅刑。
遭壬午之官，乘馬難逃跌蹼。遇戊寅之鬼，行船必被風波。
官爻藏伏，財耗而塚墓荒蕪。妻位殺官，家中每逃亡奴婢。
動出子孫胎，當有陰人妊子。助成門戶鬼，須防橫禍臨門。
福應生身，且喜添增人口。土財合世，定知廣置田園。
世值動妻屋不賣，而雙親有損。世臨空福身無傷，而小口有災。
財鬼一同生合，慶及婚姻。兄弟兩見刑沖，災連眷屬。
鬼在門頭，日日駁駁雜雜。官居宅上，時時唧唧噥噥。

無路則不宜遠出，無宅則利往他鄉。
財化財爻，遇玄武須防剪綹。陰合陰位，加官殺切莫貪花。
子卯夫妻，日下當遭反目。辰戌兄弟，月中定見鬩牆①。
印綬合官扶世，仕途亨通。妻財化福持身，貴人淹滯。
若問血財，當詳血肖。遇吉則長養無疑，遇凶則猥攮②有損。
更兼制化，方窮就裡之精微。能達變通，了談人間之禍福。

注釋

①鬩（xì）牆：《詩·小雅·常棣》：「兄弟鬩于牆，外禦其務」。謂兄弟相爭於內。後用以指內部相爭。

②攮（nǎng）：一種短而尖的刀，稱「攮子」。

八、家宅六爻賦

六沖六合，不離五行，要識玄微，細推生剋。
初爻是井，切忌勾陳。青龍則泉水生香，白虎則乾枯坍塌。朱雀一雙在宅，勾陳填沒無尋。騰蛇主怪異深藏，玄武有器皿埋沒。欲知枯井年深，須察子孫久遠。

二爻是灶，切忌剋沖。子孫發動，主灶不利家丁。官鬼空亡，定害陰人小口。兄弟動，則重立灶基。父母興，則灶將坍塌。朱雀臨爻，必主陰人哭灶。騰蛇坐世，定然釜甑虛鳴。玄武主偷鍋盜釜，白虎主破損東廚。勾陳定見虛驚，朱雀多招口舌。

三門四戶，細看沖刑。子孫發動，門臨綠水青山。爻值青龍，戶對高樓聳閣。父母臨爻，宅近街衢市井。伏連官鬼，家鄰古墓神壇。勾陳發動，必多破損。朱雀興隆，定主倒裝。要知閥閱侯門，須看青龍興旺。欲識鐵石庭戶，細察蛇臨位興。

五為道路，怕犯六神。朱雀持世，南方遠路沖門。玄武剋身，北地相親宅宇。青龍喜《巽》地來龍，白虎怕西南走動。勾陳遇鬼，家中有路可行人。玄武來沖，宅內有橋通大路。騰蛇若值飛爻，溝壑必生災咎。

六是樑棟，切忌空亡。子孫發動，必主畫棟雕樑。父母興隆，定是松楠雜木。財動則換舊更新，兄興定幫樑接柱。土父空亡，牆壁坍塌。木官沖剋，接斗斷樑。

九、搜精六爻

初爻論根基，鬼動卻非宜，宅邊有古墓，災殃損小兒。
陽圓陰方地，合方長生基，沖凹刑尖削，剋破合圓基。
剋五宅長病，剋二宅母危，世爻若值此，兩處起根基。
有水必有井，明堂有井鬼，白虎同臨位，定主有橋頽。
動化日辰合，暗井掩無泥，初爻父子吉，兄鬼外人基。
更若初爻動，坍損有高低，財值身旺地，休囚值不宜。
玄武臨初位，溝潭不利時，更值螣蛇上，樹根穿破基。
二爻為宅母，財祿終有吉，殺鬼動交重，宅母防災厄。
值鬼灶跨樑，小口生啾唧①，兄在二三爻，坑灶近相逼。
玄武合水爻，暗井無人識，玄武入土爻，穢污豬羊室。
旺新休舊灶，虛灶腳不實，一卦兩重財，二灶煙火出。
子孫日辰沖，灶邊路不吉，生扶兩眼灶，玄武溝潭塞。
財爻卦內凶，有灶無廚食，二爻入興動，此灶曾修葺。
二爻被金沖，鍋破當知識，二爻值空亡，廢灶無差失。

應若臨二爻，外姓人同室，財福坐清高，兄破人無益。
朱雀火動空，灶復重置立，兄弟化兄弟，兩門合出入。
財爻剋世身，媳婦欺婆力，世鬼值此爻，總是離家室。
若是二爻空，子定無娘力，化出父母爻，屋後被人出。
父母龍德臨，必是公侯宅，空休與應同，搭角屋相及。
木死逢蛇陳，中蓋是端的，二爻木化木，廣起樓臺屋。
二爻鬼化鬼，前後廳堂室，土金臨此動，必定主開闢。
木爻朱雀動，市井相連跡，二爻日月破，災禍無休日。
欲識換人居，日辰沖世宅，財子同父兄，亦然主換宅。
二爻財化父，必是建新宅，爻休六神旺，半舊半新室。
龍臨長短居，蛇是牽連屋，玄武是空居，朱雀多開闢。
二爻休化旺，前舊後新宅，龍德貴人臨，家中足衣食。
財福吉神空，貧窮日相逼。
三爻為門戶，龍旺主光新，休囚沖破損，財子福相臻。
若值龍蛇上，捆縛必有繩，沖二居為路，合二定為門。
四爻來衝破，相對有穿心，三四俱兄弟，出入有兩門。

玄武臨其上，門上漏相侵，三四俱發動，意要更改新。
兄弟主破耗，空亡無大門，不然主破碎，左有右無存。
若是逢沖剋，出入欠正行，三爻俱龍木，床帳必然新。
若臨申酉位，破損不須論，不正偏倚損，日辰衝破刑。
騰蛇臨鬼動，怪異及虛驚，若臨玄武鬼，作怪在陰人。
玄武臨其上，穢污地不清，卯木三爻上，神堂下床停。
不然樓板上，樓板上安尋，子午卯酉正，辰戌丑未橫。
寅申巳亥位，必主落角停，三爻論香火，不宜逢四土。
不靜犯家堂，外鬼常興禍，無鬼及空亡，家堂無神主。
二鬼卦裡生，兩處分香火，一卦無子孫，不信神佛助。
玄武亥子位，漏濕家堂主，不然北斗神，值武宜詳護。
入旺朱雀神，或燒或犯鼠，水值此爻興，五聖為神禍。
外有三四鬼，其家有分處，三鬼若坐爻，弟兄不得力。
龍德貴人臨，添新喜生戶，劫殺鬼相干，弟兄疾病苦。
三爻財動旺，宅屋必高古，三爻值世財，外喜內憂苦。
守常終是吉，次第為數數。

外戶值四爻，財子福滔滔，龍德貴人旺，必定主清高。
惡殺臨鬼動，叔伯悔煎熬，母位還依次，龍德福迢迢。
朱雀臨此動，官訟是非招，有氣人丁旺，休囚悔莫逃。
兄弟臨蛇動，坑破外人拋，玄武臨兄上，水邊溝水淘。
沖刑並伏鬼，推此用心高。
五爻是主人，家長長房親，青龍福德旺，家長喜氣新。
剋宅人口吉，災生宅剋人，官鬼帶殺動，家長受災迍。
五爻坐兄父，長房妻子刑，坐財傷父母，妻妾要損身。
五爻值休廢，必是無力人，虎劫刑沖剋，知有癡雙親。
子孫臨此位，人少不須論，五爻值陰世，陰人起家門。
沖刑在二爻，夫婦不和寧，若值相生合，夫妻永太平。
財世若值此，入舍女夫身，五爻值身世，必是女招金。
五爻加世位，人數此中尋，五爻看數目，剋減旺加新。
此爻若有水，宅近水溝津，兄弟在此位，牆內有坑存。
騰蛇沖剋破，申酉亦傷身，無氣兼刑剋，破落必遭刑。
生扶並伏化，有氣福應臻。

六爻為虛位，永為祖父婆，柱樑牆屋地，籬笆亦是他。
身爻值父母，離祖自成家，子孫化官鬼，陰小受災磨。
白虎帶鬼旺，災病及公婆，更值申酉位，六畜不完多。
沖剋並刑害，家中有破鍋，朱雀官鬼動，瘋癲女人磨。
此理通玄妙，潛心細吟哦。

注釋

①啾唧（jiū ji）：猶小病。

十、船家宅

既明住宅之根因，再看船居之奧妙。
青龍父母，祖代居船。白虎妻財，初當船戶。
要識安居平穩，須觀福德青龍。
初是船頭，必須子孫興旺。六為後舵，定因福德交重。
父母刑沖，必主風狂浪急。妻財剋陷，定然惹是招非。

若逢兄弟交重，怪木必須重換。但遇鬼爻臨用，魘禱急宜祈祥。
二為獵木，須要堅方。若遇騰蛇，多生怪異。但逢朱雀，口舌災殃。青龍利益加添，白虎損人招禍，玄武憂疑盜賊，勾陳耗散資財。
三為倉口，怕逢刑沖剋害。
四為桅杆，喜遇拱合生扶。
五為毛纜，六為櫓蓬，若得相生，行船必定致富。如逢沖剋，船居多主災殃
世爻發動，宜棄舊而從新。應位興隆，宜世居而迪吉。
世臨玄武，盜賊相侵。持世勾陳，翻船損舵。白虎防墮水不虞，青龍主臨危有救。騰蛇爻動，主暴病之憂。朱雀爻興，有斷桅之禍·
初位逢空，船頭破損。二爻遇鬼，繩纜損傷。三爻最忌刑沖，倉內平基作祟。
四位怕逢凶殺，破蓬發漏須防。五為毛纜，逢空必有驚疑。六是舵門，遇殺定當修換。
若能依此而推，船居必無他事。

十一、疾病論

凡占疾病，先禱上下神祇。

謁卜卦人，欲問生死禍福，須詳得病之由，次告先賢之驗。

金木動，骨骼疼酸。水火興，皮膚寒熱。交重丑未必傷脾，發動戌辰因破腹。

《巽》鬼興隆，乃為股痛。《震》官旺動，足疾不瘳①。

《離》宮旺相，內爻發動，瘡痍②之疾。火鬼休囚，外象交重，心目之災。

發動《兌》官因面病，交重《坎》鬼腹中災。土伏土爻生腫毒，金藏金位動心胞。

妻在土興嘔吐，官臨土動遲疑。木下木多寒燠③，水伏水多冷淋。

《乾》官旺相因頭痛，《坤》鬼興隆為肚疼。《坎》卦水興只緣耳疾，《艮》宮土發必為手災。

須將五行論身肢，專執六神分疾病。財逢玄武及咸池，病為貪花因戀色。

妻值青龍並日建，患因耽酒及傷身。發動金兄氣喘，交重木鬼身疼。

勾陳若臨土木，病因爭地爭田。螣蛇若入火土，災乃逢驚逢怪。

虎動臨財，因喪而得。龍興遇鬼，喜處染來。

財為祿命怕空亡，伏是命爻防剋害。先將十死卦為凶，莫比一般爻是吉。
最凶者，用爻不見與空亡。有救者，福位扶持生得力。
春忌《需》《蒙》，夏嫌《觀》《蠱》，秋憂《剝》《節》，冬畏《旅》《臨》。

祿命隨官難救，世身入墓難醫。
官逢大殺忌傷身，鬼入用爻當主死。
須忌催屍之殺，怕臨病者之爻。春辰夏未最難當，秋戌冬丑興還死。
又嫌天地轉殺，最是凶神。乃遇日辰旺相，便言死處。
春忌卯爻卯日，夏嫌午位午爻，秋金酉日最忌凶，冬子爻中逢子日。
不論白面少年人，可惜雪鬢老年容。縱有家資過百斗，也須一命見閻君。
要推神鬼之由，便知天地道道。
《乾》宮發動，願欠天庭。《坤》坤鬼興隆，動干地府。《艮》鬼傷身，路神作禍。《震》宮剋世，獄司降災。
鬼臨五位路頭神，官在三爻家內崇。
《坎》鬼動，須求溺水之魂。《巽》鬼興，當祭懸樑之崇。
月破入官求七殺，日辰帶鬼告三司。

日值貴官，可告城隍當境。歲臨官貴，宜求五道家堂。
《兌》象官興，急還口願。火爻鬼動，速祀灶君。
《離》鬼休囚持世，值須祈斗禱花窮。《乾》鬼旺相剋身，宜告天神還素願。
衰官外動別宮來，便言外祟。休鬼內興本宮動，可辨家親。
《坎》宮本為交重，船車之鬼。《艮》象土爻發動，路獄之魂。
應鬼剋身逢外鬼，官爻生世是連親。日辰沖發為無主，土位塞興定有墳。
土動死囚牢獄，火興臨沒產亡。
但知旺日看四時，細察休囚尋八節。
《乾》金之鬼，白髮老翁。《坎》鬼休囚，耳聾鬼崇。《艮》鬼手癱，《震》官腳疾。《巽》爻官發，折腿腰跎。《離》象鬼興，眼昏目暗。《坤》土之鬼花蒼母，《兌》金死鬼缺唇魂。
要見祖宗叔伯，須將父母推詳。如求姨母妻奴，更把財爻決斷。陽爻男子，陰爻女流。
白虎喪門親座席，青龍天乙貴家親。
龍雀名為素願，虎勾定是暈盟。
雀虎入《乾》《離》興動，只言拜願燒香。勾陳臨《震》《巽》交重，便說願心枷鎖。
鬼靜生身還是吉，官興剋世告神凶。
亦求子位同推，反作藥爻以治。子旺福神而得力，子衰扁鵲以難醫。
深詳大象如何，要察吉凶休咎。

注釋

①瘳（chōu）：病癒。
②瘡痍（chuāng yí）：指瘡瘍。
③寒燠（yù）：冷熱。

十二、五行論病歌

金鬼興隆牙與頭，更兼白虎血膿流。木鬼動時風疾症，頭眩眼暗幾時休。
水興寒熱多因瘧，痢疾傷風未易療。火鬼虛勞兼弱症，眼目疼痛有來由。
土鬼脾胃虛黃腫，間動須當膈病愁。

十三、六神論神鬼心訣

青龍善願是觀音，上聖三官總是神，斷鬼產亡並帶血，交重必是本堂臨。
朱雀家堂並灶君，花幡香願素存心，鬼為吐血兼勞怯，目疾傷亡並有因。
勾陳土地及城隍，土神同斷亦無傷，鬼為痢疾兼蠱脹，遇土因知咽塞亡。
螣蛇本是飛來土，遇鬼七殺金作三，逢官縊死火勞怯，孩童湯火必然傷。
虎臨太歲大將軍，五路傷司五聖神，經文香信家堂願，橫死傷亡肚飽魂。
玄武就名真武帝，水仙五聖佛經祈，鬼作落水傷亡斷，活法全憑智略推。

十四、六神論神祟訣

青龍爻動及黃泉，得病先占問禍原，舊年佛願相催討，急告東廚及祖先。
朱雀爻興禍不輕，遊方五鬼立門庭，夢中口願相催討，正照傍臨本命星。
勾陳爻動禍難當，土地家堂及灶王，時疫五瘟求祭祀，家堂蹤跡被蟲傷。
螣蛇爻發病纏身，東廚土地及家親，天曹口願相催討，是非口舌夢中驚。

白虎爻興事不祥，神前有願佛前香，福德五道求祭祀，土地北殿及乖張。
玄武爻興病患凶，家中人物不和同，急靠北陰求土地，守命家親在此中。

十五、占風水要訣

凡占風水要推詳，五事俱全不可傷，財動田園多進退，不然尊長有災殃。
父興必是還魂地，小口畜牲總不昌，鬼動弟兄多忤逆，戶門不利惹官方。
兄興財物多消耗，或是陰人主少亡，子動必然無訟事，兒孫定貴少災殃。

十六、何知章

何知人家父母疾？白虎臨爻兼刑剋。何知人家父母殃？財爻發動殺神傷。
何知人家有子孫？青龍福德爻中輪。何知人家無子孫？六爻不見福神臨。
何知人家子孫疾？父母爻動來相剋。何知人家子孫災？白虎當臨福德來。
何知人家小兒死？子孫空亡加白虎。何知人家兄弟亡？用落空亡白虎傷。
何知人家妻有災？虎臨兄弟動傷財。何知人家妻有孕？青龍財臨天喜神。

何知人家有妻妾？內外兩財旺相決。何知人家損妻房？財爻帶鬼落空亡。
何知人家訟事休？空亡官鬼又休囚。何知人家訟事多？雀虎持世鬼來扶。
何知人家旺六丁？六親有氣喜神臨。何知人家進人口？青龍得位臨財守。
何知人家大豪富？財爻旺相又居庫。何知人家田地增？勾陳入土天喜臨。
何知人家進產業？青龍臨財旺相說。何知人家進外財？外卦龍臨福德來。
何知人家喜事臨？青龍福德在門庭。何知人家富貴昌？強財旺福㊀青龍上。
何知人家多貧賤？財爻帶耗休囚見。何知人家無依倚？卦中福德落空死。
何知人家灶破損？玄武帶鬼二爻悃。何知人家鍋破漏？玄武入水鬼來就。
何知人家屋宇新？父入青龍旺相真。何知人家屋宇敗？父入白虎休囚壞。
何知人家墓有風？白虎空亡巽巳攻。何知人家墓有水？白虎空亡臨亥子。
何知人家無香火？卦中六爻不見火。何知人家無風水？卦中六爻不見水。
何知人家兩爨戶？卦中必主兩重火。何知人家不供佛？金鬼爻落空亡決。
何知二姓共屋居？兩鬼旺相卦中推。何知一家有兩姓？兩重父母卦中臨。
何知人家雞亂啼？騰蛇入酉不須疑。何知人家犬亂吠？騰蛇入戌又逢鬼。
何知人家見口舌？朱雀持世鬼來掇。何知人家口舌到？卦中朱雀帶木笑。
何知人家多爭競？朱雀兄弟持世應。何知人家小人生？玄武官鬼動臨身。

何知人家遭賊徒？玄武臨財鬼旺扶。何知人家災禍至㈢？鬼臨應爻來剋世。
何知人家痘疹病？螣蛇爻被火燒定。何知人家病要死？身命世鬼入墓推。
何知人家多夢寐？螣蛇帶鬼來持世。何知人家出鬼怪？螣蛇白虎臨門在。
何知人家人投水？玄武入水殺臨鬼。何知人家有弔頸？螣蛇木鬼世爻臨。
何知人家孝服來？喪門弔客臨鬼排。何知人家見失脫？玄武帶鬼應爻發。
何知人家失衣裳？勾陳玄武入財鄉。何知人家損六畜？白虎帶鬼臨所屬。
何知人家失了牛？五爻丑鬼落空愁（按）。何知人家失了雞？初爻帶鬼玄武欺。
何知人家無牛豬？丑亥空亡兩位虛。何知人家無雞犬？酉戌二爻空亡卷。
何知人家人不來？世應俱落空亡排。何知人家宅不寧？六爻俱動亂紛紛。
仙人造出何知章？留與後人作飯囊。禍福吉凶真有驗？時師句句細推詳。
何知是奧妙，奧妙生剋料，若是吉和凶，六神甲子條。
一宮分八卦，一卦六爻挑，世為內住場，應作賓對曜。
木住東方地，火向南方位，水向北方流，金向西方敘。
世前有官爻，案前神廟居，世爻水帶鬼，有鬼水中淚。
金木水火土，父兄子財鬼，六神兼六親，禍福日辰取。
仔細逐爻詳，其中奧無比。

虎易按：「五爻丑鬼落空愁」，從易理和卦理分析，此說都不太合理，分析如下：

一、易卦中，用來表示牛象的，有以下三種方式：

1、以卦象表示：《易・說卦傳》曰：「坤為牛」。

2、以爻位表示：《天玄賦・六畜章》曰：「五爻為牛」。

3、以十二生肖表示：丑屬牛。

二、如果以《坤》卦之象表示牛，而《坤》卦五爻納甲為癸亥，六親是妻財。四爻為癸丑，但六親是兄弟。因此，「五爻丑鬼」與《坤》卦是不吻合的。

三、如果以五爻的爻位表示牛，五爻臨官鬼爻的，共十三個卦。《觀》卦官鬼辛巳火，《坎》、《節》、《屯》、《既濟》四卦官鬼戊戌土，《震》、《豫》、《解》、《恒》四卦官鬼庚申金，《大過》、《隨》兩卦官鬼丁酉金，《无妄》卦官鬼壬申金，《蒙》卦官鬼丙子水，沒有一個官鬼爻為丑土。因此，以爻位分析，也是不吻合的。

四、如果以生肖丑表示牛，則六十四卦中，沒有任何一個卦的五爻納甲是丑土。因此，以生肖分析，也是不吻合的。

五、如果採用標點區分，將「五爻、丑鬼、落空愁」，分開理解，也存在問題。如果只是五爻落空，憑什麼就認為是人家失了牛呢？如果只是丑鬼落空，也不能認為就是人家失了牛啊。

因此，原本此說，可能是以下兩個原因造成。

一、可能是作者推理有誤。如果是連句去理解，五爻是表示牛的爻位，五爻也表示道路。牛位值鬼，又臨道路上空，就表示牛可能出現丟失現象。但作者忽略了卦爻的納甲，五爻是不可能出現丑土官鬼的。

二、可能是傳抄有誤。

以上分析，供讀者參考，請讀者注意分辨，不致被誤。

校勘記

㈠「強財旺福」，原本作「佛像子孫」，疑誤，據《卜筮正宗・何知章》原文改作。

㈡「至」，原本作「主」，疑誤，據《卜筮正宗・何知章》原文改作。

十七、妖孽賦

知之者罕，用之者難，傳入其門，百發百中。

卦卦有怪，若非神授，莫窺其奧，學者細詳。

《乾》蛇鬼，巳沖刑，蓬頭赤腳夜驚人，化豬化馬作妖精。多拮括，宅不寧，匿(一)釵賴鏡損人丁。

《坎》蛇鬼，午來沖，沒頭沒尾成何用。黑而矮，又無蹤，拖漿弄水空聲哄。

《艮》蛇鬼，若遇申，妖聲似犬夜喤喤①，空中常拍手，家鬼弄家人。狗作怪，家業傾，拋磚弄瓦何曾定。

《震》蛇鬼，酉沖刑，空中椅桌動聞聲，踢踏響，似人行。大蛇常出現，窯器響驚人，桶箱作孽人丁病。

《巽》蛇鬼，亥又沖，雞聲報煬火②，鬼怪起狂風，縊死之鬼擾虛空。床下響，及房中。

《離》蛇鬼，子來刑，鍋釜作妖聲。空中忽見火光焰，紅衣者，是何人，年深龜鱉以成精。

《坤》蛇鬼，沖遇寅，鍋灶上，作妖精，似牛歎氣是亡人。虛黃大肚鬼，出現不安寧。

《兌》蛇鬼，受卯刑，空中歎氣重而輕。羊出現，㘆③嘴瓶，骨殖苦暴露，刀石更成精，移南換北幼亡魂。

注釋

①喤：此字左「口」右「星」，《漢典》查無此字，不知其音義。

②煬（yáng）火：烈火。

③囋（zá）：古同「嘈雜」，（聲音）雜亂而喧鬧。

校勘記

㊀「匿」，原本作「逆」，疑誤，據《卜筮正宗·妖孽賦》原文改作。

十八、搜鬼論　觀鬼爻發動為實。

子：作怪鼠咬屋，黃昏忌火災，小兒夜裡叫，簷前禍鬼催。

丑：古墓西北方，牛欄又接倉，開土有墳穴，伏屍夜作殃。

寅：蛇虎來作怪，六畜血財亡，人口有病患，急須保安康。

卯：隔牆帶血鬼，作災母病床，破傘並櫥櫃，及有死人床。

辰：雞犬灶中死，神廟不燒香，穢犯神龍位，有禍小兒郎。

巳：買得舊衣裳，亡人身上物，作怪蛇入屋，防損豕牛羊。

午：作怪鼠咬屋，不覺火燒裳，急遣白虎去，人口卻安康。
未：小兒奴婢走，甑叫沸鍋湯，外來門與廚，在家作禍殃。
申：客亡鬼入屋，作怪在家堂，黃昏雞啼叫，枯木被風傷。
酉：家有鼠咬櫃，燈檠①不成雙，灶有三條折，咒咀一女娘。
戌：飛禽來入屋，遺糞污衣裳，灶破並鍋漏，神燈被鼠傷。
亥：公婆歸塵土，從來不裝香，小兒穢觸犯，引鬼作怪殃。

注釋

①燈檠（qing）：燈架。燈檯。

十九、參約爻、之卦、互卦例

參約爻：參者：二三爻是也。約者：四五爻是也。
之卦：即變卦。一爻動觀變，二爻動不觀變。
互卦：即去上爻、初爻是也。上取其三、四、五，下取其二、三、四。不論動靜。
四時之錯行，如日月之逮明。

卜筮全書卷之十四

吳門逸叟　姚際隆　刪補
長邑諸生　王友　校正

神殺歌例　以下皆吉神。吉則為神，卦中見吉㈠。

天元祿　凡事遇之大吉。

甲祿在寅乙祿卯，丙戊祿在巳，丁己祿居午，庚祿居申，辛祿在酉，壬祿在亥，癸祿在子。

校勘記

㈠「以下皆吉神。吉則為神，卦中見吉」，原本在「天元祿」注釋「凡事遇之大吉」後，據其行文體例調整在此。

驛馬　出行及占行人，俱要看之。

寅午戌馬居申，申子辰馬居寅，巳酉丑馬在亥，亥卯未馬在巳。

天乙貴人　謁貴用之。

甲戊兼牛羊，乙己鼠猴鄉，丙丁豬雞位，壬癸兔蛇藏，庚辛逢馬虎，此是貴人方。

福星貴人　求仕用之。

甲虎乙豬牛，丙同犬鼠遊，丁雞戊猴走，己羊庚馬頭，辛蛇癸愛兔，壬日占龍樓。

福星貴人表

天干	甲	乙	丙	丁	戊	己	庚	辛	壬	癸
貴人	寅	亥丑	戌子	酉	申	未	午	巳	辰	卯

虎易按：《卜筮全書·神殺歌例·福星貴人》曰：「甲虎乙豬牛，丙同犬鼠遊，丁雞戊猴走，己羊庚馬頭，辛蛇癸愛兔，壬日占龍樓」。

《天玄賦・求仕章》曰：「福星貴人者，乃『甲丙相邀入虎鄉，更逢鼠穴最高強，戊申己未丁宜亥，乙癸逢牛福祿昌。庚趁馬頭辛帶巳，壬騎龍背喜非常』」。

以上兩處歌訣，所列起例不一，讀者可以參考，在實踐中應用，看是否能對應。

福星貴人表

天干	甲	乙	丙	丁	戊	己	庚	辛	壬	癸
貴人	寅子	丑	寅子	亥	申	未	午	巳	辰	丑

天德貴人 凡占諸事，化凶成吉。

正丁二申宮，三壬四辛同，五亥六甲上，七癸八寅逢，九丙十歸乙，子巳丑庚中。

月德貴人 從寅上起，丙甲壬庚逐月順行，周而復始。凡有所占，轉凶為吉。

寅午戌月丙，申子辰月壬，亥卯未月甲，巳酉丑月庚。

月德合　從寅上起，辛己丁乙逐月順行，周而復始。百事遇之，和合大吉。

寅午戌月辛，申子辰月丁，亥卯未月己，巳酉丑月乙。

天福貴人　占身命遇之，生福祿綿綿。

甲愛金雞乙愛猴，丁豬丙鼠己寅頭，戊尋玉兔庚壬馬，辛癸逢蛇福自優。

天喜　百事有喜，占胎尤要看之。

春戌夏丑為天喜，秋辰冬未三㊀止，世上遇此必歡欣，百事得之皆有理。

校勘記

㊀「三」，原本作「二」，疑誤，據《周易尚占·天喜》原文改作。

天馬　凡占仕宦，遇此必有升遷之兆。

寅申月在午，卯酉月在申，辰戌月在戌，巳亥月在子，子午月在寅，丑未月在辰。

唐符國印　唐符，值年之星。國印，朝廷之印。占仕宦若持身世，大吉之兆。

若問文官並武職，唐符國印求端的，寅申之年巳亥為，巳亥之年寅申覓。子午之年卯酉求，卯酉之年子午出，辰戌之年丑未方，丑未之年在辰戌。鬼臨符印最為佳，當作朝中資輔翼。

天醫　占病遇此爻動，雖凶有救。

天醫正卯二豬臨，三月隨丑四未尋，五蛇六兔七居亥，八丑九羊十巳存，十一再來尋卯上，十二亥上作醫人。

天赦　獄訟遇之，大吉。

正五九月在戌方，二六十月到於羊，三七十一居龍位，四八十二在牛場。卦中臨應仍搖動，縱有大罪也無妨㈠。有重罪，遇此臨用爻發動，大吉㈡。

校勘記

㈠「縱有大罪也無妨」，原本作「獄訟勾連竟不妨」，疑誤，據《新鍥斷易天機·吉神歌訣・天赦神》原文改作。

㈢「有重罪，遇此臨用爻發動，大吉」，原本脫漏，據《新鍥斷易天機・吉神歌訣・天赦神》原文補入。

皇恩大赦　諸事遇之吉。

正月戌兮二月丑，三月虎兮四蛇走，五月酉兮六卯位，七鼠八馬各看守，九亥十辰十一申，十二未上君知否。

赦文　同前看

正戌二丑三辰昌，四未五酉六卯強，七子八午九寅位，十月巳上大吉祥，十一申上十二亥，此神持世永無妨。

十干天赦　同前

甲己東方兔，乙庚亥上求，丙辛居酉位，丁壬未上流，戊癸蛇作伴，萬事不須憂。

四季天赦　凡占百事，凶中化吉。

春戊寅，夏甲午，秋戊申，冬甲子。

天耳天目　占尋人看之。目則見面，耳則有音信。

春天耳巳目從亥，夏天耳寅目居申，秋天耳亥目從巳，冬天耳申目居寅。

天福貴人　求官用之。此首出《天玄賦》。

甲丙相邀入虎鄉，更逢子穴最高強，戊申己未丁宜亥，乙癸逢牛福祿昌，庚趁馬頭辛帶巳，壬騎龍背喜非常。

天解神　以下諸解神，官事俱看之。

春寅夏巳秋月申，三冬值亥天解神，四生之局名為例，憂中化喜不須嗔。

地解神

正未二申三月酉，四戌五亥六子尋，七丑八寅九卯地，十辰十一巳上明，十二月邊逢午位，此是卦中地解神。

月解神
月解正二起於申，三四還從酉上輪，五六之月從戌上，七八能行亥上存。
九十之月臨午位，子丑兩月未宮尊，若值此辰官事散，縱然重病也離身。

日解神
甲己逢蛇乙庚猴，丙辛逢虎丁壬牛，戊癸雞啼官事散，病人無藥不須憂。

內解神
甲乙蛇頭戊己寅，庚辛酉位丙丁申，壬癸但從卯位是，官非消散始安寧。

外解神
正五九月居子上，二六十月在巳宮，三七十一辰位是，四八十二居申中。

解脫神
甲己日亥乙庚申，丙辛日丑丁壬未，戊癸辰逢官訟消，病人不必生憂慮。

雷火神　占訟，若與日辰相合旺動，主官事消散。

正五九月火居寅，二六十月亥宫存，三七十一從申位，四八十二巳宫輪。

喝散神

春巳夏居申，秋豬冬到寅，官事若發動，喝散不由人。

日喝散

甲己逢寅乙庚申，丙辛戌癸向蛇尋，丁壬亥上婚姻忌，一見公私定不成。

開獄神

獄神夏馬春兔挨，秋雞冬鼠獄門開，卦中若得此爻動，長久囚人放出來。

活曜星　六甲遇動則產，疾病遇動則痊。

正卯二辰三月巳，四午五未六居申，七酉八戌九亥上，十子一丑十二寅。

歲前神殺

其法皆從太歲上起。假如子年，就子上是太歲、劍鋒、伏屍。丑是太陽、天空。寅是喪門，主孝服。逐一順輪，周而復始。以下皆凶神，凶則為殺。

太歲劍鋒伏屍同，二曰太陽並天空，三是喪門主孝服，四為勾絞貫索凶。五位官符兼五鬼，六曰死符小耗攻，七是欄干並大耗，八為暴敗天厄中。九是飛廉同白虎，十為福德捲舌從，十一天狗並弔客，十二病符切莫逢。

駕後神殺　浮沉血刃，戌上起子逆行。披頭五鬼，辰上起子逆行。天哭，午上起子逆行。

血刃浮沉戌上遊，披頭五鬼在辰求，天哭逆數起於午，凡占切忌動當頭。

天哭殺　占病大忌。

哭聲正五九居羊，二六十月在猴鄉，三七十一雞啼叫，四八十二犬猖狂。

天獄殺　官訟大忌。

正五九月居亥位，二六十月在申藏，三七十一飛巳上，四八十二到寅方。

天賊　出行與求財，俱忌。

正丑二子三月亥，四戌五酉六居申，七未八午九蛇地，十辰一卯十二寅。

四季天賊　忌同前。

正辰二酉三虎鄉，四未五子六蛇藏，七犬八兔九申位，十牛子馬丑豬忙。

四季小殺　占病忌之。

春忌羊兮夏忌龍，秋牛冬犬哭重重，卦中值此臨身命，任是輕災也見凶。

日下大殺　凡事忌之。

日下大殺細推詳，甲乙豬兮丙丁羊，戊己犬處㊀庚辛虎，壬癸蛇為大殺方。

校勘記

㊀「戊己犬處」，原本作「戊己犬見」，疑誤，據《卜筮元龜・日六神內動》原文改作。

天狗殺

凡事忌之。

正卯二申三丑鄉，四午五亥六辰藏，七酉八寅九未的，十鼠子巳丑犬防。

三丘五墓

占病大忌。

春丑夏辰秋即未，三冬逢戌是三丘，卻與五墓對宮取，病人作福也難留。

墓門殺

甲乙見金墓門開，丙丁見水哭哀哀，戊己見木須防厄，庚辛見火孝服來，壬癸見土難回避，病人不死也傷財。

喪車殺

喪車春雞夏鼠來，秋兔冬馬好安排，人來占病無他斷，教君作急買棺材。

沐浴殺

沐浴殺難當，春辰夏未殃，秋戌冬丑是，發動病人亡。

關鎖殺　占訟忌之。

春關牛與蛇，丑關，巳鎖。夏月龍猴嗟，辰關，申鎖。秋忌豬羊位，未關，亥鎖㊀。冬犬虎交牙㊁。戌關，寅鎖。

虎易按：《新鍥斷易天機・凶神歌訣例・新增關鎖殺》曰：「春關牛與蛇，夏月龍猴嗟，秋忌豬羊位，冬犬虎交牙。若世在艮宮，加天獄及關鎖殺者凶」。《新鍥斷易天機・占詞訟・天玄賦・關鎖殺》曰：「關鎖殺者，『春關牛與蛇，夏關龍猴嗟，秋怕豬羊位，冬犬虎交牙』。春以丑為關，巳為鎖。夏以辰為關，申為鎖。秋未關，亥鎖，冬戌關，寅鎖。爭訟遇關必被關，遇鎖必被鎖。各有分明」。讀者可互相參考。

校勘記

㊀「未關，亥鎖」，原本作「亥關，未鎖」，疑誤，據《新鍥斷易天機・占詞訟・天玄賦・關鎖殺》原文改作。

㊁「牙」，原本作「加」，疑誤，據《新鍥斷易天機・占詞訟・天玄賦・關鎖殺》原文改作。

劫殺　凡事忌之。

申子辰兮蛇開口，亥卯未兮猴速走，寅午戌嫌豬面黑，巳酉丑兮虎哮吼。

咸池殺　占婚大忌，主婦人淫亂。

寅午戌兔從卯裡出，巳酉丑躍馬南方走，申子辰雞叫亂人倫，亥卯未鼠子當頭忌。

鰥寡殺　占姻事忌之。

春牛不下田，夏龍飛上天，秋羊草枯死，冬犬厭殘年。

孤辰寡宿　婚姻犯之，主無子。

亥子丑兮忌寅戌，寅卯辰兮巳丑尋，巳午未兮申辰忌，申酉戌兮亥未臨。

陰殺　生產忌之。

正七寅兮二八辰，三九馬頭四十申，五十一逢犬伴立，六十二月鼠為鄰。

捶門官符

正七虎行村，二八鼠當門，三九居戌位，四十弄猴孫，五十一逢騎馬走，六十二月透龍門。

勾陳殺　從辰上起正月逆輪，占病及訟大忌。

正辰二卯三月寅，四丑五子六亥程，七戌八酉九申位，十羊子馬丑蛇行。

白虎殺　從申順輪，占病大忌。

正申二酉三戌鄉，四亥五子六丑傷，七寅八卯九辰上，十巳一馬十二羊。

受死　凡事忌之。

正戌二辰三亥死，四巳五子六午宮，七丑八未九寅是，十申子卯丑酉逢。

三刑　主六親刑陷，大凶。

寅刑巳上巳刑申，丑戌相刑未丑刑，子刑卯上卯刑子，辰午酉亥自相刑。

六害　六親相害，百事敗壞。

六害子未不堪親，丑害午兮寅巳嗔，卯害辰兮申害亥，酉戌相逢轉見深。

四刑　如寅世巳應之類是也。

寅申巳亥為四刑，凡㈠作百事無一成，婚姻官事皆凶咎㈡，縱得相生也不亨㈢。

校勘記

㈠「凡」，原本作「所」，疑誤，據《卜筮元龜‧論四刑》原文改作。

㈡「婚姻官事皆凶咎」，原本作「婚姻官事俱不吉」，疑誤，據《卜筮元龜‧論四刑》原文改作。

㈢「亨」，原本作「寧」，疑誤，據《卜筮元龜‧論四刑》原文改作。

四沖

辰戌丑未為四沖，縱然占吉也為凶，或是相生或兄弟，也須被破事無終。

四極

子午卯酉為四極，凡有所占遇無益㈠，雖然世應得相生，決定多凶主少吉。

虎易按：《卜筮元龜・論四極》始有「四沖」、「四刑」、「四極」之說，作者是將「子午、卯酉、寅申、巳亥、辰戌、丑未」六對相沖的地支，分為「子午卯酉」四極、「寅申巳亥」四刑、「辰戌丑未」四沖等三組，每組四個地支，兩兩相沖。其所論，都屬「六沖」內容。因此，「四沖」、「四刑」、「四極」這三個名稱應取消為宜，其內容應歸於「六沖」之內。

校勘記

㈠「凡有所占遇無益」，原本作「凡占百事皆無益」，疑誤，據《卜筮元龜・論四刑》原文改作。

六沖

子午相沖，丑未相沖，寅申相沖，卯酉相沖，辰戌相沖，巳亥相沖。

隔神　占失物忌爻。

正七從亥二八酉，三九羊頭四十蛇，五十一月尋卯上，六十二午定籲嗟①。

注釋

①籲嗟（yù jiē）：哀歎；歎息。

大耗　田蠶六畜，大忌發動。

正申二酉三戌邊，四亥五子六牛聯，七寅八卯九辰位，十巳子馬丑羊眠。

小耗　遇此發動，損害田禾。

正未二申三月酉，四戌五亥六子遊，七丑八寅九卯上，十辰一巳丑午流。

破碎殺

子午卯酉在蛇頭，辰戌丑未屬牛，寅申巳亥雞頭碎，破耗資財件件憂。

旌旗殺

春卯夏子，秋酉冬午，占病遇動，不期即死。

暴敗殺　婚姻大忌，男剋婦，女傷夫。

豬羊犬吠春三月，蛇鼠龍憂夏月當，申酉丑逢秋必敗，虎馬兔兮冬季防。

六甲空亡　用爻惡空，忌爻喜空。

甲子旬中戌亥空，甲戌旬中申酉空，甲申旬中午未空，甲午旬中辰巳空，甲辰旬中寅卯空，甲寅旬中子丑空。

截路空亡　出行大忌。

甲己申酉最為愁，乙庚午未不須求，丙辛辰巳君休去，丁壬寅卯一場憂，戊癸子丑高堂坐，時犯空亡萬事休。

馬前神殺　十二神各有所用。如占出行及行人，專看驛馬之類。

申子辰馬居寅，寅上起驛馬，卯六害，順輪為例。寅午戌馬居申，巳酉丑馬在亥，亥卯未馬在巳。

一驛馬，二六害，三華蓋，四劫殺，五災殺，六天殺，七地殺，八年殺，九月殺，十亡神，十一將星，十二攀鞍。

四利三元　年上起。如午年，即午上起太歲，掌輪為便。

一太歲，二太陽，三喪門，四太陰，五官符，六死符，七歲破，八龍德，九白虎，十福德，十一弔客，十二病符。

長生沐浴

長生，沐浴，冠帶，臨官，帝旺，衰，病，死，墓，絕，胎，養。

假如火長生在寅，從寅上起長生，卯沐浴，辰冠帶，依次順行。木長生在亥，從亥起。其餘可類推。

三合成局

寅午戌合成火局，申子辰合成水局，巳酉丑合成金局，亥卯未合成木局。

天干合

甲與己合，乙與庚合，丙與辛合，丁與壬合，戊與癸合。

地支合

子與丑合，寅與亥合，卯與戌合，辰與酉合，巳與申合，午與未合。

卜筮全書卷之十四　終

校注參考文獻資料

《周易》《易緯》《易隱》《左傳》《詩經》
《尚書》《禮記》《論語》《孟子》《管子》
《史記》《漢書》《晉書》《陳書》《魏書》
《隋書》《南史》《北史》《宋史》《元史》
《明史》《爾雅》《廣雅》《說苑》《漢典》
《火珠林》《戰國策》《後漢書》《三國志》
《舊唐書》《新唐書》《清史稿》《淮南子》
《搜神記》《幽明錄》《列女傳》《荊釵記》
《詠史下》《三字經》《前定錄》《庚己編》
《京氏易傳》《卜筮元龜》《周易尚占》《易林補遺》
《增刪卜易》《卜筮正宗》《周易本義》《五行大義》
《淵海子平》《梅花易數》《穆天子傳》《新五代史》
《太平廣記》《續齊諧記》《寓圃雜記》《樂府雜錄》
《春渚紀聞》《經義述聞》《三輔黃圖》《七修類稿》

《杜陽雜編》《酉陽雜俎》《容齋三筆》《詩話總龜》
《翰府名淡》《幼學瓊林》《二十四孝圖》《御定星曆考原》
《皇極策數祖數》《續資治通鑑長編》
《增注周易神應六親百章海底眼》
《新鍥纂集諸家全書大成斷易天機》

占筮類			
1	擲地金聲搜精秘訣	心一堂編	沈氏研易樓藏稀見易占秘鈔本
2	卜易拆字秘傳百日通	心一堂編	
3	易占陽宅六十四卦秘斷	心一堂編	火珠林占陽宅風水秘鈔本
星命類			
4	斗數宣微	【民國】王裁珊	民初最重要斗數著述之一；未刪改本
5	斗數觀測錄	【民國】王裁珊	失傳民初斗數重要著作
6	《地星會源》《斗數綱要》合刊	心一堂編	失傳的第三種飛星斗數
7	《斗數秘鈔》《紫微斗數之捷徑》合刊	心一堂編	珍稀「紫微斗數」舊鈔
8	斗數演例	心一堂編	秘本
9	紫微斗數全書（清初刻原本）	題【宋】陳希夷	斗數全書本來面目；有別於錯誤極多的坊本
10－12	鐵板神數（清刻足本）——附秘鈔密碼表	題【宋】邵雍	無錯漏原版秘鈔密碼表　首次公開！
13－15	蠢子數纏度	題【宋】邵雍	蠢子數連密碼表打破數百年秘傳　首次公開！
16－19	皇極數	題【宋】邵雍	清鈔孤本附起例及完整密碼表研究神數必讀！
20－21	邵夫子先天神數	題【宋】邵雍	附手鈔密碼表研究神數必讀！
22	八刻分經定數（密碼表）	題【宋】邵雍	皇極數另一版本；附手鈔密碼表
23	新命理探原	【民國】袁樹珊	子平命理必讀教科書！
24－25	袁氏命譜	【民國】袁樹珊	
26	韋氏命學講義	【民國】韋千里	民初二大命理家南袁北韋
27	千里命稿	【民國】韋千里	北韋之命理經典
28	精選命理約言	【民國】韋千里	
29	滴天髓闡微——附李雨田命理初學捷徑	【民國】袁樹珊、李雨田	命理經典未刪改足本
30	段氏白話命學綱要	【民國】段方	民初命理經典最淺白易懂
31	命理用神精華	【民國】王心田	學命理者之寶鏡

32	命學探驪集	【民國】張巢雲	發前人所未發 稀見民初子平命理著作
33	澹園命談	【民國】高澹園	
34	算命一讀通——鴻福齊天	【民國】不空居士、覺先居士合纂	
35	子平玄理	【民國】施惕君	
36	星命風水秘傳百日通	心一堂編	
37	命理大四字金前定	題【晉】鬼谷子王詡	源自元代算命術
38	命理斷語義理源深	心一堂編	稀見清代批命斷語及活套
39－40	文武星案	【明】陸位	失傳四百年《張果星宗》姊妹篇 千多星盤命例 研究命學必備
相術類			
41	新相人學講義	【民國】楊叔和	失傳民初白話文相術書
42	手相學淺說	【民國】黃龍	民初中西結合手相學經典
43	大清相法	心一堂編	重現失傳經典相書
44	相法易知	心一堂編	
45	相法秘傳百日通	心一堂編	
堪輿類			
46	靈城精義箋	【清】沈竹礽	沈氏玄空遺珍 玄空風水必讀
47	地理辨正抉要	【清】沈竹礽	
48	《玄空古義四種通釋》《地理疑義答問》合刊	沈瓞民	
49	《沈氏玄空吹虀室雜存》《玄空捷訣》合刊	【民國】申聽禪	
50	漢鏡齋堪輿小識	【民國】查國珍、沈瓞民	
51	堪輿一覽	【清】孫竹田	失傳已久的無常派玄空經典
52	章仲山挨星秘訣（修定版）	【清】章仲山	章仲山無常派玄空珍秘 門內秘本首次公開 沈竹礽等大師尋覓一生未得之珍本！
53	臨穴指南	【清】章仲山	
54	章仲山宅案附無常派玄空秘要	心一堂編	
55	地理辨正補	【清】朱小鶴	玄空六派蘇州派代表作
56	陽宅覺元氏新書	【清】元祝垚	簡易・有效・神驗之玄空陽宅法
57	地學鐵骨秘　附　吳師青藏命理大易數	【民國】吳師青	釋玄空廣東派地學之秘
58－61	四秘全書十二種（清刻原本）	【清】尹一勺	玄空湘楚派經典本來面目 有別於錯誤極多的坊本

62	地理辨正補註　附 元空秘旨　天元五歌　玄空精髓　心法秘訣等數種合刊	【民國】胡仲言	貫通易理、巒頭、三元、三合、天星、中醫
63	地理辨正自解	【清】李思白	公開玄空家「分率尺、工部尺、量天尺」之秘
64	許氏地理辨正釋義	【民國】許錦灝	民國易學名家黃元炳力薦
65	地理辨正天玉經內傳要訣圖解	【清】程懷榮	秘訣一語道破，圖文并茂
66	謝氏地理書	【民國】謝復	玄空體用兼備、深入淺出
67	論山水元運易理斷驗、三元氣運說附紫白訣等五種合刊	【宋】吳景鸞等	失傳古本《玄空秘旨》《紫白訣》
68	星卦奧義圖訣	【清】施安仁	三元玄空門內秘笈　清鈔孤本 過去均為必須守秘不能公開秘密 與今天流行飛星法不同
69	三元地學秘傳	【清】何文源	
70	三元玄空挨星四十八局圖說	心一堂編	
71	三元挨星秘訣仙傳	心一堂編	
72	三元地理正傳	心一堂編	
73	三元天心正運	心一堂編	
74	元空紫白陽宅秘旨	心一堂編	
75	玄空挨星秘圖　附 堪輿指迷	心一堂編	
76	姚氏地理辨正圖說　附 地理九星并挨星真訣全圖　秘傳河圖精義等數種合刊	【清】姚文田等	蓮池心法　玄空六法 門內秘鈔本首次公開
77	元空法鑑批點本——附 法鑑口授訣要、秘傳玄空三鑑奧義匯鈔　合刊	【清】曾懷玉等	
78	元空法鑑心法	【清】曾懷玉等	
79	曾懷玉增批蔣徒傳天玉經補註【新修訂版原（彩）色本】	【清】項木林、曾懷玉	
80	地理學新義	【民國】俞仁宇撰	揭開連城派風水之秘
81	地理辨正揭隱（足本）　附連城派秘鈔口訣	【民國】王邈達	
82	趙連城傳地理秘訣附雪庵和尚字字金	【明】趙連城	
83	趙連城秘傳楊公地理真訣	【明】趙連城	
84	地理法門全書	仗溪子、芝罘子	巒頭風水，內容簡核、深入淺出
85	地理方外別傳	【清】熙齋上人	巒頭形勢、「望氣」「鑑神」
86	地理輯要	【清】余鵬	集地理經典之精要
87	地理秘珍	【清】錫九氏	巒頭、三合天星，圖文並茂
88	《羅經舉要》附《附三合天機秘訣》	【清】賈長吉	清鈔孤本羅經、三合訣法圖解
89-90	嚴陵張九儀增釋地理琢玉斧巒	【清】張九儀	清初三合風水名家張九儀經典清刻原本！

91	地學形勢摘要	心一堂編	形家秘鈔珍本
92	《平洋地理入門》《巒頭圖解》合刊	【清】盧崇台	平洋水法、形家秘本
93	《鑒水極玄經》《秘授水法》合刊	【唐】司馬頭陀、【清】鮑湘襟	千古之秘，不可妄傳匪人
94	平洋地理闡秘	心一堂編	雲間三元平洋形法秘鈔珍本
95	地經圖說	【清】余九皋	形勢理氣、精繪圖文
96	司馬頭陀地鉗	【唐】司馬頭陀	流傳極稀《地鉗》
97	欽天監地理醒世切要辨論	【清】欽天監	公開清代皇室御用風水真本
三式類			
98－99	大六壬尋源二種	【清】張純照	六壬入門、占課指南
100	六壬教科六壬鑰	【民國】蔣問天	由淺入深，首尾悉備
101	壬課總訣	心一堂編	過去術家不外傳的珍稀六壬術秘鈔本
102	六壬秘斷	心一堂編	
103	大六壬類闡	心一堂編	
104	六壬秘笈——韋千里占卜講義	【民國】韋千里	六壬入門必備
105	壬學述古	【民國】曹仁麟	依法占之，「無不神驗」
106	奇門揭要	心一堂編	集「法奇門」、「術奇門」精要
107	奇門行軍要略	【清】劉文瀾	條理清晰、簡明易用
108	奇門大宗直旨	劉毗	天下孤本 首次公開 虛白廬藏本《秘藏遁甲天機》 奇門不傳之秘 應驗如神
109	奇門三奇干支神應	馮繼明	
110	奇門仙機	題【漢】張子房	
111	奇門心法秘纂	題【漢】韓信（淮陰侯）	
112	奇門廬中闡秘	題【三國】諸葛武侯註	
選擇類			
113－114	儀度六壬選日要訣	【清】張九儀	清初三合風水名家張九儀擇日秘傳
115	天元選擇辨正	【清】一園主人	釋蔣大鴻天元選擇法
其他類			
116	述卜筮星相學	【民國】袁樹珊	民初二大命理家南袁北韋
117－120	中國歷代卜人傳	【民國】袁樹珊	南袁之術數經典

占筮類			
121	卜易指南(二種)	【清】張孝宜	民國經典，補《增刪卜易》之不足
122	未來先知秘術——文王神課	【民國】張了凡	內容淺白、言簡意賅、條理分明
星命類			
123	人的運氣	汪季高(雙桐館主)	五六十年香港報章專欄結集！
124	命理尋源	【民國】徐樂吾	民國三大子平命理家徐樂吾必讀經典！
125	訂正滴天髓徵義		
126	滴天髓補註 附 子平一得		
127	窮通寶鑑評註 附 增補月談賦 四書子平		
128	古今名人命鑑		
129-130	紫微斗數捷覽(明刊孤本)[原(彩)色本] 附 點校本 (上)(下)	馮一、心一堂術數古籍整理編校小組 整理	明刊孤本 首次公開！
131	命學金聲	【民國】黃雲樵	民國名人八字、六壬奇門推命
132	命數叢譚	【民國】張雲溪	子平斗數共通、百多民國名人命例
133	定命錄	【民國】張一蟠	民國名人八十三命例詳細生平
134	《子平命術要訣》《知命篇》合刊	【民國】鄒文耀、【民國】胡仲言 撰	《子平命術要訣》科學命理；《知命篇》易理皇極、命理地理、奇門六壬互通
135	科學方式命理學	閻德潤博士	匯通八字、中醫、科學原理！
136	八字提要	韋千里	民國三大子平命理家韋千里必讀經典！
137	子平實驗錄	【民國】孟耐園	作者四十多年經驗 占卜奇靈 名震全國！
138	民國偉人星命錄	【民國】囂囂子	幾乎包括所民初總統及國務總理八字！
139	千里命鈔	韋千里	失傳民初三大命理家-韋千里 代表作
140	斗數命理新篇	張開卷	現代流行的「紫微斗數」內容及形式上深受本書影響
141	哲理電氣命數學——子平部	【民國】彭仕勛	命局按三等九級格局、不同術數互通借用
142	《人鑑——命理存驗・命理擷要》(原版足本)附《林庚白家傳》	【民國】林庚白	傳統子平學修正及革新、大量名人名例
143	《命學苑苑刊——新命》(第一集)附《名造評案》《名造類編》等	【民國】林庚白、張一蟠等撰	史上首個以「唯物史觀」來革新子平命學結集
相術類			
144	中西相人探原	【民國】袁樹珊	按人生百歲，所行部位，分類詳載
145	新相術	【美國】孛拉克福原著、【民國】沈有乾編譯	通過觀察人的面相身形、色澤舉止等，得知性情、能力、習慣、優缺點等
146	骨相學	【民國】風萍生編著	結合醫學中生理及心理學，影響近代西、日、中相術深遠
147	人心觀破術 附運命與天稟	【日本】管原如庵、加藤孤雁原著，【民國】唐真如譯	觀破人心、運命與天稟的奧妙

編號	書名	作者	說明
148	《人相學之新研究》《看相偶述》合刊	盧毅安	集中外大成，無不奇驗；影響近代香港相術名著
149	冰鑑集	【民國】碧湖鷗客	各家相法精華、相術捷徑、圖文並茂附名人照片
150	《現代人相百面觀》《相人新法》合刊	【民國】吳道子輯	失傳民初相學經典二種　重現人間！
151	性相論	【民國】余晉龢	民初北平公安局專論相學與犯罪專著（犯罪學生物學派）
152	《相法講義》《相理秘旨》合刊	韋千里、孟瘦梅	命理學大家韋千里經典、傳統相術秘籍精華
153	《掌形哲學》附《世界名人掌形》《小傳》	【民國】余萍客	圖文并茂、附歐美名人掌形圖及生平簡介
154	觀察術	【民國】吳貴長	可補充傳統相術之不足
堪輿類			
155	羅經消納正宗	【明】沈昇撰、【明】史自成、丁孟章合纂	失傳四庫存目珍稀風水古籍
156	風水正原	【清】余天藻	●●積德為求地之本，形家必讀！●純宗形家，與清代欽天監地理風水主張大致相同
157	安溪地話（風水正原二集）		
158	《蔣子挨星圖》附《玉鑰匙》	傳【清】蔣大鴻等	窺知無常派章仲山一脈真傳奧秘
159	樓宇寶鑑	吳師青	陽宅風水必讀、現代城市樓宇風水看法改革
160	《香港山脈形勢論》《如何應用日景羅經》合刊		香港風水山脈形勢專著
161	三元真諦稿本——讀地理辨正指南	【民國】王元極	被譽為蔣大鴻、章仲山後第一人內容直接了當，盡揭三元玄空家之秘
162	三元陽宅萃篇		
163	王元極增批地理冰海　附批點原本地理冰海	【清】高守中　【民國】王元極	
164	地理辦正發微	【清】唐南雅	極之清楚明白，披肝露膽
165－167	增廣沈氏玄空學　附　仲山宅斷秘繪稿本三種、自得齋地理叢說稿鈔本（上）（中）（下）	【清】沈竹礽	玄空必讀經典！附《仲山宅斷》幾種鈔本及批點本，畫龍點晴、披肝露膽，道中刊印本未點破的秘訣
168－169	巒頭指迷（上）（下）	【清】尹貞夫原著、【民國】何廷珊增訂、批注	圖文并茂：龍、砂、穴、水、星辰九十九變 洩漏天機：蔣大鴻、賴布衣挨星秘訣及用法
170－171	三元地理真傳（兩種）（上）（下）	【清】趙文鳴	蔣大鴻嫡派真傳張仲馨一脈二十種家傳秘本、宅墓案例三十八圖，並附天星擇日
172	三元宅墓圖　附　家傳秘冊		
173	宅運撮要	【民國】尤惜陰（演本法師）、榮柏雲	撮三集《宅運新案》之精要
174	章仲山秘傳玄空斷驗筆記　附　章仲山斷宅圖註	【清】章仲山傳、【清】唐鷺亭纂	無常派玄空不外傳秘中秘！二宅實例有斷驗及改造內容
175	汪氏地理辨正發微　附　地理辨正真本	【清】蔣大鴻、姜垚原著、【清】汪云吾發微	蔣大鴻嫡派張仲馨一脈三元理、法、訣具體泄露
176	蔣大鴻家傳歸厚錄汪氏圖解	【清】蔣大鴻、【清】汪云吾圖解	
177	蔣大鴻嫡傳三元地理秘書十一種批注	【清】蔣大鴻原著、【清】汪云吾、【清】劉樂山註	三百年來最佳《地理辦正》註解！石破天驚！

178	《星氣(卦)通義(蔣大鴻秘本四十八局圖并打劫法)》《天驚秘訣》合刊	題【清】蔣大鴻 著	江西興國真傳三元風水秘本
179	蔣大鴻嫡傳天心相宅秘訣全圖附陽宅指南等秘書五種	【清】蔣大鴻編訂、【清】汪云吾、劉樂山註	蔣大鴻徒張仲馨秘傳陽宅風水「教科書」！
180	家傳三元地理秘書十三種		真天宮之秘 千金不易之寶
181	章仲山門內秘傳《堪輿奇書》附《天心正運》	【清】章仲山傳、【清】華湛恩	直洩無常派章仲山玄空風水不傳之秘
182	《挨星金口訣》、《王元極增批補圖七十二葬法訂本》合刊	[民國]王元極	秘中秘——玄空挨星真訣公開！字字千金！
183-184	《家傳三元古今名墓圖集附謝氏水鉗》《蔣氏三元名墓圖集》合刊(上)(下)	(清)孫景堂，劉樂山，張稼夫	蔣大鴻嫡傳風水宅案、幕講師、蔣大鴻、姜垚等名家多個實例，破禁公開！
185-186	《山洋指迷》足本兩種 附《尋龍歌》(上)(下)	【明】周景一	風水巒頭形家必讀《山洋指迷》足本！
187-196	蔣大鴻嫡傳水龍經注解 附 虛白廬藏珍本水龍經四種(1-10)	【清】蔣大鴻編訂、【清】楊臥雲、汪云吾、劉樂山註	蔣大鴻嫡傳一脈授徒秘笈 希世之寶 千年以來，師師相授之秘旨，破禁公開！ 完整了解蔣氏嫡派真傳一脈三元理、法、訣！ 附已知最古《水龍經》鈔本等五種稀見《水龍經》
197	批注地理辨正直解	【清】章仲山	無常派玄空必讀經典未刪改本！
198	《天元五歌闡義》附《元空秘旨》(清刻原本)		
199	心眼指要(清刻原本)		
200	華氏天心正運	【清】華湛恩	
201-202	批注地理辨正再辨直解合編(上)(下)	【清】蔣大鴻原著、【清】姚銘三再註、【清】章仲山直解	失傳姚銘三玄空經典重現人間！ 名家：沈竹礽、王元極推薦！
203	章仲山注《玄機賦》《元空秘旨》附《口訣中秘訣》《因象求義》等九種合刊	【清】章仲山	近三百年來首次公開！ 章仲山無常派玄空秘密，和盤托出！ 章仲山注《玄機賦》及章仲山原傳之口訣及筆記
204	章仲山門內真傳《三元九運挨星篇》《運用篇》《挨星定局篇》《口訣篇》等合刊	【清】章仲山、柯遠峰等	
205	章仲山門內真傳《大玄空秘圖訣》《天驚訣》《飛星要訣》《九星斷略》《得益錄》等合刊	【清】章仲山、冬園子等	
206	減龍經真義	吳師青註	近代香港名家吳師青必讀經典
207	章仲山嫡傳《翻卦挨星圖》《秘鈔元空秘旨》 附《秘鈔天元五歌闡義》	【清】章仲山傳、【清】王介如輯撰	透露章仲山家傳玄空嫡傳學習次弟及關鍵不傳之秘
208	章仲山嫡傳秘鈔《秘圖》《節錄心眼指要》合刊		史上首次公開「無常派」下卦起星等挨星秘密之書
209	《談氏三元地理大玄空實驗》附《談養吾秘稿奇門占驗》	【民國】談養吾撰	了解談氏入世的易學卦德爻象思想
210	《談氏三元地理濟世淺言》附《打開一條生路》		
211-215	《地理辨正集註》附 《六法金鎖秘》《巒頭指迷真詮》《作法雜綴》等(1-5)	【清】尋緣居士	集《地理辨正》一百零八家註解大成精華 匯巒頭及蔣氏、六法、無常、湘楚等秘本 史上最大篇幅的《地理辨正》註解
216	三元大玄空地理二宅實驗(足本修正版)	【民國】尤惜陰(演本法師)、榮柏雲撰	三元玄空無常派必讀經典足本修正版

217	蔣徒呂相烈傳《幕講度針》附《元空秘斷》《陰陽法竅》《挨星作用》	【清】呂相烈	蔣大鴻門人呂相烈三元秘本三百年來首次破禁公開！
218	挨星撮要（蔣徒呂相烈傳）		
219-221	《沈氏玄空挨星圖》《沈註章仲山宅斷未定稿》《沈氏玄空學（四卷原本）》合刊（上中下）	【清】沈竹礽　等	揭開沈氏玄空挨星五行吉凶斷的變化及不同用法 章仲山宅斷未刪本、沈氏玄空學原本佚文、玄空挨星圖稿鈔本　大公開！
222	地理穿透真傳（虛白廬藏清初刻原本）	【清】張九儀	三合天星家宗師張九儀畢生地學精華結集
223-224	地理元合會通二種（上）（下）	【清】姚炳奎	分發兩家（三元、三合）之秘，會通其用 詳解注羅盤（蔣盤、賴盤）；義理、斷驗俱精
其他類			
225	天運占星學　附　商業周期、股市粹言	吳師青	天星預測股市，神準經典
226	易元會運	馬翰如	《皇極經世》配卦以推演世運與國運
三式類			
227	大六壬指南（清初木刻五卷足本）		六壬學占驗課案必讀經典海內善本
228-229	甲遁真授秘集（批注本）（上）（下）	【清】薛鳳祚	明清皇家欽天監秘傳奇門遁甲 奇門、易經、皇極經世結合經典
230	奇門詮正	【民國】曹仁麟	簡易、明白、實用，無師自通！
231	大六壬探源	【民國】袁樹珊	民初三大命理家袁樹珊研究六壬四十餘年代表作
232	遁甲釋要	【民國】徐昂	推衍遁甲、易學、洛書九宮大義！
233	《六壬卦課》《河洛數釋》《演玄》合刊		疏理六壬、河洛數、太玄隱義！
234	六壬指南（【民國】黃企喬）	【民國】黃企喬	失傳經典　大量實例
選擇類			
235	王元極校補天元選擇辨正	原【清】謝少暉輯、【民國】王元極校補	三元地理天星選日必讀
236	王元極選擇辨真全書　附　秘鈔風水選擇訣	【民國】王元極	王元極天昌館選擇之要旨
237	蔣大鴻嫡傳天星選擇秘書注解三種	【清】蔣大鴻編訂、【清】楊臥雲、汪云吾、劉樂山註	蔣大鴻陰陽二宅天星擇日日課案例！
238	增補選吉探源	【民國】袁樹珊	按表檢查，按圖索驥：簡易、實用！
239	《八風考略》《九宮撰略》《九宮考辨》合刊	沈瓞民	會通沈氏玄空飛星立極、配卦深義
其他類			
240	《中國原子哲學》附《易世》《易命》	馬翰如	國運、世運的推演及預言

心一堂術數古籍整理叢刊

全本校註增刪卜易	【清】野鶴老人	李凡丁（鼎升）校註
紫微斗數捷覽（明刊孤本）附點校本	傳【宋】陳希夷	馮一、心一堂術數古籍整理小組點校
紫微斗數全書古訣辨正	傳【宋】陳希夷	潘國森辨正
應天歌（修訂版）附格物至言	【宋】郭程撰　傳	莊圓整理
壬竅	【清】無無野人小蘇郎逸	劉浩君校訂
奇門祕覈（臺藏本）	【元】佚名	李鏘濤、鄭同校訂
臨穴指南選註	【清】章仲山　原著	梁國誠選註
皇極經世真詮—國運與世運	【宋】邵雍　原著	李光浦

心一堂當代術數文庫

增刪卜易之六爻古今分析	愚人
命理學教材（第一級）	段子昱
命理學教材 之 五行論命口訣	段子昱
斗數詳批蔣介石	潘國森
潘國森斗數教程（一）：入門篇	潘國森
紫微斗數登堂心得：三星秘訣篇——潘國森斗數教程（二）	潘國森
紫微斗數不再玄	犂民
玄空風水心得（增訂版）（附流年催旺化煞秘訣）	李泗達
玄空風水心得（二）——沈氏玄空學研究心得（修訂版）附流年飛星佈局	李泗達
廖氏家傳玄命風水學（一）——基礎篇及玄關地命篇	廖民生
廖氏家傳玄命風水學（二）——玄空斗秘篇	廖民生
廖氏家傳玄命風水學（三）——楊公鎮山訣篇附斷驗及調風水	廖民生
廖氏家傳玄命風水學（四）——秘訣篇：些子訣、兩元挨星、擇吉等	廖民生
《象數易—六爻透視：入門及推斷》修訂版	愚人
《象數易—六爻透視：財股兩望》	愚人
《象數易—六爻透視：病在何方》	愚人
《象數易—六爻透視：自身揭秘》	愚人
命卜隨筆	林子傑
香港特首命格臆解——斗數子平合參再探	潘國森
玄空風水心得（三）——玄空基礎探微	李泗達

心一堂易學經典文庫　已出版及即將出版書目

宋本焦氏易林（上）（下）	【漢】焦贛
周易易解（原版）（上）（下）	【清】沈竹礽
《周易示兒錄》附《周易說餘》	【清】沈竹礽
三易新論（上）（中）（下）	沈瓞民
《周易孟氏學》《周易孟氏學遺補》《孟氏易傳授考》	沈瓞民
京氏易八卷（清《木犀軒叢書》刊本）	【漢】京房
京氏易傳古本五種	【漢】京房
京氏易傳箋註	【民國】徐昂
推易始末	【清】毛奇齡
刪訂來氏象數圖說	【清】張恩霨
周易卦變解八宮說	【清】吳灌先
易觸	【清】賀子翼
易義淺述	何遯翁